相关性范式下的风险管理理论与方法丛书

城市关键基础设施运行风险分析与应对

索玮岚 著

国家自然科学基金项目（71673267、72074207、71301159）资助

科学出版社

北 京

内 容 简 介

以燃气、电力、供热、交通等系统为代表的城市关键基础设施，是支撑社会经济发展和维系城市正常运转的"生命线"工程。近年来，燃气泄漏、供电中断、热力管道爆裂、道路塌陷等事故多发，对其开展风险分析与应对研究至关重要。现实中，城市关键基础设施各系统存在空间毗邻交织和功能交互依赖，其运行受到自然、人为等诸多风险因素干扰，且风险因素之间存在催化衍生或干扰制约关系。由此衍生的复杂关联情境加剧了风险的传导蔓延和破坏力的叠加，也加大了风险分析与应对的难度。本书以复杂关联情境为切入点，围绕城市关键基础设施的运行机理以及风险识别、评估、应对问题开展系统深入的研究，为科学分析与有效应对风险提供方法支撑和应用指导。

本书可以作为基础设施风险管理、决策科学和系统工程等领域研究人员和管理人员的参考书，也可作为高等院校相关专业研究生的参考书。

图书在版编目（CIP）数据

城市关键基础设施运行风险分析与应对 / 索玮岚著. —北京：科学出版社，2023.8

（相关性范式下的风险管理理论与方法丛书）

ISBN 978-7-03-071612-5

Ⅰ.①城… Ⅱ.①索… Ⅲ.①城市-基础设施建设-风险管理-研究 Ⅳ.①F294

中国版本图书馆 CIP 数据核字（2022）第 031902 号

责任编辑：邓 娟 / 责任校对：王晓茜
责任印制：张 伟 / 封面设计：无极书装

科 学 出 版 社 出版
北京东黄城根北街 16 号
邮政编码：100717
http://www.sciencep.com

北京盛通数码印刷有限公司 印刷
科学出版社发行 各地新华书店经销

*

2023 年 8 月第 一 版　开本：720×1000　1/16
2024 年 1 月第二次印刷　印张：13 1/4
字数：265 000

定价：142.00 元
（如有印装质量问题，我社负责调换）

作 者 简 介

索玮岚，管理学博士，现就职于中国科学院科技战略咨询研究院，硕士研究生导师。长期从事基础设施风险管理、管理决策分析、科技评价等领域的研究工作。承担 3 项国家自然科学基金项目、1 项科技创新 2030 "新一代人工智能"重大项目子课题、1 项国家科技支撑计划子课题、4 项青海省软科学计划以及中国博士后科学基金面上项目等国家、省部级和企事业单位委托的科研项目。已在 Reliability Engineering & System Safety、Safety Science、Information Sciences、Computers & Industrial Engineering、International Journal of Disaster Risk Reduction、Expert Systems with Applications、International Journal of Production Economics、Research Evaluation、《中国管理科学》《系统工程理论与实践》《管理工程学报》《管理评论》《科研管理》《科学学研究》等国内外重要学术期刊上发表论文 60 余篇，出版专著 3 部，获得软件著作权 5 项，省部级自然科学学术成果奖二等奖和三等奖各一次（排名均为第一），国际/国内学术会议最佳论文奖 7 项。作为主要执笔人完成多份政策建议和咨询报告，相关研究成果得到了中国科学院、青海省科技厅、首都机场集团、中国科协创新战略研究院、新疆生产建设兵团公路科学技术研究所等重要企事业单位的高度认可与采纳应用，取得了显著的管理效益。

前　言

　　以燃气、电力、供热、交通等系统为代表的城市关键基础设施,是支撑社会经济发展和维系城市正常运转的"生命线"工程,其运行安全性直接关系到社会生产和公众生活的稳定性与便利性。随着全球范围内自然灾害肆虐、国际公共卫生和社会安全紧急事件多发,各国城市发展进入"风险高发期",城市关键基础设施不仅是城市安全有序运行的重要抓手,也是城市高质量发展的条件保障。现实中,城市关键基础设施各系统存在空间上的毗邻交织和功能上的交互依赖,其运行过程中会受到自然灾害、人为破坏、内在隐患等诸多风险因素的干扰,且这些风险因素之间存在着催化衍生或干扰制约的关联关系。由此衍生的复杂关联情境加剧了城市关键基础设施运行风险的传导蔓延和破坏力的叠加,也加大了风险分析与应对的难度。如何给出复杂关联情境下城市关键基础设施运行风险分析与应对的系统性解决方案成为一项兼具重要理论意义和实际应用价值的研究课题。

　　本书以复杂关联情境为切入点开展城市关键基础设施运行风险分析与应对研究,主要工作包括以下四个方面。

　　(1)理念与态势研究。一方面,凝练了以复杂关联情境为切入点开展城市关键基础设施运行风险研究的基本理念,将理论体系、问题体系、方法体系与应用体系集于一体进行整体研究框架的设计。另一方面,以"规模—结构—潜能—布局"多维度分析框架为指导,以 CiteSpace V 为可视化工具,系统化梳理了检索到的相关研究文献,研判了国际视野下城市关键基础设施运行风险相关研究的整体发展态势。

　　(2)运行机理研究。一方面,解析了城市关键基础设施运行的复杂关联情境,给出了城市关键基础设施的概念内涵界定与特征分析,从多个视角分析了复杂关联情境的静态关联表征和动态关联表征以及复杂关联情境的复杂表征。另一方面,开展了城市关键基础设施系统关联测度研究,以城市关键基础设施系统关联的类型划分为依据,设计了系统关联测度维度,提出了一种基于主客观信息的城市关键基础设施系统关联多维测度方法,并以某样本区域为例开展了典型应用研究来验证所提方法的可行性和有效性。

　　(3)风险分析研究。一是开展了以复杂关联情境为切入点的城市关键基础设施运行风险因素的识别研究,构建了具有层级网络结构的风险因素识别框架,提出了一种考虑复杂关联情境的风险因素识别方法,并以某样本区域为例开展了典型应用研究来验证所提方法的可行性和有效性。二是开展了以复杂关联情境为切入点的城市关键基础设施运行风险概率评估研究,构建了考虑多重关联性和动态随机性的风险概率评估两阶段模型,以某样本区域为例开展了典型应用研究来验证所提方法的可行性和有效性。三是开展了以复杂关联情境为切入点的城市关键基础设施运行风险综合评估研究,凝练了所研究问题多系统、多风险因素以及系统关联和风险因素关联叠加的典型特征,提出了一种由信息处理、关联分析、风险分析和风险态势研判构成的风险综合评估四阶段模型,以某样本区域为例开展了典型应用研究来验证所提出方法的可行性和有效性。

(4) 风险应对研究。一是开展了城市关键基础设施运行风险应对策略库构建研究,完成了风险应对策略的顶层设计,明确了风险应对策略库的构建原则和构建流程,阐述了所构建风险应对策略库的主要构成要素,并对风险应对策略库的适用性进行了多角度分析。二是开展了面对所构建风险应对策略库中已有备选方案的场景下以复杂关联情境为切入点的城市关键基础设施运行风险应对方案选择研究,凝练了所研究问题涉及的特征指标关联性以及信息形式多样性的典型特征,提出了一种考虑关联性特征匹配的混合型决策方法,以某样本区域为例开展了典型应用研究来验证所提出方法的可行性和有效性。三是开展了面对所构建风险应对策略库中尚无备选方案的场景下以复杂关联情境为切入点的城市关键基础设施运行风险应对方案生成研究,凝练了所研究问题多系统、多风险因素以及系统关联和风险因素关联叠加的典型特征,提出了一种复杂关联情境驱动的风险应对方案生成方法,以某样本区域为例开展了典型应用研究来验证所提出方法的可行性和有效性。

本书的研究工作实现了城市关键基础设施运行复杂关联情境的全方位解析以及以复杂关联情境为切入点的城市关键基础设施运行风险分析与应对研究问题体系构建和研究方法体系构建,为相关学者开展城市关键基础设施运行风险分析与应对研究提供了必要的理论依据、框架指导和方法支撑,也为现实中的城市关键基础设施运行风险分析与应对工作提供了集"机理解析、问题凝练、方法探索、应用检验"于一体的系统性解决方案,从而有助于提高城市关键基础设施运行的科学性、保障城市关键基础设施的安全运行、提升城市防灾减灾能力。

本书的部分研究成果已经发表在 *Reliability Engineering & System Safety*、*Safety Science*、《中国管理科学》《管理工程学报》《管理评论》《运筹与管理》《中国人口·资源与环境》等知名学术期刊上。在本书的撰写过程中,得到了许多专家学者以及所在课题组各位老师和同学的指导与帮助,包括中国科学院大学李建平教授和中国科学院科技战略咨询研究院徐伟宣研究员、陈建明研究员、孙晓蕾研究员、吴登生创新研究员、朱晓谦副研究员、刘明熹创新副研究员,以及中国科学技术协会科学技术传播中心陈锐研究员、东华大学王林博士、大连理工大学刘洋教授、浙江大学陈发动研究员、北京交通大学张磊助理研究员、山东大学包春兵副研究员、中国科学技术大学沈露露博士生等，使本书涉及的研究工作能够顺利开展并最终完成，这里一并表示由衷的感谢！特别感谢东北大学樊治平教授在作者硕博期间给予的全方位、系统化学术指导，虽然已毕业十年有余，但那段充实的学习经历让作者形成了专心致研、科学严谨、不畏困难的学术素养，也为本书的顺利完成奠定了坚实的基础。

本书涉及的研究工作还得到了国家自然科学基金面上项目"多重关联情境下基于数据驱动的城市关键基础设施运行风险动态评估与防范策略研究"（71673267）和"韧性导向下城市关键基础设施运行风险分析与应对方法及应用研究"（72074207）以及国家自然科学基金青年项目"考虑决策要素复杂关联情境的决策分析方法研究"（71301159）的资助，在此深表谢意！

由于使用的符号、变量和参数比较多，在本书的撰写过程中，对每个篇章所涉及研究问题用到的变量和参数均进行了针对性的定义，不同篇章研究问题中所涉及各个变量和参数的数学符号之间没有联系。本书的内容是探索性的研究成果，由于作者水平有限，书中的观点表述难免有不妥以及疏漏之处，恳请学术同行及业界人士给予多方面的批评指正。

索玮岚

2023 年 3 月于北京

目 录

第一篇 理念与态势研究

第1章 绪论 ⋯⋯⋯⋯⋯⋯⋯⋯⋯⋯⋯⋯⋯⋯⋯⋯⋯⋯⋯⋯⋯⋯⋯⋯⋯⋯⋯⋯⋯ 3
  1.1 保障城市关键基础设施运行安全的紧迫性 ⋯⋯⋯⋯⋯⋯⋯⋯⋯⋯⋯⋯ 3
  1.2 关注复杂关联情境影响城市关键基础设施运行的必要性 ⋯⋯⋯⋯⋯ 4
  1.3 城市关键基础设施运行风险分析与应对问题研究的目标导向和
      重要意义 ⋯⋯⋯⋯⋯⋯⋯⋯⋯⋯⋯⋯⋯⋯⋯⋯⋯⋯⋯⋯⋯⋯⋯⋯⋯⋯⋯ 6
  1.4 设计城市关键基础设施运行风险分析与应对的研究内容 ⋯⋯⋯⋯⋯ 7
  1.5 明确城市关键基础设施运行风险分析与应对的思路方法 ⋯⋯⋯⋯⋯ 8

第2章 国际视野下相关研究发展态势的多维度分析 ⋯⋯⋯⋯⋯⋯⋯⋯⋯ 11
  2.1 数据来源说明 ⋯⋯⋯⋯⋯⋯⋯⋯⋯⋯⋯⋯⋯⋯⋯⋯⋯⋯⋯⋯⋯⋯⋯⋯ 11
  2.2 规模维度分析 ⋯⋯⋯⋯⋯⋯⋯⋯⋯⋯⋯⋯⋯⋯⋯⋯⋯⋯⋯⋯⋯⋯⋯⋯ 11
  2.3 结构维度分析 ⋯⋯⋯⋯⋯⋯⋯⋯⋯⋯⋯⋯⋯⋯⋯⋯⋯⋯⋯⋯⋯⋯⋯⋯ 14
  2.4 潜能维度分析 ⋯⋯⋯⋯⋯⋯⋯⋯⋯⋯⋯⋯⋯⋯⋯⋯⋯⋯⋯⋯⋯⋯⋯⋯ 17
  2.5 布局维度分析 ⋯⋯⋯⋯⋯⋯⋯⋯⋯⋯⋯⋯⋯⋯⋯⋯⋯⋯⋯⋯⋯⋯⋯⋯ 22

第二篇 运行机理研究

第3章 城市关键基础设施运行的复杂关联情境解析研究 ⋯⋯⋯⋯⋯⋯⋯ 29
  3.1 城市关键基础设施的概念内涵界定及特征分析 ⋯⋯⋯⋯⋯⋯⋯⋯⋯ 29
  3.2 关联表征静态分析 ⋯⋯⋯⋯⋯⋯⋯⋯⋯⋯⋯⋯⋯⋯⋯⋯⋯⋯⋯⋯⋯⋯ 34
  3.3 关联表征动态分析 ⋯⋯⋯⋯⋯⋯⋯⋯⋯⋯⋯⋯⋯⋯⋯⋯⋯⋯⋯⋯⋯⋯ 38
  3.4 复杂表征分析 ⋯⋯⋯⋯⋯⋯⋯⋯⋯⋯⋯⋯⋯⋯⋯⋯⋯⋯⋯⋯⋯⋯⋯⋯ 40

第4章 城市关键基础设施系统关联测度研究 ⋯⋯⋯⋯⋯⋯⋯⋯⋯⋯⋯⋯ 43
  4.1 城市关键基础设施系统关联测度问题的研究背景 ⋯⋯⋯⋯⋯⋯⋯⋯ 43
  4.2 城市关键基础设施系统关联测度维度设计 ⋯⋯⋯⋯⋯⋯⋯⋯⋯⋯⋯ 44
  4.3 基于主客观信息的系统关联多维测度方法 ⋯⋯⋯⋯⋯⋯⋯⋯⋯⋯⋯ 46
  4.4 城市关键基础设施系统关联测度的典型应用研究 ⋯⋯⋯⋯⋯⋯⋯⋯ 52

第三篇 风险分析研究

第 5 章 城市关键基础设施运行风险因素识别研究 59
 5.1 城市关键基础设施运行风险因素识别问题的研究背景 59
 5.2 城市关键基础设施运行风险因素识别框架 60
 5.3 考虑复杂关联情境的城市关键基础设施运行风险因素识别方法 62
 5.4 城市关键基础设施运行风险因素识别的典型应用研究 67

第 6 章 城市关键基础设施运行风险概率评估研究 77
 6.1 城市关键基础设施运行风险概率评估问题的研究背景 77
 6.2 城市关键基础设施运行风险概率评估两阶段模型 79
 6.3 城市关键基础设施运行风险概率评估的典型应用研究 84

第 7 章 城市关键基础设施运行风险综合评估研究 93
 7.1 城市关键基础设施运行风险综合评估问题的研究背景 93
 7.2 城市关键基础设施运行风险综合评估四阶段模型 94
 7.3 城市关键基础设施运行风险综合评估的典型应用研究 103

第四篇 风险应对研究

第 8 章 城市关键基础设施运行风险应对策略库构建研究 115
 8.1 风险应对策略的顶层设计 115
 8.2 风险应对策略库构建原则与流程 134
 8.3 风险应对策略库的构成及其适用性分析 138

第 9 章 城市关键基础设施运行风险应对方案选择研究 142
 9.1 城市关键基础设施运行风险应对方案选择问题的研究背景 142
 9.2 考虑关联性特征匹配的风险应对方案选择方法 144
 9.3 城市关键基础设施运行风险应对方案选择的典型应用研究 148

第 10 章 城市关键基础设施运行风险应对方案生成研究 152
 10.1 城市关键基础设施运行风险应对方案生成问题的研究背景 152
 10.2 复杂关联情境驱动的风险应对方案生成方法 154
 10.3 城市关键基础设施运行风险应对方案生成的典型应用研究 169

第五篇 总结与展望

第 11 章 总结与展望 183

参考文献 187

第一篇　理念与态势研究

近年来，全球范围内自然灾害肆虐、国际公共卫生和社会安全紧急事件多发，使得各国城市发展进入"风险高发期"。城市关键基础设施是城市安全有序运行的重要抓手，也是城市高质量发展的条件保障。新形势的严峻挑战和城市化的不断加快，造成城市关键基础设施运行压力剧增，燃气泄漏、电力中断、供热管道爆裂、道路塌陷、城市内涝等事故时有发生，给居民生命财产安全和城市运行发展带来巨大冲击。城市关键基础设施运行过程中所涉及的多个系统、多个风险因素以及系统关联和风险因素关联的叠加形成了复杂关联情境，其存在和影响加大了风险分析与应对的难度。因此，为了维护城市安全有序运行、实现城市高质量发展，非常有必要以复杂关联情境为切入点开展城市关键基础设施运行风险分析与应对研究。

本篇以"整体框架设计—国际态势研判"为主线，先从紧迫性和必要性分析、目标导向和重要意义阐述、内容设计、思路方法确定等方面入手，对本书以复杂关联情境为切入点所开展的城市关键基础设施运行风险分析与应对研究工作进行整体框架的设计，然后从多个维度分析国际视野下城市关键基础设施运行风险相关研究的整体发展态势，为明确本书的研究动机和理论依据奠定必要的基础。

第1章 绪　　论

本章给出了以复杂关联情境为切入点开展城市关键基础设施运行风险分析与应对研究的整体框架，重点阐述研究的迫切性和必要性、研究目标与研究意义、研究内容、研究思路方法以及篇章设计。

1.1 保障城市关键基础设施运行安全的紧迫性

以燃气、电力、供热、交通等系统为代表的城市关键基础设施是支撑社会经济发展的基础性条件保障，也是维系城市正常运行的"生命线"工程（Kumar et al.，2021；Suo et al.，2019；索玮岚和陈锐，2014a）。2021年1月6日，我国住房和城乡建设部发布文件《关于加强城市地下市政基础设施建设的指导意见》[①]，特别强调了城市关键基础设施在保障城市安全有序运行、实现城市高质量发展方面所发挥的重要保障和条件支撑作用。2021年3月12日，新华社授权全文播发《中华人民共和国国民经济和社会发展第十四个五年规划和2035年远景目标纲要》[②]，强调了要统筹推进传统基础设施和新型基础设施建设，打造系统完备、高效实用、智能绿色、安全可靠的现代化基础设施体系。新政策的陆续出台进一步肯定了城市关键基础设施的重要地位，也对保障城市关键基础设施运行安全提出了更高的要求。

作为一个开放的复杂巨系统，城市关键基础设施表现出以下特点：一是公共性高、涉及对象众多（Curt and Tacnet，2018；Liu and Song，2020；刘晓等，2009；索玮岚和陈锐，2013）。城市关键基础设施关系着国计民生，与每个公众的生产行为和日常生活息息相关，其运行安全性也决定了公众社会生产生活的稳定性和便利性。二是关联性强、传导效应明显（Liu et al.，2019；Ouyang，2014；金成浩等，2019；刘亮等，2013）。虽然城市关键基础设施各个系统在不同机构负责下独立运营，但其在空间上毗邻交织、在功能上交互依赖，一旦某一个系统发生故障，常常会干扰到其他相关系统的正常运行。三是风险性大、不利影响深远（Suo et al.，

[①]《关于加强城市地下市政基础设施建设的指导意见》，http://www.gov.cn/zhengce/zhengceku/2021-01/06/content_5577510.htm[2021-03-15]。

[②]《中华人民共和国国民经济和社会发展第十四个五年规划和2035年远景目标纲要》，http://www.gov.cn/xinwen/2021-03/13/content_5592681.htm[2021-03-15]。

2019；Svegrup et al.，2019；李军等，2014）。城市关键基础设施运行过程中会受到自然灾害、人为破坏、内在隐患等诸多风险因素的影响，一旦正常运行遭到破坏将会严重威胁公众的生命和财产安全，甚至造成巨大的人员伤亡和经济损失。

近年来，随着城市的高速发展和城市规模的急剧扩张，城市关键基础设施运行压力剧增。全球范围内燃气泄漏、电力中断、供热管道爆裂、道路塌陷等事故时有发生，给各国居民的生命财产安全和所在城市的运行发展带来了巨大的冲击（Gehl et al.，2018；Zhang et al.，2015；朱悦妮等，2014）。例如，2019 年 12 月 6 日，斯洛伐克东部普雷绍夫市一栋居民楼发生燃气爆炸，事故造成至少 5 人死亡、39 人受伤[①]。2021 年 2 月以来，由于受到冬季风暴侵袭带来的极寒气候影响，美国得州持续发生大规模停电事故，得州卫生局数据显示冬季风暴和停电造成的死亡人数至少 111 人，高峰时期导致 400 多万户家庭断电，严重威胁了居民的生命和生活安全[②]。2020 年 1 月 20 日，俄罗斯西部彼尔姆市一家旅馆发生暖气管爆裂事故，造成至少 5 人死亡、6 人受伤[③]。2019 年 12 月 1 日，我国广州市广州大道北与禺东西路交界处出现道路塌陷事故，造成 3 人死亡、直接经济损失约 2004.7 万元[④]。

当前的严峻形势已经引起了各国政府、相关企业和领域学者的高度关注。为应对城市关键基础设施运行所面临的巨大挑战，亟须采取科学的风险分析与应对方法、健全的管理机制以及高效的防范措施来保障城市关键基础设施运行安全，确保公众生产生活的稳定性和便利性，最大限度地规避风险、降低损失。

1.2 关注复杂关联情境影响城市关键基础设施运行的必要性

现实中，城市关键基础设施运行过程中所涉及的多个系统（燃气、电力、供热、交通等）、多个风险因素（自然灾害、人为破坏、内在隐患）以及系统关联和风险因素关联叠加形成了复杂关联情境（Suo et al.，2021，2019；索玮岚和陈锐，2014a）。

一方面，多个系统在空间上毗邻交织、在功能上交互依赖，由此形成了城市关键基础设施运行的多系统关联，其可能引发城市关键基础设施运行失效的传导

[①]《斯洛伐克东部一居民楼燃气爆炸致 5 人死亡》，http://www.xinhuanet.com/world/2019-12/07/c_1125319011.htm[2021-03-15]。

[②]《美国得州官员：2月冬季风暴已致至少 111 人死亡》，http://world.people.com.cn/n1/2021/0326/c1002-32062153.html[2021-06-25]。

[③]《俄彼尔姆市一旅馆暖气管爆裂致 5 人死亡》，http://world.people.com.cn/n1/2020/0120/c1002-31557392.html[2021-07-16]。

[④]《广州市天河区中铁五局四公司在建轨道交通十一号线沙河站横通道"12·1"较大坍塌事故调查报告》，http://yjglj.gz.gov.cn/zwgk/zdlyxxgk/scaqsgdcbgxx/content/post_5832879.html[2021-03-15]。

效应，即某一个系统的故障往往会干扰其他系统的正常运行秩序（Hernandez-Fajardo and Dueñas-Osorio，2013；Rehak et al.，2018）。例如，2020 年 8 月 24 日，叙利亚首都大马士革地区的一段天然气管道发生爆炸，导致电力系统供应中断，引发叙利亚全国大范围停电[①]。目前，已有一些国内外学者重点探讨了城市关键基础设施系统关联的类型以及系统关联对城市关键基础设施运行的影响。例如，Rinaldi 等（2001）将城市关键基础设施系统关联划分为物质型、地理型、交互型和逻辑型四种类型，并从环境、运行状态、响应行为等多个维度论证了系统关联对城市关键基础设施运行的影响；姚保华等（2001）将城市关键基础设施系统关联划分为功能型、布设型、替换型、恢复型、递增型和广义型六种类型，并通过国内外的典型实例验证了系统关联对城市关键基础设施运行的影响。

另一方面，城市关键基础设施运行过程中所涉及的诸多风险因素之间存在催化衍生或干扰制约，由此形成的风险因素关联可能会导致城市关键基础设施同时遭受直接风险和间接风险叠加的双重破坏（Suo et al.，2019；索玮岚和陈锐，2014a，2014b）。例如，2020 年 5 月 18 日，云南省昭通市巧家县发生 5.0 级地震，由于震源深度浅，极震区烈度达 7 度，当地山高坡陡、基岩疏松，加重了次生地质灾害发生，造成巧家、鲁甸两个县 1.1 万人受灾、4 人死亡、1100 余间房屋损坏，部分电力、交通等城市关键基础设施受损，直接经济损失达到 1.2 亿元[②]。目前，已有一些学者讨论了风险因素关联的类型以及风险因素关联对城市关键基础设施运行的影响。例如，周靖等（2008）将城市关键基础设施运行风险因素关联划分为因果型、同源型、串联型、并联型、混联型、广义型等类型，并以暴雪冰冻灾害为例说明了风险因素关联在生产事故、社会环境和公共安全三个方面对城市关键基础设施运行的影响。

上述研究表明，系统关联和风险因素关联客观存在，并影响着城市关键基础设施运行。由此判定，涉及多个系统、多个风险因素以及系统关联和风险因素关联叠加形成的复杂关联情境，必然会对城市关键基础设施运行产生一定的影响。如果忽略复杂关联情境，将可能导致城市关键基础设施运行风险分析与应对工作出现偏差。因此，需要关注复杂关联情境对城市关键基础设施运行的影响，并以复杂关联情境为切入点开展城市关键基础设施运行风险分析与应对研究，这对于政府部门决策者和设施运营管理者做出正确合理的决策判断具有重要价值。一是能够为全面深入地认知城市关键基础设施、优化城市关键基础设施的布局提供必要的决策支持，从而有助于提高城市关键基础设施运行的科学性。二是能够为强

---

① 《叙利亚首都天然气管道爆炸致全国停电》，http://www.xinhuanet.com/yingjijiuyuan/2020-08/24/ c_1210767211. htm[2021-03-15]。

② 《应急管理部发布 2020 年 5 月全国自然灾害情况》，https://www.mem.gov.cn/gk/tjsj/202006/ t20200603_354009. shtml[2021-03-15]。

化各部门对城市关键基础设施运行风险分析与应对的联调联动提供必要的决策支持，从而有助于保障城市关键基础设施运行的安全性。三是通过深入研究与问题典型特征相匹配的风险分析与应对方法，能够为问题解决提供必要的方法支撑和决策依据，从而有助于丰富考虑复杂关联情境的风险分析与应对方法库。

1.3　城市关键基础设施运行风险分析与应对问题研究的目标导向和重要意义

基于上述研究紧迫性和必要性的分析，本书明确了主要研究问题，即明晰复杂关联情境对城市关键基础设施运行机理的影响、提炼以复杂关联情境为切入点的城市关键基础设施运行风险分析与应对代表性问题、开展城市关键基础设施运行风险分析与应对问题的方法研究和应用检验，并围绕上述研究问题提出了三个研究目标。

（1）在运行机理层面，全方位解析城市关键基础设施运行的复杂关联情境，明晰城市关键基础设施的概念内涵与典型特征，识别复杂关联情境的关联表征和复杂表征；多角度研判城市关键基础设施系统关联，结合系统关联机理设计城市关键基础设施系统关联测度维度，提出城市关键基础设施系统关联测度方法，开展典型应用研究来验证所提出研究方法的可行性和有效性，为后续的问题凝练和方法研究提供理论支撑与研究基础。

（2）在问题凝练层面，以复杂关联情境为切入点，以风险管理的主要环节"风险识别—风险评估—风险应对"为主线，梳理城市关键基础设施运行风险分析与应对的现实问题，从中遴选出具有理论探索价值和实践指导意义的若干代表性研究问题体系，并归纳总结各个研究问题的典型特征，以便为后续进行方法研究与应用检验指明需要聚焦的方向和开展工作的重点。

（3）在方法探索与应用检验层面，结合城市关键基础设施运行风险分析与应对过程中提炼出的代表性研究问题具有不同的典型特征，探索与各个研究问题典型特征相匹配的研究方法，并通过典型应用研究验证所提出各种研究方法的可行性和有效性，进而为现实问题的解决提供系统性的方法支撑和应用参考。

围绕研究目标所开展的研究工作，不仅具有一定的理论意义，也具有较强的实际意义，主要体现在以下三个方面。

一是通过深度剖析城市关键基础设施运行的复杂关联情境和研判城市关键基础设施系统关联，能够为进一步深入研究以复杂关联情境为切入点的城市关键基础设施运行风险分析与应对代表性研究问题提供有益的理论指导。

二是通过对研究问题的提炼，形成以复杂关联情境为切入点的城市关键基础设施运行风险因素识别问题、运行风险概率评估问题、运行风险综合评估问题、运行风险应对策略库构建问题、运行风险应对方案选择问题和运行风险应对方案生成问题等构成的代表性研究问题集合，能够为进一步深入开展相应的方法研究与应用检验提供一个清晰的研究视野、系统的研究问题体系。

三是通过对以复杂关联情境为切入点的城市关键基础设施运行风险分析与应对问题开展方法研究与应用检验，形成城市关键基础设施运行风险因素识别方法、运行风险概率评估方法、运行风险综合评估方法、运行风险应对策略库构建方法、运行风险应对方案选择方法、运行风险应对方案生成方法等构成的方法库和应用案例库，所形成的研究成果能够为解决现实中的城市关键基础设施运行风险应对问题提供必要的方法支撑和实践参考。

1.4 设计城市关键基础设施运行风险分析与应对的研究内容

根据研究目标，进一步确定本书三个方面的主要研究内容。

（1）城市关键基础设施运行机理研究，主要涉及复杂关联情境解析和系统关联测度。复杂关联情境解析主要包括：界定城市关键基础设施的概念内涵，并分析其典型特征；分析复杂关联情境的关联表征和复杂表征。系统关联测度主要包括：明确城市关键基础设施系统关联测度问题的研究背景与典型特征，设计城市关键基础设施系统关联测度维度，提出与所研究问题典型特征相匹配的城市关键基础设施系统关联测度方法，并通过典型应用验证所提出测度方法的可行性和有效性。

（2）城市关键基础设施运行风险分析研究，主要涉及风险因素识别、风险概率评估和风险综合评估。具体内容包括：明确以复杂关联情境为切入点的城市关键基础设施运行风险因素识别、风险概率评估、风险综合评估三类问题的研究背景与典型特征，分别提出与所研究问题典型特征相匹配的城市关键基础设施运行风险因素识别方法、风险概率评估方法以及风险综合评估方法，并通过典型应用验证所提出各种方法的可行性和有效性。

（3）城市关键基础设施运行风险应对研究，主要涉及风险应对策略库构建、风险应对方案选择和风险应对方案生成。风险应对策略库构建的具体研究内容包括：实现风险应对策略的顶层设计，明确风险应对策略库的构建原则和构建流程，阐述风险应对策略库的主要构成要素，并分析其适用性。风险应对方案选择和生成的具体研究内容包括：分别针对所构建风险应对策略库中已有备选方案和尚无备选方案的场景，明确以复杂关联情境为切入点的城市关键基础设施运行风险应对方案选择和生成问题的研究背景与典型特征，提出与所研究问题典型特征相匹配的城市关键基础设施运行风险应对方案选择方法和生成方法，并通过典型应用验证所提出方法的可行性和有效性。

1.5 明确城市关键基础设施运行风险分析与应对的思路方法

本书遵循图 1-1 所示的基本思路来开展研究工作并进行章节设计，针对不同的研究内容将依托文献计量工具、系统工程理论、决策分析理论、概率论、仿真工具等理论和工具设计与研究问题典型特征相匹配的研究方法。

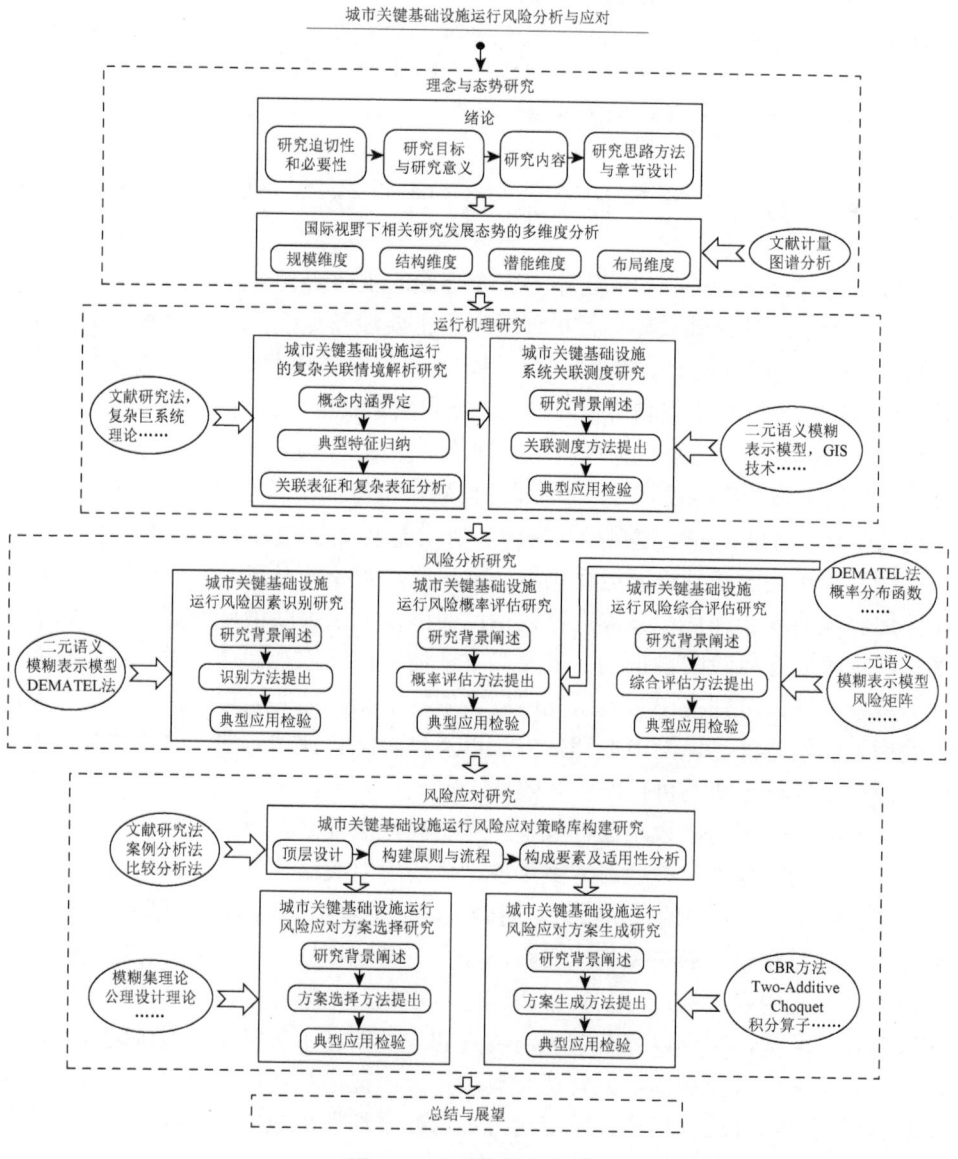

图 1-1　本书的研究思路

第一篇：理念与态势研究，分为两章。第 1 章为绪论，重点阐述保障城市关键基础设施运行安全的紧迫性、关注复杂关联情境影响城市关键基础设施运行的必要性、研究城市关键基础设施运行风险分析与应对问题的目标导向和重要意义、设计城市关键基础设施运行风险分析与应对的研究内容、明确城市关键基础设施运行风险分析与应对的思路方法。第 2 章为国际视野下相关研究发展态势的多维度分析，利用文献计量和图谱分析相结合的方法，对国际视野下城市关键基础设施运行风险相关研究在规模、结构、潜能、布局四个维度的主要特点进行归纳提炼并给出可视化展示，综合研判相关研究的整体发展态势。

第二篇：运行机理研究，分为两章。第 3 章为城市关键基础设施运行的复杂关联情境解析研究，利用文献研究法给出城市关键基础设施的概念内涵界定，依托复杂巨系统理论和复杂自适应系统理论归纳城市关键基础设施的典型特征；依托系统工程理论和图论，分析复杂关联情境的关联表征和复杂表征。第 4 章为城市关键基础设施系统关联测度研究，首先阐述研究问题的研究背景并设计城市关键基础设施系统关联测度维度，在此基础上，利用二元语义模糊表示模型、决策试验与评价实验室（decision making trial and evaluation laboratory，DEMATEL）法、专家访谈法、地理信息系统（geographic information system，GIS）技术等设计与城市关键基础设施系统关联测度问题典型特征相匹配的系统关联多维测度方法，并开展典型应用研究验证所提出测度方法的可行性和有效性。

第三篇：风险分析研究，分为三章。第 5 章为城市关键基础设施运行风险因素识别研究，首先阐述研究问题的研究背景，然后利用文献研究法、专家访谈法等构建城市关键基础设施运行风险因素识别框架，并利用二元语义模糊表示模型、DEMATEL 法提出考虑复杂关联情境的城市关键基础设施运行风险因素识别方法，进而通过典型应用研究验证所提出识别方法的可行性和有效性。第 6 章为城市关键基础设施运行风险概率评估研究，首先阐述研究问题的研究背景，然后利用 DEMATEL 法、Two-Additive Choquet 积分算子、概率分布函数、随机信息处理技术、文本挖掘技术等提出城市关键基础设施运行风险概率评估两阶段模型，进而通过典型应用研究验证所提出评估模型的可行性和有效性。第 7 章为城市关键基础设施运行风险综合评估研究，首先阐述研究问题的研究背景，然后利用二元语义模糊表示模型、DEMATEL 法、Two-Additive Choquet 积分算子、风险矩阵、序贯更新法等提出城市关键基础设施运行风险综合评估四阶段模型，进而通过典型应用研究验证所提出评估模型的可行性和有效性。

第四篇：风险应对研究，分为三章。第 8 章为城市关键基础设施运行风险应对策略库构建研究，首先利用文献研究法、案例分析法、比较分析法给出风险应对策略的顶层设计，然后阐述风险应对策略库的构建原则与流程，进而说明风险应对策略库的主要构成要素并分析风险应对策略库的适用性。第 9 章为城市关键基础设施运行风险应对方案选择研究，首先阐述研究问题的研究背景，然后利用模糊集理论、公理设计理论、多指标决策分析方法、Two-Additive Choquet 积分算子提出考虑关联性特征匹配的风险应对方案选择方法，进而通过典型应用研究验证所提出方案选择方法的可行性和有效性。第 10 章为城市关键基础设施运行风险应对方案生成研究，首先阐述研究问题的研究背景，然后利用案例推理（case-based reasoning，CBR）方法、Two-Additive Choquet 积分算子、专家访谈法提出复杂关联情境驱动的风险应对方案生成方法，进而通过典型应用研究验证所提出方案生成方法的可行性和有效性。

第五篇：总结与展望，涉及一章。第 11 章为总结与展望，利用归纳总结法系统梳理本书的主要成果与结论、主要贡献、局限以及需要进一步开展的研究工作。

第 2 章　国际视野下相关研究发展态势的多维度分析

关于开展城市关键基础设施运行风险分析与应对研究的重要性和必要性，国内外政府相关管理部门决策者、关键基础设施运营企业管理者与技术骨干以及高等院校和科研机构相关领域专家学者已经形成了普遍共识。为了厘清国际视野下城市关键基础设施运行风险相关研究的整体发展态势，本章在"规模—结构—潜能—布局"多维度分析框架下，以 CiteSpace V 为可视化工具，对检索到的相关研究文献进行系统化梳理与分析，并将分析结果进行直观的图形展示。

2.1　数据来源说明

在选取检索数据库时，考虑到国际视野下相关研究文献收录的全面性与完整性，选取 Web of Science 数据库中的核心合集为检索数据库；在设定检索时间区间时，以系统默认的 1900 年为起点，以 2020 年为终点；在设定检索方式时，为确保检索记录与研究目标的高度匹配性，分别以"infrastructure risk""infrastructure hazard""lifeline risk""lifeline hazard"作为标题进行基本检索。

根据上述设定共检索到 1000 条记录。通过手动筛选，剔除与城市关键基础设施无关以及不适合分析的记录共计 51 条，得到 949 条待分析的检索记录，每条记录均包括文献的类型（期刊论文、会议论文等）、题目、作者（姓名及单位）、出版物信息（期刊名称、会议名称、丛书名称等）、学科类别、研究方向、摘要、关键词、发表年度、期卷、页码、引文数量等信息。

首先将检索记录以纯文本格式导出为文本文件，然后在"规模、结构、潜能、布局"多维度分析框架下进行城市关键基础设施运行风险相关研究的梳理与分析，利用文献计量和图谱分析相结合的方法，全面厘清城市关键基础设施运行风险相关研究的发展规模、发展结构、发展潜能和发展布局，直观反映相关研究的整体发展态势，为后续研究提供必要的参考和借鉴。

2.2　规模维度分析

发表数量和引文数量是衡量科学研究产出水平与影响力的重要指标。本节以上述两个重要指标为切入点，归纳总结城市关键基础设施运行风险相关研究在规模维度的主要特点。

1. 发表数量：呈现出一定的波动，但基本符合指数级增长规律

城市关键基础设施运行风险相关研究文献发表数量的年度变化如图 2-1 所示（注：图中仅显示了论文发表数量不为零的年度）。

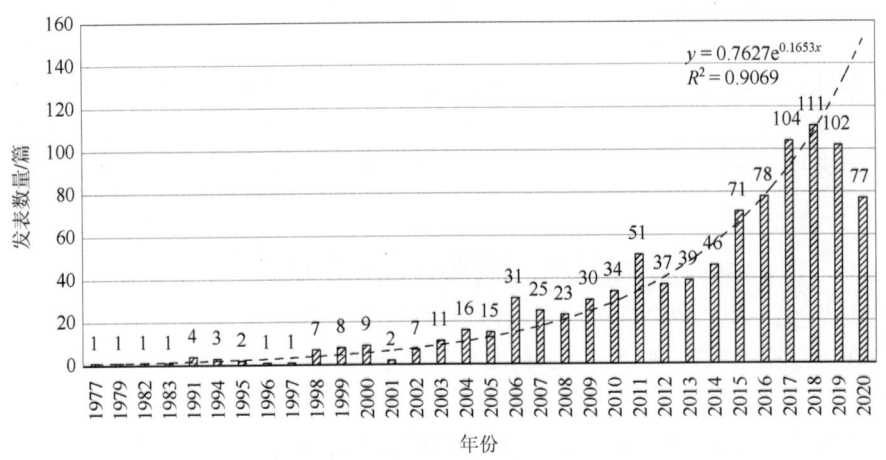

图 2-1　相关研究文献发表数量的年度变化

从总体趋势来看，相关研究文献的年度发表数量呈现出一定的波动，但产出水平基本上符合指数级增长规律。发表数量拟合曲线的指数函数表达式如图 2-1 所示，其中，变量 y 为第 x 个年度的相关研究文献发表数量，R^2 为拟合优度，越接近 1 表示拟合程度越好，图中 R^2 的数值达到 0.9069，表明拟合程度较好。1977～2002 年处于萌芽时期，相关研究文献的年度发表数量在个位数徘徊，数量相对较少且增长缓慢；在 2003 年之后，进入快速发展时期，相关研究文献的年度发表数量呈现出波动式增长，整体上发表数量保持年均两位数以上，个别年度发表数量突破百篇。

从重要时点来看，第一篇开创性成果出现在 1977 年，论文题目为"Seismic risk analysis of lifeline networks"，由美国麻省理工学院土木工程系 Taleb-Agha 教授发表在期刊 Bulletin of the Seismological Society of America 上。该篇论文聚焦城市关键基础设施的地震风险分析，给出了确定局部网络失效概率的两个有效方案（Taleb-Agha，1977）。相关研究文献发表数量的峰值出现在 2018 年，该年度的发表数量为 111 篇，占年度发表总数量的 11.70%。

2. 引文数量：呈现出快速上升趋势，且符合指数级增长规律

城市关键基础设施运行风险相关研究文献引文数量的年度变化如图 2-2 所示（注：图中仅显示了论文引文数量不为零的年度）。

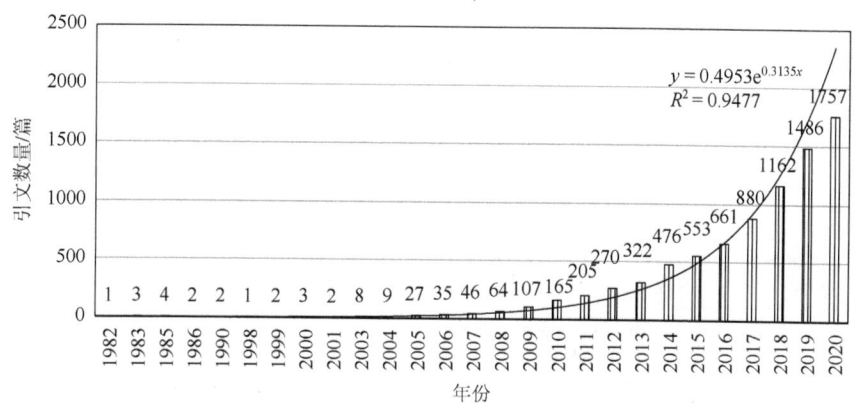

图 2-2 相关研究文献引文数量的年度变化

从总体发展来看，相关研究文献的年度引文数量呈现出指数增长趋势。引文数量拟合曲线的指数函数表达式如图 2-2 所示，其中，变量 y 为第 x 个年度的相关研究文献引文数量，拟合优度 R^2 的数值为 0.9477，表明拟合程度较好。1982～2004 年处于萌芽时期，相关研究文献的年度引文数量在个位数徘徊；在 2005 年之后，进入快速增长时期，在 2020 年达到峰值，该年度引文数量为 1757 篇，占年度引文总数量的 21.29%。

表 2-1 列出了被引次数排名前十位的相关研究文献，其中，单篇被引次数最高论文的题目为 "Risk-informed condition assessment of civil infrastructure: State of practice and research issues"，由美国工程院院士、佐治亚理工学院土木与环境工程学院 Ellingwood 教授于 2005 年在期刊 *Structure and Infrastructure Engineering* 上发表，截至 2020 年累计被引次数已达到 163 次。该文聚焦城市关键基础设施的老化风险，提出了一种在结构可靠性框架内评估城市关键基础设施运行状态的方法，为老化设施维护决策提供了定量化的分析工具（Ellingwood，2005）。以截至 2020 年 10 月的数据为依据，排序第二位和第三位的论文均入选了基本科学指标（essential science indicators, ESI）数据库的高被引论文。

表 2-1 被引次数排名前十位的相关研究文献

序号	文献标题	发表期刊	发表年度	被引次数/次
1	Risk-informed condition assessment of civil infrastructure: State of practice and research issues（市政基础设施风险知情状况评估：实践和研究问题论述）	Structure and Infrastructure Engineering（结构与基础设施工程）	2005	163
2	Route infrastructure and the risk of injuries to bicyclists: A case-crossover study（道路基础设施与自行车骑行者受伤风险：一项交叉案例研究）	American Journal of Public Health（美国公共卫生杂志）	2012	155
3	Challenges in the vulnerability and risk analysis of critical infrastructures（关键基础设施脆弱性与风险分析的挑战）	Reliability Engineering & System Safety（可靠性工程与系统安全）	2016	135
4	On the definition of vulnerabilities in measuring risks to infrastructures（关于基础设施风险测度中的脆弱性定义）	Risk Analysis（风险分析）	2006	130
5	Critical infrastructures at risk: A need for a new conceptual approach and extended analytical tools（面临风险的关键基础设施：新的概念方法与扩展分析工具的需求）	Reliability Engineering & System Safety（可靠性工程与系统安全）	2008	128
6	Climate change impact and risks of concrete infrastructure deterioration（气候变化影响与混凝土基础设施退化的风险）	Engineering Structures（工程结构）	2011	126
7	Risks, contracts, and private-sector participation in infrastructure（风险、契约、私营部门对基础设施的参与）	Journal of Construction Engineering and Management（建筑工程与管理杂志）	2011	125
8	Regulating infrastructure: The on risk and investment（监管基础设施：风险与投资）	Journal of Economic Literature（经济文献杂志）	2006	110
9	Expert judgement elicitation for risk assessments of critical infrastructures（关键基础设施风险评估的专家判定获取）	Journal of Risk Research（风险研究杂志）	2004	108
10	Climate change uncertainty: Building flexibility into water and flood risk infrastructure（气候变化的不确定性：在水和洪水风险基础设施中建筑灵活性）	Climatic Change（气候变化）	2013	104

2.3 结构维度分析

学科类别、研究方向和研究方法是刻画科学研究所属领域、聚焦主题、依托工具的重要指标。本节以上述三个重要指标为切入点，基于相关指标的分类占比对检索记录开展文献计量分析，归纳总结城市关键基础设施运行风险相关研究在结构维度的主要特点。

1. 学科类别：呈现出典型的多学科交叉特征

在 Web of Science 数据库的核心合集中，每一条检索记录都有一个相应的类别字段，以此来反映来源出版物所属的学科类别。依据 Web of Science 数据库中核心合集对学科类别的划分，将检索到的城市关键基础设施运行风险相关研究进行学科类别的分类统计。

图 2-3 展示了各个学科类别下检索记录的数量及其占比，其中，排名第一的是土木工程（engineering civil），相关检索记录为 247 篇，占比为 26.03%；第二位是环境科学（environmental science），相关检索记录为 92 篇，占比为 9.69%；第三位是水资源（water resources），相关检索记录为 88 篇，占比为 9.27%。通过对学科类别的分类统计，可以归纳出当前城市关键基础设施运行风险相关研究所涉及的主流学科领域，涵盖了工程、理学、管理学等学科，已呈现出典型的多学科交叉特征。

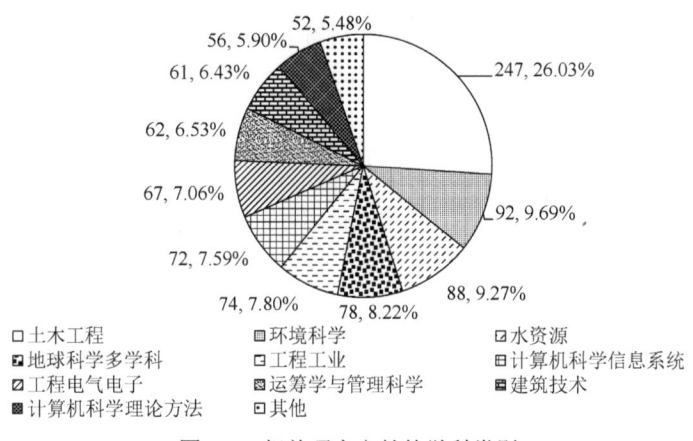

图 2-3 相关研究文献的学科类别

2. 研究方向：呈现出明显的多方向融合特征

研究方向是 Web of Science 为便于对多个数据库中关于同一个主题的文献进行识别、检索和分析而设定的，每个 Web of Science 类别都对应于一个研究方向。依据 Web of Science 核心合集对研究方向的划分，将检索到的城市关键基础设施运行风险相关研究进行研究方向的分类统计。

图 2-4 展示了排名前十位的研究方向下检索记录的数量及其占比，其中，检索记录数量超过 100 篇的研究方向有三个，第一位是工程（engineering），相关检索记录为 476 篇，占比为 38.70%，远远超过其他研究方向；第二位是计算机科学（computer science），相关检索记录为 151 篇，占比为 12.28%；第三位是环境科学

与生态学（environmental science and ecology），相关检索记录为 110 篇，占比为 8.94%。

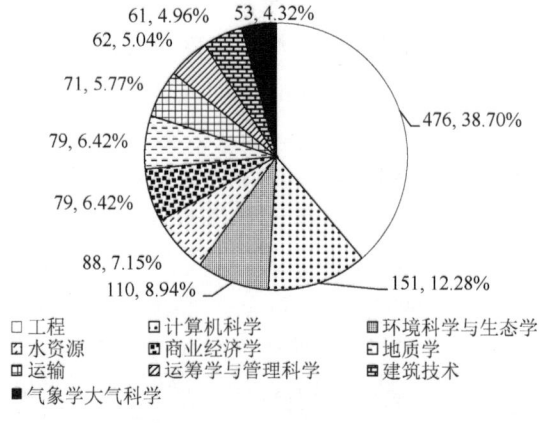

图 2-4　相关研究文献中排名前十位的研究方向

需要说明的是，图 2-4 中排名前十位的研究方向下检索记录累计达到 1230 篇，而被分析的检索记录总数为 949 篇，前者显然已经超过了被分析的检索记录总数。这表明在进行研究方向的分类统计时，存在一篇文献涉及多个不同研究方向的情况，导致了多次重复统计。由此，可以归纳出城市关键基础设施运行风险相关研究呈现出明显的多方向融合特征。

3. 研究方法：呈现出多方法组合与定性分析为主的特征

结合检索记录的摘要和关键词信息（剔除"editorial material""meeting abstract""book review""correction"等类型的检索记录），将 914 篇城市关键基础设施运行风险相关研究文献所涉及的研究方法归纳为定性分析类、数理统计类、优化模型类、智能系统类、领域专用类和综合集成类六个类型，其中，定性分析类以文字说明和观点阐述为主要表现形式，包括案例分析法（Díaz et al.，2017）、文献综述法（Quitana et al.，2020）等；数理统计类以"数据采集→数据处理→数据分析"为主线，包括实证研究法（Huck et al.，2020）、回归模型（Jin，2010）等；优化模型类以决策模型与仿真优化为核心，包括蒙特卡罗仿真（Han et al.，2017）、马尔可夫决策过程模型（Kim and Bickel，2010）等；智能系统类以人工智能技术与系统软件研发为依托，包括粒子群优化算法（Ajayi et al.，2020）、监测系统设计（Fiorucci et al.，2017）等；领域专用类以不属于前四类研究方法范畴而以气象学、地理学、经济学、计量学、社会学等特定学科领域专用的模型或方法为支撑，包括动态不可操作性投入产出模型（Barker and Santos，2010）、全球环流模型（Mallakpour et al.，2020）等；综合集成类以不同类型方法的组合应用为特色，包括病例交叉设计、条件 logistic 回归、Google 街景和城市 GIS 清单相结合的方法（Cicchino et al.，2020）以及系统动力学模型、疾病回归模型与优化技术相结合的方法（McDonald et al.，2018）等。图 2-5 展示了检索记录中相关研究文献的研究方法分类结果。

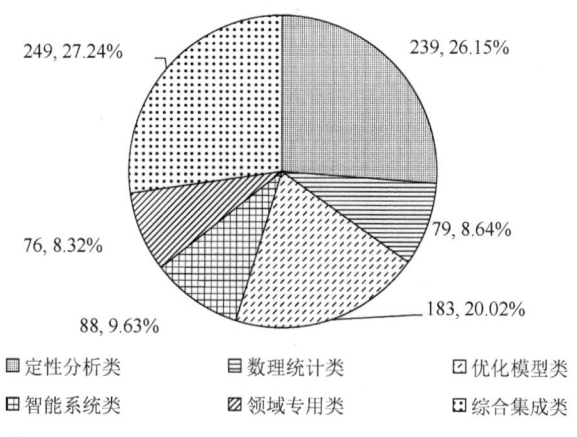

图 2-5　相关研究文献的研究方法分类结果

从分类结果来看，综合集成类研究方法在城市关键基础设施运行风险相关研究文献中得到了最为广泛的应用，涉及 249 篇研究文献，占分类文献总数量的 27.24%，这也与相关研究文献的多学科交叉特征相呼应；使用定性分析类研究方法的研究文献有 239 篇，占分类文献总数量的 26.15%，在城市关键基础设施运行风险相关研究文献中得到了较为广泛的应用；领域专用类研究方法由于具有较高的专业性要求和特定的适用领域，一定程度上也限制了其应用推广价值，研究文献仅有 76 篇，占比 8.32%。

2.4　潜能维度分析

科学研究的发展潜能通常可以通过来源刊物的质量、来源国家的分布、依托机构的水平、作者的学术影响来全面反映。本节以上述四个重要指标为切入点，基于检索记录在相关指标的具体表现，归纳总结城市关键基础设施运行风险相关研究在潜能维度的主要特点。

1. 来源刊物：高发文量期刊认可度较高，有助于引领相关研究的发展

对检索记录进行来源刊物的分类统计后发现，有 8 本期刊的相关研究文献发

表数量在 10 篇以上。表 2-2 列出了这些刊物的名称、文献数量、影响因子及分区（数据均来自科睿唯安 Clarivate Analytics 发布的 2019 版期刊引证报告 *Journal Citation Reports*）。

表 2-2　相关研究文献的主要来源期刊信息

序号	期刊名称	文献数量/篇	影响因子及分区
1	Reliability Engineering & System Safety（可靠性工程与系统安全）	21	5.04，Q1
2	Risk Analysis（风险分析）	19	3.137，Q1
3	Structure and Infrastructure Engineering（结构与基础设施工程）	15	2.62，Q2
4	Natural Hazards（自然灾害）	14	2.427，Q2
5	International Journal of Disaster Risk Reduction（减少灾害风险国际杂志）	13	2.896，Q2
6	Journal of Construction Engineering and Management（建筑工程与管理杂志）	13	2.347，Q2
7	Journal of Infrastructure Systems（基础设施系统杂志）	12	1.825，Q2
8	Earthquake Engineering Structural Dynamics（地震工程结构动力学）	10	3.414，Q1

可以看出，这些期刊的分区均在 Q2 及以上，其中，37.5%的期刊分区为 Q1，影响因子在 3.0 以上；文献数量排名前两位的期刊 *Reliability Engineering & System Safety* 和 *Risk Analysis* 分别为可靠性领域和风险管理领域的顶级期刊，后者是英国商学院协会（association of business school，ABS）出版的高质量学术期刊指南中唯一一本被定为四星的风险管理类期刊。这充分说明，城市关键基础设施运行风险相关研究的成果得到了高水平期刊的认可和关注，也有助于引领相关研究的高质量发展。

2. 来源国家：高发文量国家多分布在欧美地区，中国位居第三

对检索记录进行来源国家的分类统计后发现，有 15 个国家的相关研究文献发表数量在 20 篇以上，欧美国家占据了其中的大多数，合计发文量已达到检索记录总数的 95.19%。表 2-3 列出了这些国家的名称及其文献数量，其中，发文量排前五位的国家有美国、英国、中国、澳大利亚和意大利，而美国以 284 篇的发文量排名第一，远远超出其他国家，英国以 82 篇排名第二，中国则以 76 篇位居第三。这说明城市关键基础设施运行风险相关研究已经吸引了欧美地区主流国家学者的关注，而中国学者在相关研究发展的过程中也发挥了积极的推动作用，具备一定的主导权。

第2章 国际视野下相关研究发展态势的多维度分析

表 2-3 相关研究文献的主要来源国家及其文献数量

序号	国家名称	发表数量/篇	序号	国家名称	发表数量/篇
1	美国	284	9	日本	32
2	英国	82	10	希腊	27
3	中国	76	11	法国	26
4	澳大利亚	70	12	挪威	25
5	意大利	63	13	西班牙	22
6	加拿大	51	14	瑞典	22
7	德国	48	15	波兰	20
8	荷兰	45			

3. 依托机构：高发文量机构多分布在欧美地区，中国仅有1家入围前十位

科研成果的依托机构主要涉及高等院校、科研院所等创新主体。对检索记录进行依托机构的分类统计，表2-4列出了发文量排名前十位机构的名称、属性、隶属国家/组织及其文献数量（注：文献数量相同时按照机构名称首字母排序）。

表 2-4 相关研究文献主要依托机构的名称、隶属国家/组织及其文献数量

序号	机构名称	机构属性	隶属国家/组织	文献数量/篇
1	University of California（加利福尼亚大学）	高等院校	美国	21
2	University of Virginia（弗吉尼亚大学）	高等院校	美国	20
3	Delft University of Technology（代尔夫特理工大学）	高等院校	荷兰	17
4	United States Department of Energy（美国能源部）	政府部门	美国	17
5	European Commission Joint Research Centre（欧盟委员会联合研究中心）	科研院所	欧盟委员会	13
6	Stanford University（斯坦福大学）	高等院校	美国	12
7	Deakin University（迪肯大学）	高等院校	澳大利亚	11
8	Hong Kong Polytechnic University（香港理工大学）	高等院校	中国	11
9	Polytechnic University of Milan（米兰理工大学）	高等院校	意大利	11
10	The University of Newcastle（纽卡斯尔大学）	高等院校	澳大利亚	11

从机构属性来看，8家机构为高等院校，1家机构为政府部门，1家机构为科研院所，表明高等院校是城市关键基础设施运行风险相关研究的主力军。从机构

隶属国家/组织来看，来自美国的机构有 4 家，具有明显优势，与上文来源国家统计分析结果保持一致，其中，University of California 是发文量排名第 1 位的机构，相关文献数量为 21 篇，其次为 University of Virginia，相关文献数量为 20 篇；位于欧洲的机构有 3 家，排名分别为并列第 3 位、第 4 位和并列第 6 位，表明欧洲的科研机构也是城市关键基础设施运行风险相关研究的重要依托机构；来自中国的科研机构仅有 Hong Kong Polytechnic University 入围，并列第 6 位，相关文献数量为 11 篇。

4. 作者影响：关键作者群体范围较小但影响显著，四位中国高校学者入围

作者的学术影响可以从论文发表数量和论文被引次数两个方面来综合反映，论文发表数量重在刻画学者的活跃度，论文被引次数重在刻画学者的受关注度。在文献计量分析中，可以通过识别高产出与高被引兼具的关键作者来确定某个研究领域的骨干力量。利用普赖斯定律（董国豪和潜伟，2017）给出高产出作者和高被引作者的遴选公式，分别为

$$m = 0.749\sqrt{q_{max}} \tag{2-1}$$

$$n = 0.749\sqrt{c_{max}} \tag{2-2}$$

其中，m 为高产出作者遴选阈值，q_{max} 为产出最多作者的论文发表数量累计值，论文发表数量超过 m 篇即为高产出作者；n 为高被引作者遴选阈值，c_{max} 为引文量最多作者的论文被引次数累计值，被引次数超过 n 次即为高被引作者。利用上述公式对 949 条检索记录进行测算，得出 $m = 2.37$，$n = 9.56$，即论文发表数量在 3 篇及以上则为高产出作者，论文被引次数在 10 次及以上为高被引作者。

对 949 条检索记录进行作者统计分析后发现，参与发表论文的作者总人数为 2670 人，高产出作者人数为 75 人，占总人数的 2.81%；高产出作者的累计论文发表数量为 289 篇，占论文发表总量的 30.45%。在高产出作者中，澳大利亚纽卡斯尔大学基础设施性能和可靠性研究中心主任、土木工程系 Stewart 教授是该领域论文发表数量最多的作者，他还担任了期刊 *Structural Safety* 的主编，主要研究方向为基础设施结构的可靠性与脆弱性，聚焦恐怖袭击（Mueller and Stewart，2021）、爆炸（Stewart and Li，2021）、气候变化（Stewart et al.，2011）等不同情景下的基础设施结构可靠性评价与风险评估发表了 10 篇论文。

949 条检索记录中，论文被引次数总量为 8561 次，其中，被引次数超过 10 次的文献共计 232 篇，从中提取出 717 位高被引作者，占总人数的 26.85%；高被引作者的累计论文被引次数为 7146 次，占论文被引次数总量的 83.47%。

若同时满足高产出作者和高被引作者的条件，则可被认定为城市关键基础设施运行风险相关研究的关键作者。表 2-5 列出了这些关键作者的姓名、单位、文

献数量（注：文献数量相同时按照作者姓氏首字母排序）。虽然核心作者群体范围较小，38位核心作者仅占作者总人数的1.42%，但其在论文发表方面表现出较高的活跃度，在论文被引方面也受到较高的关注度，为推动城市关键基础设施运行风险相关研究的发展做出了突出的贡献。

表 2-5　关键作者相关信息

序号	作者姓名	单位	文献数量/篇
1	Stewart M G	The University of Newcastle（纽卡斯尔大学，澳大利亚）	10
2	Haimes Y Y	University of Virginia（弗吉尼亚大学）	9
3	Frangopol D M	Lehigh University（里海大学）	8
4	Argyroudis S	Aristotle University of Thessaloniki（塞萨洛尼基亚里士多德大学）；University of Surrey（萨里大学）	7
5	Hall J W	University of Oxford（牛津大学）	7
6	Pitilakis K D	Aristotle University of Thessaloniki（塞萨洛尼基亚里士多德大学）	7
7	Ang A H S	University of California（加利福尼亚大学）	6
8	Lambert J H	University of Virginia（弗吉尼亚大学）	6
9	Chan A P C	Hong Kong Polytechnic University（香港理工大学）	5
10	Dawson R J	Newcastle University（纽卡斯尔大学，英国）	5
11	Dueñas-Osorio L	Rice University（莱斯大学）	5
12	Gomez C	University of the Andes Colombia（哥伦比亚安第斯大学）	5
13	Santos J R	George Washington University（乔治·华盛顿大学）	5
14	Alexoudi M N	Aristotle University of Thessaloniki（塞萨洛尼基亚里士多德大学）	4
15	Barker K	University of Oklahoma（俄克拉荷马大学）	4
16	Ellingwood B R	Georgia Institute of Technology（佐治亚理工学院）	4
17	Gersonius B	IHE Delft Institute for Water Education（国际水利环境工程学院代尔夫特水教育研究所）	4
18	Goossens L H J	Delft University of Technology（代尔夫特理工大学）	4
19	Guikema S D	Johns Hopkins University（约翰·霍普金斯大学）	4
20	Jin X H	Deakin University（迪肯大学）	4
21	Lee J Y	University of California（加利福尼亚大学）	4
22	Thekdi S A	University of Richmond（里士满大学）	4
23	Zio E	Université Paris-Saclay（巴黎萨克雷大学）；Polytechnic University of Milan（米兰理工大学）	4

续表

序号	作者姓名	单位	文献数量/篇
24	Ameyaw E F	Hong Kong Polytechnic University（香港理工大学）	3
25	Alves A	IHE Delft Institute for Water Education（国际水利环境工程学院代尔夫特水教育研究所）	3
26	Baker J W	Stanford University（斯坦福大学）	3
27	Gritzalis D	Athens University of Economics & Business（雅典经济与商业大学）	3
28	Han J H	Jeonbuk National University（全北国立大学）	3
29	Janssen M A	Arizona State University（亚利桑那州立大学）	3
30	Lee I B	Pohang University of Science and Technology（浦项科技大学）	3
31	Sanchez A	IHE Delft Institute for Water Education（国际水利环境工程学院代尔夫特水教育研究所）	3
32	Shen S S	Shanghai Jiao Tong University（上海交通大学）	3
33	Song J H	University of Illinois（伊利诺伊大学）	3
34	Theocharidou M	European Commission Joint Research Centre（欧盟委员会联合研究中心）	3
35	Utne I B	Norwegian University of Science & Technology（挪威科技大学）	3
36	Vojinovic Z	IHE Delft Institute for Water Education（国际水利环境工程学院代尔夫特水教育研究所）	3
37	Wang J Y	Shenzhen University（深圳大学）	3
38	Zimmerman R	New York University（纽约大学）	3

2.5 布局维度分析

关键词是研究文献所开展工作的高度凝练（Feng et al., 2017; Li and Chu, 2017）。为了准确研判城市关键基础设施运行风险相关研究的整体布局，利用 CiteSpace Ⅴ 开展以关键词为研究对象的共词分析，通过中心性分析、突发性检测分析以及时序聚类图谱分析来有效识别相关研究的研究热点、洞悉相关研究的研究前沿、揭示相关研究的演化路径，进而归纳总结城市关键基础设施运行风险相关研究在布局维度的主要特点。

1. 研究热点：围绕研究对象开展主题和方法研究，首次出现时间各异

频次和中心性是衡量共词网络中节点重要程度的指标，也是识别研究热点的主要依据（高军等，2018）。中心性大于 0.1 的关键词，通常被认为在该研究领域

的影响力较大（李杰和陈超美，2016）。表 2-6 列出了城市关键基础设施运行风险相关研究中所涉及的中心性大于 0.1 的高频次关键词及其首次出现的年度，共涉及 9 个研究热点。

表 2-6 中心性大于 0.1 的高频次关键词及其首次出现年度

序号	关键词	频次/次	中心性	首次出现年度
1	risk（风险）	77	0.16	2002
2	critical infrastructure（关键基础设施）	77	0.10	2002
3	risk assessment（风险评估）	73	0.15	1998
4	risk management（风险管理）	70	0.16	2001
5	model（模型）	69	0.11	2003
6	infrastructure（基础设施）	68	0.16	2002
7	management（管理）	62	0.11	2003
8	system（系统）	48	0.15	2007
9	hazard（危害）	13	0.10	2008

可以看出，研究热点主要聚焦在以下三个方面：一是以"risk""critical infrastructure""infrastructure""system""hazard"为核心的研究对象，占比 55.56%；二是以"risk assessment""risk management""management"为核心的研究主题，占比 33.33%；三是以"model"为核心的研究方法，占比 11.11%。此外还可以看出，不同研究热点首次出现的年度存在一定的差异，"risk assessment"是城市关键基础设施运行风险相关研究中最早出现的研究热点，而"hazard"则晚于"risk assessment"十年才成为研究热点。

2. 研究前沿：突发性表现相近，多半为近七年内新兴前沿

突发性是衡量共词网络中各个节点活跃程度的指标，也是洞悉研究前沿的主要依据（高军等，2018）。CiteSpace V 通过提取"突变词语"来实现对研究前沿的检测分析，其内嵌的 Find Burst Phrases 模块会将出现频次快速增加的关键词确定为研究前沿。城市关键基础设施运行风险相关研究的关键词突发性检测结果如表 2-7 所示，涉及七个研究前沿。

表 2-7 关键词突发性检测结果

序号	关键词	突发强度	突发时间
1	risk（风险）	6.08	2009～2011 年
2	risk assessment（风险评估）	5.58	2009～2012 年
3	critical infrastructure（关键基础设施）	5.02	2009～2012 年

续表

序号	关键词	突发强度	突发时间
4	model（模型）	5.73	2014～2018年
5	infrastructure（基础设施）	4.21	2014～2015年
6	climate change（气候变化）	4.92	2017～2018年
7	framework（框架）	5.75	2018～2020年

从突发强度来看，各个突发性关键词的活跃程度相近，其中，"risk"是突发性最强的关键词，其在2009～2011年最为活跃；从突发时间来看，所有突发性关键词均在2009年后出现，57.1%的突发性关键词为近七年内新兴的研究前沿，其中，"framework"是突发时间最晚的关键词，在2018年出现并活跃至今，是最新的研究前沿。

3. 演化路径：不同聚类存在时序差异、"environment""climate change"等研究可能是未来发展趋势

时序聚类图谱侧重描述各个聚类的时间演变趋势和相互影响，有助于揭示研究动态的演化路径，并预测未来可能的发展趋势（高军等，2018）。利用CiteSpace V的Timeline时序图谱功能进行城市关键基础设施运行风险相关研究的关键词聚类并按聚类规模进行排序。为了更好地展示城市关键基础设施运行风险相关研究演进的主要规律，从聚类结果中遴选出聚类规模较大的八个聚类来进行聚类规模和时序分布的分析，如表2-8所示。

表2-8 相关研究文献的关键词聚类结果

编号	聚类标签	聚类规模/个	分布年份	关键词节点
#0	risk assessment（风险评估）	49	1998～2020年	risk assessment（风险评估）；uncertainty（不确定性）；China（中国）；public private partnership（公私合营）；infrastructure project（基础设施项目）；bridge（桥梁）；terrorism（恐怖主义）；strategy（战略）；sustainability（可持续性）；decision（决策）
#1	infrastructure（基础设施）	47	2001～2019年	infrastructure（基础设施）；resilience（韧性）；decision-making（决策制定）；safety（安全）；security（安全）；allocation（配置）；construction（施工）；flood（洪水）；ranking（排序）；policy（政策）
#2	green infrastructure（绿色基础设施）	39	2001～2020年	Governance（治理）；mitigation（缓解）；green infrastructure（绿色基础设施）；building（建筑物）；fuzzy logic（模糊逻辑）；ecosystem service（生态系统服务）；political risk（政治风险）；growth（增长）；investment（投资）；Bayesian network（贝叶斯网络）

续表

编号	聚类标签	聚类规模/个	分布年份	关键词节点
#3	risk management（风险管理）	38	2001~2020年	risk management（风险管理）; simulation（仿真）; decision support system（决策支持系统）; disaster（灾难）; risk allocation（风险分担）; countermeasure（对策）; risk governance（风险治理）; cost-benefit analysis（成本收益分析）; algorithm（算法）; cyber security（网络安全）
#4	critical infrastructure（关键基础设施）	37	2004~2019年	critical infrastructure（关键基础设施）; framework（框架）; interdependency（关联性）; Monte Carlo simulation（蒙特卡罗仿真）; information（信息）; inoperability（不可操作性）; input output model（投入产出模型）; interdependence（关联）; risk management（风险管理）; face（面目）
#5	environment（环境）	37	2004~2020年	risk analysis（风险分析）; runoff（径流）; selection（选择）; damage（损害）; protection（保护）; vulnerability assessment（脆弱性评估）; power（能源）; time（时间）; environment（环境）; urban（城市）
#6	lifelines（生命线）	34	1999~2020年	impact（影响）; performance（绩效）; network（网络）; earthquake（地震）; optimization（优化）; GIS（地理信息系统）; lifeline（生命线）; infrastructure resilience（基础设施韧性）; land use（土地利用）; extreme weather event（极端天气事件）
#7	climate change（气候变化）	31	2004~2018年	risk（风险）; vulnerability（脆弱性）; climate change（气候变化）; natural hazard（自然灾害）; adaptation（适应性）; cost（成本）; transport infrastructure（交通基础设施）; modelling（建模）; capacity（容量）; critical infrastructure（关键基础设施）

所涉及的八个聚类分别是"#0 risk assessment""#1 infrastructure""#2 green infrastructure""#3 risk management""#4 critical infrastructure""#5 environment""#6 lifelines""#7 climate change"。从时序分布来看，"#0 risk assessment"在城市关键基础设施运行风险相关研究中出现最早，分布在1998~2020年，而"#4 critical infrastructure""#5 environment""#7 climate change"则出现较晚，分别分布在2004~2019年、2004~2020年和2004~2018年，表明"environment""climate change"是城市关键基础设施运行风险较为新颖的相关研究领域。

综上，以城市关键基础设施运行风险相关研究文献为分析对象、以"规模—结构—潜能—布局"多维度分析框架为指导、利用文献计量和图谱分析相结合的方法，对已有研究成果的整体发展态势进行了量化分析与图形展示，主要得出以下两个方面的结论。

（1）从整体进展来看，城市关键基础设施运行风险相关研究文献的整体发展态势呈现出规模发展趋势良好、结构交叉融合明显、潜能优势欧美领先、布局引导清晰明确的特点。

（2）从阶段特征来看，城市关键基础设施运行风险相关研究自 2005 年起进入快速发展期，"环境""气候变化"等近年来呈现上升发展状态的研究热点应予以重点关注，环境问题和气候变化对城市关键基础设施运行风险研究带来的新挑战需要进一步的深入研究和思考。

此外，随着城市关键基础设施系统的复杂化和网络化以及风险的随机化和动态化，已有的模型方法越来越难以全面刻画城市关键基础设施运行风险的表征，不同学科多方法的综合集成可能成为未来主流研究方法。

第二篇　运行机理研究

　　城市关键基础设施对社会生产和公众生活的重要性不言而喻。虽然一些国家政府部门和国内外学者已经对城市关键基础设施的概念和内涵进行了界定，但具体哪些基础设施属于城市关键基础设施的范畴目前仍未达成共识。城市关键基础设施有哪些典型特征？如何运行？如何优化布局？找到这些问题的答案是全面认知城市关键基础设施的核心驱动力。

　　本篇以"理论分析—方法探索"为主线，对城市关键基础设施运行的复杂关联情境解析和城市关键基础设施的系统关联测度等两个典型问题开展针对性的研究，为明晰以复杂关联情境为切入点的城市关键基础设施运行机理提供必要的理论体系支撑。

第 3 章　城市关键基础设施运行的复杂关联情境解析研究

本章将对城市关键基础设施运行的复杂关联情境进行全方位解析。首先，界定城市关键基础设施的概念内涵，并对其典型特征进行提炼与归纳；最后，分别从静态和动态视角分析复杂关联情境的关联表征，并从关联主体多元化、关联机理区别化等多个方面对复杂关联情境的复杂表征进行深度剖析。

3.1　城市关键基础设施的概念内涵界定及特征分析

本节重点对城市关键基础设施的概念内涵和典型特征进行梳理与分析，以便为后续研究奠定理论基础。

3.1.1　城市关键基础设施的概念与内涵界定

1.城市关键基础设施的概念界定

随着城市化进程的加快，城市关键基础设施在现代社会中发挥着越来越重要的作用（Cedergren et al.，2018；Delvosalle et al.，2017；刘晓等，2009；朱悦妮等，2014）。但关于城市关键基础设施，目前尚未形成统一的概念界定。

一些西方国家的政府部门通过发布报告、政策文件等方式对城市关键基础设施的概念及范畴给出了界定。例如，美国政府成立的关键基础设施保护总统顾问委员会在其发布的报告 Critical Foundations: Protecting America's Infrastructures《关键基础：保护美国的基础设施》中指出，关键基础设施是发生任何失效或遭受破坏将会削弱国防能力、对经济安全产生致命影响的系统，包括通信系统、电力系统、天然气与石油系统、银行与金融系统、交通系统、给水系统、政府服务系统和应急服务系统等八类（President's Commission on Critical Infrastructure Protection，1997）。澳大利亚政府在其发布的报告 Critical Infrastructure Resilience Strategy《关键基础设施韧性战略》中指出，关键基础设施是指那些为日常生活提供基本服务（如能源、食物、水、交通、通信、健康以及银行和金融）的有形设施、供应链、信息技术和通信网络，若其遭到破坏、功能退化或长期无法使用，将会影响国家的社会或经济福祉，或影响澳大利亚开展国家防御和确保国家安全的能力（Australian Government，2010）。中国政府发布的政策文件《关于加强城市基础设施建设的意见》[①]指出，城市基础设施是城市正常运行和健康发展的物质基础，对于改善人居环境、增强城市综合承载能力、提高城市运行效率、稳步推进新型城镇化、确保2020年全面建成小康社会具有重要作用。该文件明确的重点任务中涉及了供水、污水、排水、雨水、燃气、供热、电力、通信、公共交通、物流配送、防灾避险、生活垃圾处理等与民生密切相关的基础设施。

同时，一些国内外学者也讨论了城市关键基础设施的概念及范畴。例如，Rinaldi等（2001）认为，城市关键基础设施是指影响日常生活各个领域以及国家安全、经济繁荣和社会福祉等至关重要服务的基础系统，包括电力、天然气和石油的生产与分配、电信（信息和通信）、交通、供水、银行和金融、应急和政府服务、农业等系统。Hellström（2007）认为，城市关键基础设施不应该是涵盖交通、能源等众多系统和服务的"大而全"概念，而应该基于"关键节点""级联效应"或"乘数效应"以及该系统所提供"远距离作用"的可能性等性质来界定其关键性。刘晓等（2009）认为，城市关键基础设施是复杂的、高度相互依存的、网络化的"社会—技术"系统，一旦系统被中断或者被破坏，将会对国民健康、国土安全、经济稳定以及政府的正常运转等产生重大的影响。Utne等（2011）认为，城市关键基础设施是对维持社会基本功能具有重要作用的技术网络，一旦发生故障会对人口、经济和国家安全造成严重危害。Di Giorgio和Liberati（2012）认为，城市关键基础设施是指那些至关重要的物理或虚拟的系统和资产，若其功能丧失或破坏，将对国家的经济安全或公共安全产生不利影响。马永驰（2014）认为，城市关键基础设施是指由支撑社会正常运行的电力、电信、交通、水供给和水处理、能源输送、金融、公共卫生与应急服务等构成的一套相互关联的多网络系统的总称。韩传峰等（2016）认为，城市关键基础设施是由大量的物理设施、技术部件、运营过程和机构制度（人员和程序）等构成的社会技术系统。李大庆（2017）认为，城市关键基础设施是提供国家运行服务所必要的大型网络化复杂系统，是国家经济和安全的骨干网络。Suo等（2019）认为，城市关键基础设施并不单指某一类基础设施，而是多类基础设施的集合体，包括电力系统、燃气系统、供热系统、给水系统、排水系统、通信系统、交通系统等。

基于上述观点，本书给出城市关键基础设施的概念界定，认为城市关键基础设施是以燃气、电力、供热、交通等系统为代表，支撑社会经济发展和维系城市正常运转的"生命线"工程，其运行安全性直接关系到社会生产和公众生活的稳定性与便利性。

---

① 《关于加强城市基础设施建设的意见》，http://www.gov.cn/zwgk/2013-09/16/content_2489070.htm[2020-10-20]。

2. 城市关键基础设施的内涵界定

虽然在概念层面尚未达成一致，但关于城市关键基础设施内涵的讨论已基本形成以下两个方面的共识。

（1）城市关键基础设施具有较高的公共价值。作为必不可少的生命线系统，城市关键基础设施与企业的生产活动、公众的日常生活息息相关，负责提供基础性公共必需品（如电力和燃气）和公共服务（如通信和交通运输）（Ianaloo et al., 2016；van der Bruggen, 2008；索玮岚和陈锐，2014a，2014b）。一旦城市关键基础设施的运行出现异常，会给社会生产组织、设施周边居民带来严重的不利影响。例如，2011年，我国发生的"7·23"甬温线特别重大铁路交通事故，造成40人死亡、172人受伤，该条铁路线路行车中断32小时35分[1]；2020年8月17日中午，由于当地变电站输电系统出现技术故障，斯里兰卡发生持续约7小时的全国性停电事故，导致科伦坡多条道路因交通信号灯失灵而出现严重拥堵，一些地区供水中断，给公众生活造成极大不便[2]。

（2）城市关键基础设施具有很高的经济价值。社会生产组织和公众并非无偿使用城市关键基础设施所提供的公共必需品和公共服务，设施运营企业会按照一定的标准收取费用来获取直接的经济收益（Haimes et al., 2004；Pant et al., 2014；刘英等，2016），而政府管理部门也会通过城市关键基础设施的建设来加快区域经济发展（Li et al., 2019；马昱等，2019）。如果城市关键基础设施由于自然灾害、人为破坏、内部隐患等遭到破坏，将会面临较大的经济损失。例如，2006年受第8号强台风"桑美"影响，福建省福鼎市电网遭受毁灭性破坏，共有13座变电站、4281千米输电线路、1681台配电变压器处于瘫痪状态，直接经济损失近1亿元[3]；据叙利亚国家通讯社2019年11月12日报道，叙利亚电力部长透露自2011年以来，危机冲突爆发导致该国电力系统的损失估计至少40亿美元[4]。

3.1.2 城市关键基础设施的典型特征分析

钱学森等（1990）提出的"复杂巨系统理论"明确了开放的复杂巨系统所具

---

[1]《"7·23"甬温线特别重大铁路交通事故调查报告》，http://www.gov.cn/gzdt/2011-12/29/content_2032986.htm[2021-10-26]。

[2]《斯里兰卡发生全国性停电事故》，http://world.people.com.cn/n1/2020/0818/c1002-31826963.html[2021-11-08]。

[3]《福鼎电网在"桑美"后重建 市区已基本恢复供电》，http://www.gov.cn/yjgl/2006-08/18/content_365732.htm[2021-11-08]。

[4]《叙电力部门自叙危机爆发以来损失超过40亿美元》，http://www.mofcom.gov.cn/article/i/jyjl/k/201911/20191102914130.shtml[2021-11-08]。

备的开放性、复杂性、进化与涌现性、层次性和巨量性。依托该理论可以发现，城市关键基础设施同样具备上述五个方面的典型特征，具体表现如下。

（1）开放性。城市关键基础设施并不是孤立的存在，各个系统之间往往存在物质、能量、信息等多方面的交换（Rinaldi et al.，2001；刘晓等，2009；索玮岚和陈锐，2014a）。例如，供热系统相关设备的日常运转离不开电力系统的能量支持，而在国家节能环保的政策导向下，传统依赖煤炭采暖的方式也转变为由燃气系统提供天然气作为采暖的物质资源。这表明供热系统与电力系统、燃气系统之间存在着能量、物质的交换。

（2）复杂性。城市关键基础设施涉及了燃气、电力、供热、交通等不同系统，系统之间存在多种形式的交互作用，各系统在物理和功能上的差异以及层级式的组织结构导致了结构复杂性和动态复杂性（Zio，2016）。例如，燃气管线、电力线缆、供热管道等均铺设在城市道路下方，导致燃气、电力、供热和交通四个系统在空间位置上的毗邻交织。

（3）进化与涌现性。城市关键基础设施各系统之间的交互作用可能会随着时间的演化而涌现、增强、弱化或消失（Suo et al.，2021；索玮岚等，2021；王诗莹等，2017）。例如，燃气管线发生泄漏事故后，在漏点排查过程中需要对周边交通系统进行临时性的封闭管制，燃气系统和交通系统涌现出新的交互作用。随着燃气管线漏点的及时修补，交通系统将逐步恢复正常运行，两个系统之间的交互作用会逐渐弱化直至消失。

（4）层次性。城市关键基础设施通常由系统层、子系统层、设备层等多个层级构成（Baiardi et al.，2009；金成浩等，2019；周方等，2018），形成具有层级结构的体系。例如，城市关键基础设施的系统层由燃气、电力、供热、交通等不同系统组成，其中的交通系统又可以进一步细分为公路交通子系统、轨道交通子系统、空中交通子系统、水上交通子系统等。

（5）巨量性。城市关键基础设施由数以万计、形式各异的部件组成，包括各种类型的零件、组件、设备等（Dawson and Hall，2006；Haimes，2018；Gómez et al.，2014；Roe and Schulman，2018）。例如，燃气系统通常会涉及门站、储配站、调压设备、燃气管网、控件阀件、用气设备等大量形式各异的组件和设备。

还有一些学者以 Holland（1995）提出的"复杂自适应系统理论"为依托，将城市关键基础设施看作一个复杂自适应系统。通过对这些研究的系统梳理，本书总结了城市关键基础设施在以下三个方面的典型特征。

（1）关联性。城市关键基础设施的关联性主要表现在各系统之间具有关联性以及影响城市关键基础设施运行的诸多因素之间具有关联性。一方面，城市关键基础设施并不是割裂存在的，而是涉及不同类型的关联关系（Brown et al.，2004；Ouyang，2014，2017；Rinaldi et al.，2001；Zhang et al.，2018；Zhang and Peeta，

2011）。已有学者从不同视角讨论了城市关键基础设施系统关联关系的类型划分，如将城市关键基础设施系统关联划分为地理型、物理型、网络型和逻辑型（Rinaldi et al.，2001）或是功能型、物理型、预算型、市场与经济型（Zhang and Peeta，2011）。城市关键基础设施各系统之间的关联性导致某一个系统出现运行失调时，与其关联的另一个系统的正常运行也可能会受到干扰。另一方面，影响城市关键基础设施运行的诸多因素并不是完全独立的，而往往存在着催化衍生或干扰制约的关联关系。例如，极寒气候是影响供热系统运行的自然因素之一，而管道失效是影响供热系统运行的内在因素，显然极寒气候会加速管道失效的可能性，这表明两个因素之间存在明显的关联性。这些因素之间的关联性会加重其对城市关键基础设施运行的影响。

（2）脆弱性。随着城市建设的高速发展及其规模的日益扩大，城市关键基础设施在运行过程中经常受到各类破坏性因素的潜在威胁（Hellström，2007；Zio，2016），如随机失效（Ianaloo et al.，2016；Zio，2016）、恐怖主义（Lian and Haimes，2006；Zoli et al.，2018）、气候变化（Melvin et al.，2017；Mikellidou et al.，2018）、蓄意破坏（Oakes et al.，2018；Ouyang，2017）、自然灾害（Poljanšek et al.，2012；Yu et al.，2018），给其安全运行带来了严峻的挑战。一旦城市关键基础设施的正常运行遭到破坏，全社会的财产和公众的生命安全将会受到严重威胁。例如，2011年3月11日发生在日本本州岛海域的9.0级大地震引发了海啸、核泄漏等衍生灾害，导致东京、宫城县、福岛县等地区出现了电力中断、燃气爆炸等一系列城市关键基础设施运行失调甚至瘫痪的现象，给日本造成了巨大的经济损失和人员伤亡。[①]

（3）不确定性。现实中，城市关键基础设施由不同企业或政府监管部门运营和管理。由于保密和隐私问题以及有限的数据获取渠道，难以直接获取数据、缺乏精确数据已经成为城市关键基础设施量化研究的关键瓶颈（Ouyang，2014；Rinaldi et al.，2001）。在这种情况下，以专业知识和经验为依托的专家判断成为一个重要的信息来源（Cooke and Goossens，2004；Ouyang，2014；Rosmuller and Beroggi，2004），甚至是某些研究中唯一的信息来源（Chang et al.，2014）。然而，依靠专家判断来量化城市关键基础设施的特征往往会存在主观上的不确定性（Barker and Haimes，2009；Misuri et al.，2018）。

综上可见，上述典型特征凝练的立足点明显不同。开放性、复杂性、进化与涌现性、层次性和巨量性等五个典型特征的凝练主要立足于复杂巨系统理论，而关联性、脆弱性和不确定性等三个典型特征的凝练则主要立足于复杂自适应系统

---

① 《重视防范地震灾害链风险——日本"3·11"大地震启示》，http://society.people.com.cn/n1/2020/0312/c1008-31628904.html[2021-11-12]。

理论。所依托的两个理论虽然名称不同，但本质上具有很多的相通之处。例如，从典型特征的描述可以看出，复杂巨系统理论涉及的开放性和复杂性与复杂自适应系统理论涉及的关联性均反映了城市关键基础设施之间交互作用的客观存在。本书对上述典型特征进行了系统性整合和外延式扩展，特别强调突出了关联表征和复杂表征，并将城市关键基础设施的运行环境抽象为复杂关联情境。

3.2 关联表征静态分析

为了更好地认知复杂关联情境的形成和特征，本节采用 System-of-Systems（即系统的系统）视角来对复杂关联情境的关联表征进行静态分析，主要从关联类型、关联网络结构和关联效应等方面分别对系统关联和风险因素关联进行详细阐述。在阐述过程中，还给出一些说明性例子来增强可理解性。这些例子根据城市关键基础设施真实风险事故的共同特征抽象而来，事故信息的获取则是基于对相关新闻报道的长期密切跟踪以及与相关领域学者和企业运营者的面对面访谈。

3.2.1 系统关联静态分析

系统关联被定义为城市关键基础设施所涉及的任意两个系统之间的双向交互关系（Ouyang，2017；Rinaldi et al.，2001）。接下来将从系统关联类型、系统关联网络结构和系统关联效应三个方面开展系统关联的静态分析。

1. 系统关联类型

当前，学者立足于不同视角对城市关键基础设施的系统关联类型进行了划分，如 Rinaldi 等（2001）立足于 System-of-Systems（即系统的系统）视角将系统关联类型划分为地理型、物理型、网络型和逻辑型。结合对已有研究的比较分析（Ouyang，2014；Rinaldi et al.，2001；Suo et al.，2019；Zhang and Peeta，2011），采纳 Suo 等（2019）给出的系统关联类型划分，将城市关键基础设施所涉及的系统关联划分为三种类型，即地理型系统关联、功能型系统关联和随机型系统关联，并给出各类系统关联衍生机理的描述和实例说明。

（1）地理型系统关联。地理型系统关联是由于城市关键基础设施各系统内部节点（如电力系统的变电站、燃气系统的门站等）或管线在空间毗邻或交织而衍生的。以地下综合管廊为例，管线相邻将导致供暖系统和燃气系统之间存在地理型系统关联。如果发生第三方施工破坏综合管廊的事件，这两个系统将同时出现运行失常。

（2）功能型系统关联。功能型系统关联是由于城市关键基础设施各系统之间的物质和信息交互而衍生的。例如，电力系统的运行需要燃气系统提供能源，这种能源交互诱发了两个系统之间的功能型系统关联。如果燃气系统出现故障，电力系统也会受到影响甚至会因为能源供应不足而停止运行。

（3）随机型系统关联。随机型系统关联是由于雷击火灾等自然原因、管线老化等内在原因或操作失误、违章作业、蓄意破坏等人为原因所引起的突发事件而衍生的。例如，为了应对突发燃气泄漏引起的爆炸，必须向事故区域派遣救援人员和物资，这就造成了燃气系统和交通系统之间的随机型系统关联。

有必要强调的是，上述三类系统关联可能在城市关键基础设施所涉及的任意两个系统之间同时存在，而且不同类型的系统关联可能会增加或者消减城市关键基础设施运行风险。因此，如何确定同时存在的各类系统关联对城市关键基础设施运行风险的影响，将是研究的焦点所在。

2. 系统关联网络结构

众所周知，可以将城市关键基础设施视为 System-of-Systems（即系统的系统）来进行系统关联网络结构的建模（Eusgeld et al., 2011；Haimes, 2018）。基于上述观点，可以将城市关键基础设施所涉及的每个系统看作一个集合，其中，设备被视为节点，而管线被视为连接设备的无向边。由此，城市关键基础设施所涉及的系统关联网络结构可以用图 3-1 来描绘。

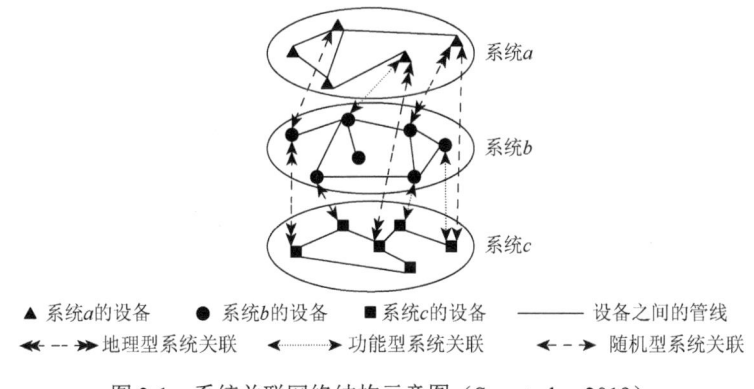

图 3-1 系统关联网络结构示意图（Suo et al., 2019）

在图 3-1 中，无向线反映了系统内部各设备之间的连接关系，连线无粗细差异；不同标识的双向线对应各系统之间不同类型的系统关联关系，连线的粗细反映了关联的强度，即连线越粗表明系统关联越强。从直观的角度来看，城市关键基础设施所涉及不同系统之间具有明显差异的双向关联是此网络结构最突出的特征，也是系统关联静态分析的重点。

3. 系统关联效应

系统关联效应侧重刻画城市关键基础设施所涉及的系统关联对城市关键基础设施运行风险的影响，主要划分为以下三类，即互补效应、冗余效应和零效应。

（1）互补效应。当系统 a 和 b 存在关联时，如果系统 a 和 b 同时面临风险，则它们之间的关联会对城市关键基础设施运行风险产生"$1+1>2$"的放大影响。也就是说，城市关键基础设施所涉及系统关联诱发的互补效应会增加城市关键基础设施运行风险。互补效应越强，增加的风险越多。

（2）冗余效应。当系统 a 和 b 存在关联时，如果系统 a 或 b 面临风险，则它们之间的关联会对城市关键基础设施运行风险产生"$1+1<2$"的抵消影响。也就是说，城市关键基础设施所涉及系统关联诱发的冗余效应会消减城市关键基础设施运行风险。冗余效应越强，消减的风险越多。

（3）零效应。当系统 a 和 b 不存在关联时，无论系统 a 和 b 同时面临风险，还是系统 a 或 b 面临风险，均对城市关键基础设施运行风险没有显著的影响。

综上，在进行城市关键基础设施运行风险评估时，需要考虑系统关联所诱发关联效应的类型和强度。由于不同类型的系统关联可能同时存在，很难通过传统的统计技术或监测技术来准确地测度系统关联效应的类型和强度。鉴于此，使用基于知识和经验的专家判断是一种更为合适的问题解决方案，可以采用关联矩阵形式的专家判断信息来表征城市关键基础设施所涉及的系统关联。

3.2.2　风险因素关联静态分析

现实中，城市关键基础设施的日常运行可能会受到诸多风险因素的干扰，如随机失效和恶意攻击。通常情况下，可以基于文献综述和事故统计分析来获取这些风险因素。风险因素关联被定义为干扰城市关键基础设施运行的一个风险因素对另一个风险因素的单向关系，这也是级联传导的一个显著特征（Carreras et al., 2007; Heal and Kunreuther, 2007）。同样地，下面将从风险因素的关联类型、关联网络结构和关联效应三个方面对风险因素关联进行针对性的静态分析。

1. 风险因素关联类型

本书将风险因素关联划分为直接型风险因素关联和间接型风险因素关联两种类型，它们各自的关联衍生机理和实例说明描述如下。

（1）直接型风险因素关联。直接型风险因素关联是由于一个风险因素与另一风险因素之间的潜在催化衍生或干扰制约而衍生的。例如，操作失误和电力负荷是两个干扰城市关键基础设施运行的风险因素，操作失误会诱发电力负荷的快速增长,即操作失误对电力负荷产生了直接型风险因素关联。

(2) 间接型风险因素关联。间接型风险因素关联是由于两个风险因素之间关联的传递性而衍生出对第三个风险的关联。例如,自然灾害、地质沉降和管线腐蚀是三个干扰城市关键基础设施运行的风险因素,自然灾害可能会直接导致地质沉降,而地质沉降可能会加快管线腐蚀的发生,也就是说,风险传递性诱发了自然灾害对管线腐蚀的间接型风险因素关联。

2. 风险因素关联网络结构

为了实现网络结构建模,可以将风险因素关联视为一种级联传导。风险因素的关联网络结构如图 3-2 所示,其中,不同标识的有向线对应不同类型的风险因素关联关系。需要指出的是,城市关键基础设施各系统内部的风险因素关联以及不同系统之间的风险因素关联,均是风险因素关联静态分析的重点。

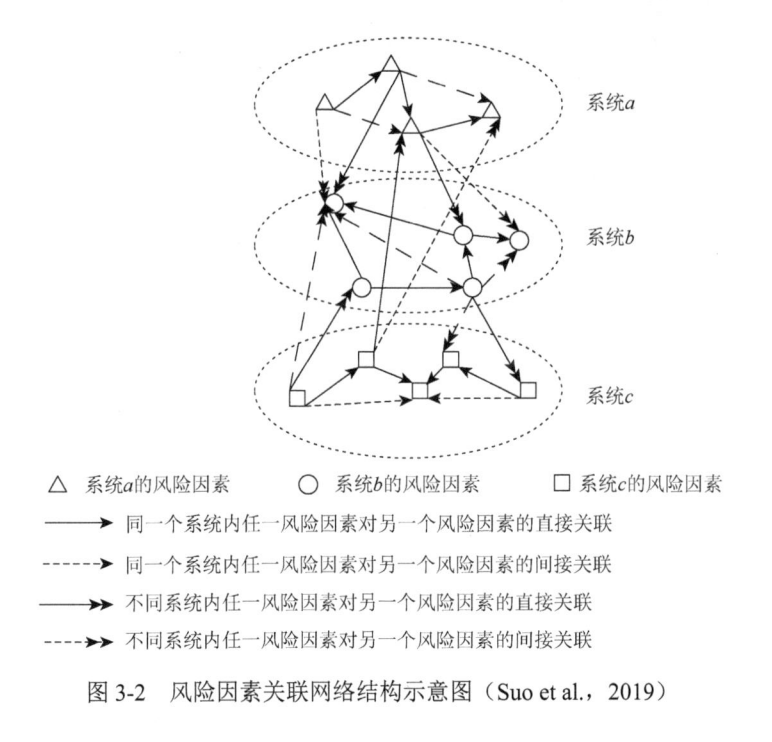

△ 系统a的风险因素　　○ 系统b的风险因素　　□ 系统c的风险因素
⟶ 同一个系统内任一风险因素对另一个风险因素的直接关联
---▶ 同一个系统内任一风险因素对另一个风险因素的间接关联
⟹ 不同系统内任一风险因素对另一个风险因素的直接关联
---⟹ 不同系统内任一风险因素对另一个风险因素的间接关联

图 3-2　风险因素关联网络结构示意图(Suo et al.,2019)

3. 风险因素关联效应

由于风险因素关联的存在,城市关键基础设施运行过程中可能会遭受直接风险和间接风险叠加的双重破坏。因此,风险因素关联效应侧重刻画直接型风险因素关联和间接型风险因素关联对城市关键基础设施运行风险的总体影响。为了量化该效应，需要根据直接型风险因素关联和间接型风险因素关联各自的关联衍生机理进行测度。直接型风险因素关联可以根据专家判断来进行测度，间接型风险因素关联可以基于直接关联信息来测度。直接型风险因素关联效应和间接型风险因素关联效应都可以使用关联矩阵的形式来表达。结合对风险因素关联效应的量化分析，可以弄清风险因素之间的交互关系，进而识别出潜在的风险根源。

3.3　关联表征动态分析

基于 3.2 节关联表征的静态分析，本节主要从关联演化状态、关联关系结构等方面来分析系统关联和风险因素关联的动态表征，进而明晰其对城市关键基础设施运行风险的影响。

3.3.1　系统关联动态分析

以关联表征静态分析中明确的地理型系统关联、功能型系统关联和随机型系统关联为研究重点，分别从关联演化状态、关联关系结构等方面给出三种类型系统关联的动态表征描述（索玮岚等，2021）。

（1）地理型系统关联。通常情况下，地理型系统关联的状态较为稳定。仅在地震、泥石流等重大自然灾害或战争、恐怖袭击发生以及按城市规划要求部署设施新建或改建等特定情况下，地理型系统关联的状态才会出现削弱、消失或涌现、加剧等变化。从地理型系统关联的关联衍生机理来看，可以采用双向连线来刻画其关联关系结构。

（2）功能型系统关联。通常情况下，功能型系统关联的状态也是相对稳定的。导致地理型系统关联状态变化的特定情况同样也会诱发功能型系统关联的状态变化，除此之外，存在物质和信息交互的任意一个系统出现异常时，功能型系统关联的状态也会出现削弱、消失或涌现、加剧。同样地，功能型系统关联也可以采用双向连线来刻画其关联关系结构。

（3）随机型系统关联。诱发随机型系统关联的突发事件所产生的破坏力与导致地理型系统关联状态变化的特定情况相比范围更为局部化、强度相对弱化。随机型系统关联通常仅在突发事件发生后的某段特定时期内持续，其状态会随着突发事件的恶化、升级而涌现或加剧，也会随着应急响应举措的及时启动及系统维修工程的有序推进而逐渐削弱乃至消失。与上述两类系统关联类似，随机型系统关联同样可采用双向连线来刻画其关联关系结构。

综上可知，城市关键基础设施的系统关联会随着时间的推移而出现关联状态的动态变化，某种系统关联类型可能会在某个时刻涌现、加剧、削弱或消失。系统关联的动态演化可以通过图 3-3 来展示。图中带阴影的节点表示被破坏的系统内部节点，灰色节点表示新建的系统内部节点，灰色无向连线表示新建成的系统内部管线，双向连线的粗细表示关联强度的加剧或削弱，灰色双向连线表示新涌现的系统关联。有必要指出的是，现实中城市关键基础设施的系统之间可能同时存在上述三类系统关联，其共同作用于城市关键基础设施运行过程。也就是说，系统关联的共存与演化可能会增加或消减城市关键基础设施运行风险。

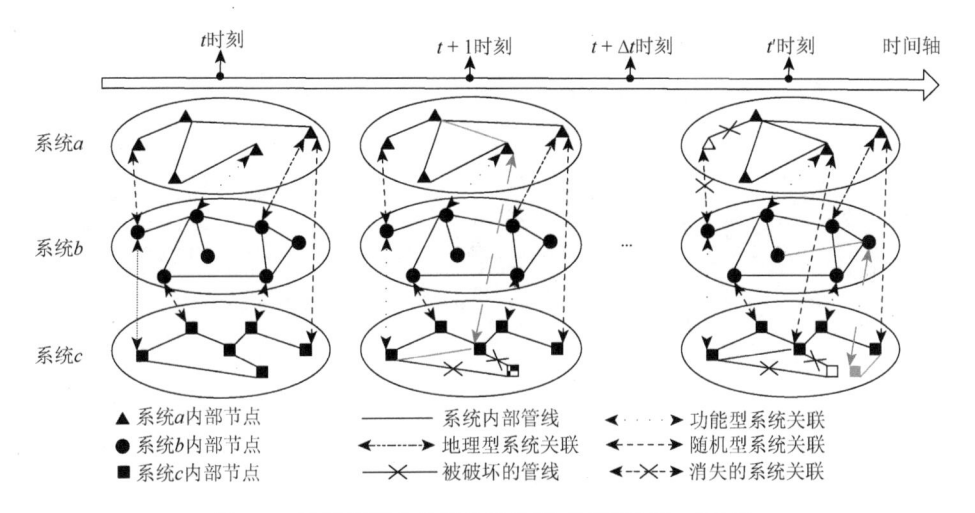

图 3-3 系统关联动态演化示意图（索玮岚等，2021）

3.3.2 风险因素关联动态分析

以关联表征静态分析中明确的直接型风险因素关联和间接型风险因素关联为研究重点，分别从关联演化状态、关联关系结构等方面给出两种类型风险因素关联的动态表征描述（索玮岚等，2021）。

（1）直接型风险因素关联。通常情况下，直接型风险因素关联的状态会随着风险防范和化解策略的实施而出现削弱、消失、涌现、加剧等变化。结合风险因素关联衍生机理可以判定，适合采用单向连线来刻画直接型风险因素关联的关联关系结构。

（2）间接型风险因素关联。通常情况下，间接型风险因素关联的状态会随着直接型风险因素关联状态的变化而出现相应的变化。同样地，适合采用单向连线来刻画间接型风险因素关联的关联关系结构。

与系统关联相似的是，城市关键基础设施运行的风险因素关联也会随着时间的推移而在某个时刻出现削弱、消失、涌现、加剧等状态变化。但与系统关联不同的是，风险因素关联既涉及同一系统内的风险因素关联也涉及不同系统之间的风险因素关联。风险因素关联的动态演化可以通过图 3-4 来展示，其中，带阴影的节点表示消失的风险因素，灰色节点表示新涌现的风险因素，单向连线的粗细表示关联强度的加剧或削弱，灰色单向连线表示新涌现的关联。有必要指出的是，风险因素关联的演化同样会对城市关键基础设施运行风险产生一定的影响，导致出现风险增加或消减的动态变化。

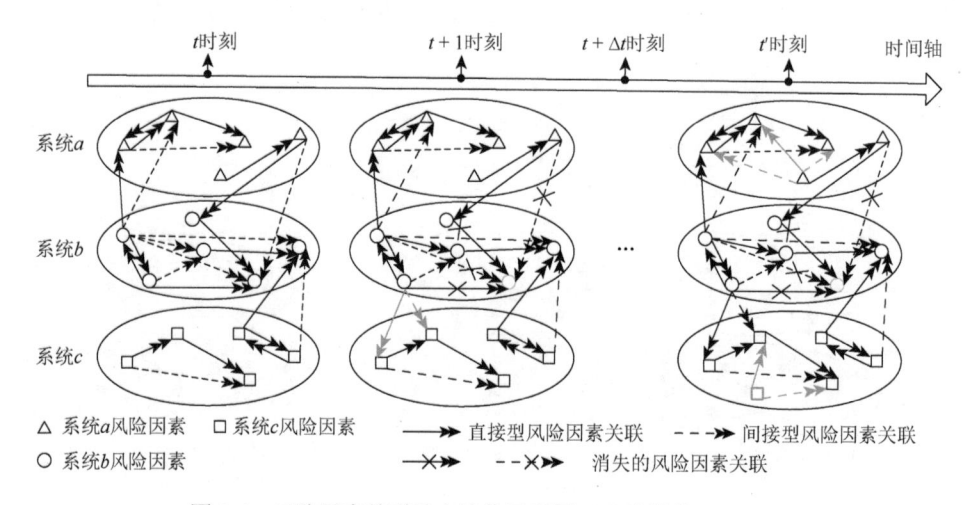

图 3-4　风险因素关联动态演化示意图（索玮岚等，2021）

3.4　复杂表征分析

城市关键基础设施运行的复杂关联情境涉及了多个系统、多个风险因素以及显著不同的系统关联和风险因素关联。上述情境的复杂表征主要表现在以下几个方面。

（1）关联主体多元化。在该情境中涉及了两类关联主体。一类由城市关键基础设施所涉及的多个关联系统组成，如电力系统和燃气系统；另一类由干扰城市关键基础设施运行的多个关联风险因素组成，如随机失效和恶意攻击。

（2）关联机理区别化。系统关联是由于地理、功能或随机因素所诱发的任意两个系统之间的一种双向关系；而风险因素关联则是由于直接关联和间接关联叠加的级联传导所诱发的一个风险因素对另一个风险因素的单向关系。

（3）关联网络结构差异化。通过比对系统关联网络结构示意图（图 3-1）、系统关联动态演化示意图（图 3-3）以及风险因素关联网络结构示意图（图 3-2）、风险因素关联动态演化示意图（图 3-4）可以发现，系统关联网络结构和风险因素关联网络结构的差异表现为：一是关注点差异，系统关联网络结构聚焦不同系统节点之间的连线，风险因素关联网络结构聚焦同一个系统内部以及不同系统节点之间的连线;二是方向差异,系统关联网络结构为双向连线,而风险因素关联网络结构为单向连线;三是类型差异,系统关联网络结构由三种不同标识的连线来反映系统关联类型,而风险因素关联网络结构由四种不同标识的连线来反映风险因素关联类型。

(4)关联效应异质性。系统关联诱发出互补效应、冗余效应、零效应等三种类型的关联效应,造成对城市关键基础设施运行风险的不同影响,其中,互补效应会增加城市关键基础设施运行风险,冗余效应会消减城市关键基础设施运行风险,零效应对城市关键基础设施运行风险没有影响。风险因素关联诱发出直接关联效应和间接关联效应两种类型的关联效应,两者叠加后往往会加剧对城市关键基础设施运行风险的影响。

(5)关联情境动态化。在城市关键基础设施的运行过程中,系统关联和风险因素关联的类型和强度并非一成不变,而是会随着时间的推移在某个时刻出现削弱、消失、涌现、加剧等状态变化。关联情境的动态变化也会对城市关键基础设施运行风险产生动态化的影响,从而加大城市关键基础设施运行风险分析的难度。

(6)信息形式多样化。城市关键基础设施运行的复杂关联情境涉及三类信息:第一类是关联信息,用来表达由系统关联和风险因素关联诱发的各类关联效应;第二类是风险分析相关信息,用来表达各个系统中每个风险因素的表现;第三类是反映城市关键基础设施所涉及系统、风险因素以及风险分析专家重要性的权重信息。结合城市关键基础设施的典型特征分析和关联表征的静态与动态分析可以发现,上述三类信息内涵不同,具体表现形式也有所差异,主要包括空间地理信息(刻画地理型系统关联)、统计数据(刻画风险事故损失)、专家判断信息(刻画系统关联和风险因素关联的强度、风险因素表现等)等。需要借助信息融合技术来处理和集成上述信息,进而研判城市关键基础设施运行风险态势、识别风险根源、诊断风险可控性等。

综上,本章围绕城市关键基础设施的复杂关联情境解析开展了三个方面的研究工作。

(1)给出了城市关键基础设施的概念内涵界定与特征分析,明晰了城市关键基础设施的概念与内涵,分别依托复杂巨系统理论和复杂自适应系统理论分析了城市关键基础设施的开放性、复杂性、进化与涌现性、层次性和巨量性以及关联性、脆弱性和不确定性等典型特征,并对上述典型特征进行了系统性整合和外延式扩展,特别强调突出了关联表征和复杂表征,并将城市关键基础设施的运行环境抽象为复杂关联情境。

(2)分别从静态和动态视角分析了复杂关联情境的关联表征。在静态分析方面,侧重从关联类型、关联网络结构和关联效应等方面分别对系统关联和风险因素关联进行详细阐述；在动态分析方面，侧重从关联演化状态、关联关系结构等方面分别阐述系统关联和风险因素关联的动态演化，并明晰其对城市关键基础设施运行风险的影响。

（3）分析了复杂关联情境的复杂表征，从关联主体多元化、关联机理区别化、关联网络结构差异化、关联效应异质性、关联情境动态化和信息形式多样化六个方面阐述了复杂表征的具体体现。

通过本章的工作，对城市关键基础设施运行的复杂关联情境进行了深度解析，奠定了本书研究的理论基础，也为后续章节开展城市关键基础设施系统关联测度以及以复杂关联情境为切入点的城市关键基础设施运行风险因素识别、城市关键基础设施运行风险评估、城市关键基础设施运行风险应对等研究工作提供了重要的理论依据。

第4章 城市关键基础设施系统关联测度研究

系统关联是城市关键基础设施运行的一个重要表征,其存在可能会诱发系统运行异常的级联传播。系统关联测度研究对于识别城市关键基础设施各系统之间的关联关系并优化其布局与运行具有重要意义。本章针对城市关键基础设施系统关联测度问题,首先进行系统关联测度维度设计,然后提出一种基于主客观信息的系统关联多维测度方法,并应用所提方法对某样本区域内城市关键基础设施的系统关联进行测度,以此来验证所提测度方法的可行性和有效性。

4.1 城市关键基础设施系统关联测度问题的研究背景

以燃气、电力、供热、交通等系统为代表的城市关键基础设施是保障城市运行的生命线工程(Beavers,2003;Li et al.,2019;尤建新等,2006;王诗莹等,2017),具有公共性高(Ianaloo et al.,2016;van der Bruggen,2008;索玮岚和陈锐,2014b)、关联性强(Min et al.,2007;Rinaldi et al.,2001;Zhang et al.,2018;金成浩等,2019)、脆弱性显著(Torres-Vera and Canas,2003;Wang et al.,2012;周方等,2018)等特点。虽然城市关键基础设施各系统独立运营,但由于其在空间上毗邻、功能上交互诱发出系统关联,因此,某一系统的运行异常往往会造成其他系统的不良连锁反应,导致公众的生命和财产蒙受损失(Gehl et al.,2018;王建伟等,2018)。

城市关键基础设施系统关联测度与一般的测度问题相比更为复杂,主要表现在:一方面,城市关键基础设施在地理空间、运行功能等多个方面存在系统关联,且这种系统关联通常会出现级联传播(Benoit,2004;Dueñas-Osorio and Vemuru,2009;Hernandez-Fajardo and Dueñas-Osorio,2013;Laugé et al.,2015);另一方面,城市关键基础设施不同类型系统关联的机理差异导致相应的系统关联信息在获取手段和表现形式方面各有不同(Lee et al.,2007)。因此,如何采用有效的测度方法解决城市关键基础设施系统关联测度问题是一个重要的课题,不仅有助于相关部门识别各系统之间的关联关系,还可以为优化城市关键基础设施的布局与运行提供指导和支持。

目前,国内外关于城市关键基础设施系统关联测度方法的研究尚处于探索阶段。Ouyang等(2009)定义了关联系数来量化城市关键基础设施的系统关联,并借助仿真方法模拟出系统关联度；张明媛等（2009）使用 0-1 信息来量化城市关键基础设施的系统关联，并采用基于脆性理论的方法计算了系统关联度；Ge 等（2010）使用 0-1 信息来量化城市关键基础设施的空间地理关联，并研发了基于 GIS 技术和 Petri 网技术的仿真器来模拟系统关联度；Johansson 和 Hassel（2010）使用城市关键基础设施节点之间连接线路的数量来刻画系统关联，并采用基于网络理论的建模方法计算了系统关联度；Zhang 和 Peeta（2011）采用 0-9 分来量化城市关键基础设施的系统关联，并采用基于可计算一般均衡理论的建模方法计算了系统关联度；Di Giorgio 和 Liberati（2012）提出了一种基于动态贝叶斯网络的城市关键基础设施关联分析方法；Laugé 等（2015）提出了一种整体动态量化方法来测算城市关键基础设施系统关联；张超和孔静静（2016）以城市关键基础设施服务能力为切入点，定义了系统关联系数，并给出了测算公式；金成浩等（2019）从物理关联的角度，提出了一种基于"输入—输出"的城市关键基础设施系统关联分析方法。

然而，上述测度方法在应用过程中存在如下不足之处：①大多采用 0-1 信息来描述系统关联的有无，信息粒度会比较粗糙，还需要针对系统关联的强弱给出更为全面、精确的描述；②没有考虑城市关键基础设施系统关联诱发的级联传播，可能会影响测度结果的准确性；③没有考虑系统关联类型差异会造成系统关联信息形式的不同，对各种形式系统关联信息的处理和集结问题尚未涉及。因此，需要研究新的方法来解决城市关键基础设施系统关联测度问题。

鉴于此，本章首先进行城市关键基础设施系统关联测度维度设计；然后，提出一种基于主客观信息的城市关键基础设施系统关联多维测度方法。该方法利用二元语义模糊表示模型（Herrera and Martínez，2000，2001）将语言短语形式的系统关联信息转化为二元语义形式，并通过对 DEMATEL 法（Fontela and Gabus，1976；Gabus and Fontela，1972，1973）进行扩展，来实现对数值形式系统关联信息与二元语义形式系统关联信息的处理和集结，进而确定各系统的中心关联度和关系关联度，便于相关部门明晰各系统在整个城市关键基础设施中的影响力与定位。

4.2 城市关键基础设施系统关联测度维度设计

城市关键基础设施系统关联可用 $G = \{A(G), R(G)\}$ 表示，其中，$A(G) = \{A_i \mid i = 1, 2, \cdots, n; n \geq 2\}$ 为系统集合，$R(G) = \{(A_i, A_j) \mid A_i, A_j \in A(G), i \neq j, i, j = 1, 2, \cdots, n\}$ 为系统关联关系集合。如第 3 章所述，城市关键基础设施各系统之间不同类型关联的衍生机理各异，而且关联强度也各有不同。本章将以城市关键基础设施系统关联的类型划分（即地理型系统关联、功能型系统关联、随机型系统关联）为立足点，进行系统关联测度维度设计。

1) 地理维度

地理维度对应城市关键基础设施的地理型系统关联，重点测度由于城市关键基础设施各系统相关设施（如节点、管线等）在空间上毗邻或交织而产生的互相影响关系。记 $R_1(G)=\{(A_i,A_j)\,|\,A_i,A_j\in A(G),i\neq j,i,j=1,2,\cdots,n\}$ 为城市关键基础设施在地理维度的系统关联关系集合，可通过 GIS 技术采集、统计和汇总城市关键基础设施布局的客观地理参照特征来获取关联信息，其通常表现为数值形式，且有 $R_1(G)\subset R(G)$。各系统之间的地理型系统关联为双向对等关系，因此，有 $R_1(A_i,A_j)=R_1(A_j,A_i)$，$i\neq j$，$i,j=1,2,\cdots,n$。这里不考虑系统自身在地理维度的系统关联，即 $R_1(A_i,A_i)\in\varnothing$，$i=1,2,\cdots,n$。

2) 功能维度

功能维度对应城市关键基础设施的功能型系统关联，重点测度常态下由于城市关键基础设施各系统之间的功能交互（如一个系统的输出为其他系统的输入）或依赖（如某个系统的运行需要其他系统提供必要的能源支撑）而产生的互相影响关系。记 $R_2(G)=\{(A_i,A_j)\,|\,A_i,A_j\in A(G),i\neq j,i,j=1,2,\cdots,n\}$ 为城市关键基础设施在功能维度的系统关联关系集合，可通过专家的主观判断来获取关联信息，通常表现为语言短语形式，且有 $R_2(G)\subset R(G)$。各系统之间的功能型系统关联同样为双向关系，但并不限定关系对等，也就是可能有 $R_2(A_i,A_j)=R_2(A_j,A_i)$，也可能有 $R_2(A_i,A_j)\neq R_2(A_j,A_i)$，$i\neq j$，$i,j=1,2,\cdots,n$。这里不考虑系统自身在功能维度的系统关联，即 $R_2(A_i,A_i)\in\varnothing$，$i=1,2,\cdots,n$。

3) 随机维度

随机维度对应城市关键基础设施的随机型系统关联，重点测度由于突发破坏性事件（如地震、洪涝等自然灾害或施工违章、检修不当等人为事故）导致城市关键基础设施在某个特定时期内持续的互相影响关系。记 $R_3(G)=\{(A_i,A_j)\,|\,A_i,A_j\in A(G),i\neq j,i,j=1,2,\cdots,n\}$ 为城市关键基础设施在随机维度的系统关联关系集合，可通过专家的主观判断来获取关联信息，通常表现为语言短语形式，且有 $R_3(G)\subset R(G)$。各系统之间的随机型系统关联同样为双向关系，但并不限定关系对等，也就是可能有 $R_3(A_i,A_j)=R_3(A_j,A_i)$，也可能有 $R_3(A_i,A_j)\neq R_3(A_j,A_i)$，$i\neq j$，$i,j=1,2,\cdots,n$。这里不考虑系统自身在随机维度的系统关联，即 $R_3(A_i,A_i)\in\varnothing$，$i=1,2,\cdots,n$。

综上，将城市关键基础设施的系统关联测度维度设计为地理维度、功能维度和随机维度。现实中，由于城市关键基础设施各系统管线的网络化布局，往往会诱发上述维度系统关联的级联传播（Benoit，2004；Dueñas-Osorio and Vemuru，2009；Hernandez-Fajardo and Dueñas-Osorio，2013；Laugé et al.，2015），即衍生出系统之间的间接关联。同时，不同类型系统关联的机理差异使得不同测度维度的系统关联信息形式各有不同,如地理维度系统关联信息表现为数值形式,而功能维度和随机维度系统关联信息则表现为语言短语形式。在进行城市关键基础设施系统关联测度时,需要综合考虑系统之间的直接关联和间接关联以及系统关联信息形式的差异。

4.3 基于主客观信息的系统关联多维测度方法

结合上述城市关键基础设施系统关联测度维度设计,本节给出一种基于主客观信息的系统关联多维测度方法。首先,给出二元语义模糊表示模型的基本说明;其次,给出系统关联多维测度的问题描述;最后,给出系统关联多维测度问题的研究框架;在此基础上,给出系统关联多维测度方法的原理与步骤。

4.3.1 二元语义模糊表示模型

为了便于对语言短语形式的系统关联信息进行处理,下面从相关定义、基本性质和集结算子等方面对西班牙学者 Herrera 提出的二元语义模糊表示模型进行简要说明。

1. 二元语义相关定义

定义 4-1:假设语言短语评价集合 $S = \{S_0, S_1, \cdots, S_g\}$,其中,$S_i$ 表示第 i 个语言短语,$i \in \{0, 1, \cdots, g\}$。$S$ 是一个预先定义好的由奇数个元素构成的有序语言短语集合。

Herrera 等(1995)指出,语言短语评价集合 S 通常情况下满足如下性质:一是有序性,即当 $i \geq j$ 时,有 $S_i ' \geq ' S_j$,其中,$'\geq'$ 表示好于或等于;二是存在逆运算算子 neg,即当 $j = g - i$ 时,有 $\text{neg}(S_i) = S_j$,$g+1$ 表示集合 S 中元素的个数;三是存在极大化运算,即当 $S_i ' \geq ' S_j$ 时,有 $\max\{S_i, S_j\} = S_i$;四是存在极小化运算,即当 $S_i ' \leq ' S_j$ 时,有 $\min\{S_i, S_j\} = S_i$,其中,$'\leq'$ 表示劣于或等于。

定义 4-2:二元语义模糊表示模型建立在符号转换的概念基础之上,该模型将一个语言短语表示为一个二元组 (S_i, α),其中,S_i 为集合 S 中的语言短语,α 为符号转移值,且有 $\alpha \in [-0.5, 0.5)$,$i = 0, 1, \cdots, g$(Herrera and Martínez,2000,2001)。

定义 4-3:将语言短语 S_i($S_i \in S$)转化为二元语义形式的转换函数 θ 定义为(Herrera and Martínez,2000,2001)

$$\theta: S \to S \times [-0.5, 0.5) \tag{4-1}$$

$$\theta(S_i) = (S_i, 0) \tag{4-2}$$

其中,$i = 0, 1, \cdots, g$。

定义 4-4：假设实数 $\beta \in [0, g]$ 为语言短语集结运算的结果，则称 (S_i, α) 为与 β 相应的二元语义形式，它可由如下函数 Δ 得到，相应的函数表达式为（Herrera and Martínez，2000，2001）

$$\Delta : [0, g] \to S \times [-0.5, 0.5) \quad (4-3)$$

$$\Delta(\beta) = (S_i, \alpha) = \begin{cases} S_i, & i = \mathrm{round}(\beta) \\ \alpha = \beta - i, & \alpha \in [-0.5, 0.5) \end{cases} \quad (4-4)$$

其中，round 表示"四舍五入"取整运算，S_i 为 S 中第 i 个元素，α 为符号转移值，表示 S_i 与 $\Delta(\beta)$ 的偏差，$i = 0, 1, \cdots, g$。

定义 4-5：如果 (S_i, α) 是一个二元语义，其中，S_i 为 S 中第 i 个元素，$\alpha \in [-0.5, 0.5)$，则存在一个逆函数 Δ^{-1}，可以将二元语义 (S_i, α) 转化为相应的数值 β，$\beta \in [0, g]$，逆函数表达式为（Herrera and Martínez，2000，2001）

$$\Delta^{-1} : S \times [-0.5, 0.5) \to [0, g] \quad (4-5)$$

$$\Delta^{-1}(S_i, \alpha) = i + \alpha = \beta \quad (4-6)$$

其中，$i = 0, 1, \cdots, g$。

2. 二元语义基本性质

二元语义在运算时满足如下的性质（Herrera and Martínez，2001）。

性质 4-1：存在比较算子。假设 (S_i, α_1) 和 (S_j, α_2) 为任意两个二元语义，两者存在如下关系。

（1）若 $i < j$，则有 $(S_i, \alpha_1)' <' (S_j, \alpha_2)$，表明 (S_i, α_1) 劣于 (S_j, α_2)，其中，'<' 表示劣于。

（2）若 $i = j$，则有①若 $\alpha_1 = \alpha_2$，则有 $(S_i, \alpha_1)' =' (S_j, \alpha_2)$，表明 (S_i, α_1) 等于 (S_j, α_2)，其中，'=' 表示等于；②若 $\alpha_1 < \alpha_2$，则 $(S_i, \alpha_1)' <' (S_j, \alpha_2)$，表明 (S_i, α_1) 劣于 (S_j, α_2)；③若 $\alpha_1 > \alpha_2$，则 $(S_i, \alpha_1)' >' (S_j, \alpha_2)$，表明 (S_i, α_1) 优于 (S_j, α_2)，其中，'>' 表示优于。

性质 4-2：存在逆运算算子。有 $\mathrm{neg}((S_i, \alpha)) = \Delta(g - (\Delta^{-1}(S_i, \alpha)))$，其中，$g + 1$ 表示集合 S 中元素的个数。

性质 4-3：存在极大化运算。当 $(S_i, \alpha_1)' \geqslant ' (S_j, \alpha_2)$ 时，有 $\max\{(S_i, \alpha_1), (S_j, \alpha_2)\} = (S_i, \alpha_1)$。

性质 4-4：存在极小化运算。当 $(S_i, \alpha_1)' \geqslant ' (S_j, \alpha_2)$ 时，有 $\min\{(S_i, \alpha_1), (S_j, \alpha_2)\} = (S_j, \alpha_2)$。

3. 二元语义相关集结算子

为便于进行二元语义的集结，下面分别给出二元语义算术平均算子和二元语义加权平均算子的定义。

假设 $(S_1, \alpha_1), (S_2, \alpha_2), \cdots, (S_n, \alpha_n)$ 是一组需要被集结的二元语义，二元语义算术平均算子 $\bar{B}$ 定义为（Herrera and Martínez，2001）

$$\bar{B} = (\bar{S}, \bar{\alpha}) = \Delta\left(\frac{1}{n}\sum_{i=1}^{n}[\Delta^{-1}(S_i, \alpha_i)]\right) \tag{4-7}$$

其中，$\bar{S} \in S$，$\bar{\alpha} \in [-0.5, 0.5)$。

假设 $(S_1, \alpha_1), (S_2, \alpha_2), \cdots, (S_n, \alpha_n)$ 是一组需要被集结的二元语义，而 $W = ((w_1, \alpha_1'), (w_2, \alpha_2'), \cdots, (w_n, \alpha_n'))$ 为对应的二元语义形式的权重向量，其中，$w_i \in S$，$\alpha_i' \in [-0.5, 0.5)$，二元语义加权平均算子 $\hat{B}$ 定义为（Herrera and Martínez，2001）

$$\hat{B} = (\hat{S}, \hat{\alpha}) = \Delta\left(\frac{\sum_{i=1}^{n}(\Delta^{-1}(w_i, \alpha_i') \times \Delta^{-1}(S_i, \alpha_i))}{\sum_{i=1}^{n}(\Delta^{-1}(w_i, \alpha_i'))}\right) \tag{4-8}$$

其中，$\hat{S} \in S$，$\hat{\alpha} \in [-0.5, 0.5)$。

4.3.2 系统关联多维测度问题描述

为便于分析，采用下列符号描述城市关键基础设施系统关联测度问题所涉及的集合和量。

$A = \{A_1, A_2, \cdots, A_n\}$：城市关键基础设施系统集合 $(n \geq 2)$，其中，A_i 为第 i 个系统，$i \in \{1, 2, \cdots, n\}$。

$E = \{E_1, E_2, \cdots, E_m\}$：参与城市关键基础设施系统关联测度的专家集合 $(m \geq 2)$，其中，E_k 为第 k 个专家，$k \in \{1, 2, \cdots, m\}$。

$S = \{S_0, S_1, \cdots, S_g\}$：语言短语评价集合，其中，$S_u$ 为第 u 个语言短语，$u \in \{0, 1, \cdots, g\}$。

$Y = [y_{ij}]_{n \times n}$：地理维度系统关联矩阵，其中，$y_{ij}$ 是刻画存在地理型系统关联的系统 A_i 和 A_j 之间影响程度的关联信息，使用 GIS 技术获取的设施空间毗邻个数来刻画，$i, j = 1, 2, \cdots, n$。这里不考虑系统自身在地理维度的系统关联，因此，有 $y_{ii} = 0$，$i = 1, 2, \cdots, n$。

$Z_k = [z_{kij}]_{n \times n}$：功能维度系统关联矩阵，其中，$z_{kij}$ 为专家 E_k 针对存在功能型系统关联的系统 A_i 对 A_j 影响程度给出的关联信息，$z_{kij} \in S$，$k = 1, 2, \cdots, m$，$i, j = 1, 2, \cdots, n$。这里不考虑系统自身在功能维度的系统关联，因此，有 $z_{kii} = '—'$，$k = 1, 2, \cdots, m$，$i = 1, 2, \cdots, n$。

$B_k = [b_{kij}]_{n \times n}$：随机维度系统关联矩阵，其中，$b_{kij}$ 为专家 E_k 针对存在随机型系统关联的系统 A_i 对 A_j 影响程度给出的关联信息，$b_{kij} \in S$，$k = 1, 2, \cdots, m$，$i, j = 1, 2, \cdots, n$。这里不考虑系统自身在随机维度的系统关联，因此，有 $b_{kii} = '—'$，

$k=1,2,\cdots,m$, $i=1,2,\cdots,n$。

$W=(w_1,w_2,w_3)$：关联测度维度的权重向量，其中，w_1、w_2 和 w_3 分别对应地理维度、功能维度和随机维度，且满足 $0 \leqslant w_l \leqslant 1$，$\sum_{l=1}^{3} w_l = 1$，$l \in \{1,2,3\}$，其通常由组织者直接给出或者通过层次分析法得到。

本章要解决的问题是根据已知的地理维度系统关联矩阵 $Y=[y_{ij}]_{n\times n}$、功能维度系统关联矩阵 $Z_k=[z_{kij}]_{n\times n}$、随机维度系统关联矩阵 $B_k=[b_{kij}]_{n\times n}$ 和关联测度维度权重向量 W，如何通过某种方法进行城市关键基础设施系统关联测度，进而识别各系统之间的关联关系。

4.3.3 系统关联多维测度问题的研究框架

结合城市关键基础设施系统关联测度问题的问题描述，本节构建了解决该问题的研究框架。该框架由两部分构成，具体如图4-1所示。

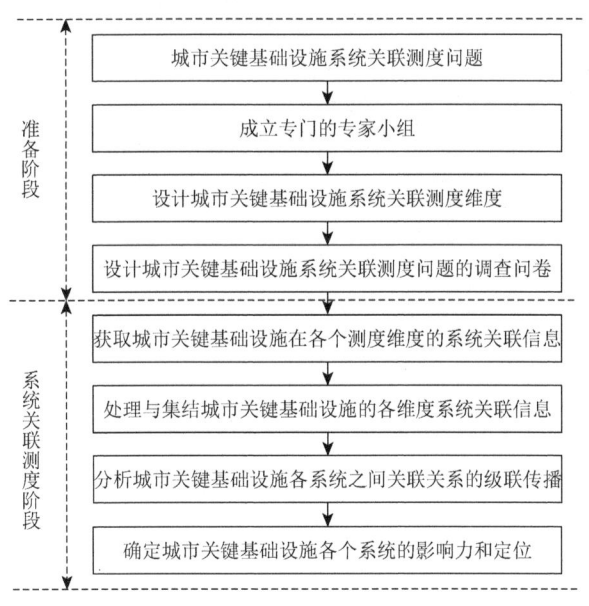

图4-1 城市关键基础设施系统关联测度问题的研究框架

第一部分为准备阶段，需要根据城市关键基础设施系统关联测度问题的研究背景，成立专门的专家小组，设计城市关键基础设施系统关联测度维度和系统关联测度问题的调查问卷。

第二部分为系统关联测度阶段，通过GIS技术进行客观地理参照特征采集以及回收整理调查问卷获取相应的各个维度系统关联信息，同时考虑到系统关联信息的主客观特性，需要借助规范化工具、二元语义模糊表示模型等信息处理与集结工具对数值形式、语言短语形式等不同形式的系统关联信息进行处理与集结，并采取合理的方法进行城市关键基础设施系统关联测度，进而确定各系统的影响力和定位。

4.3.4 系统关联多维测度方法的原理与步骤

为了解决上述问题，本节给出一种基于主客观信息的城市关键基础设施系统关联多维测度方法，其原理与步骤描述如下。

首先，依据二元语义转换函数 θ（Herrera and Martínez，2000，2001），将功能维度系统关联矩阵 $Z_k = [z_{kij}]_{n \times n}$ 和随机维度系统关联矩阵 $B_k = [b_{kij}]_{n \times n}$ 分别转换为二元语义形式的矩阵 $\tilde{Z}_k = [\tilde{z}_{kij}]_{n \times n}$ 和 $\tilde{B}_k = [\tilde{b}_{kij}]_{n \times n}$，转换公式分别为

$$\theta : S \to S \times [-0.5, 0.5] \tag{4-9}$$

$$\tilde{z}_{kij} = \theta(z_{kij}) = \begin{cases} (z_{kij}, 0), & i \neq j \\ \text{'—'}, & i = j \end{cases} \tag{4-10}$$

$$\tilde{b}_{kij} = \theta(b_{kij}) = \begin{cases} (b_{kij}, 0), & i \neq j \\ \text{'—'}, & i = j \end{cases} \tag{4-11}$$

其中，$z_{kij} \in S$，$b_{kij} \in S$，$k = 1, 2, \cdots, m$，$i, j = 1, 2, \cdots, n$。

其次，依据公式（4-4）给出的二元语义算术平均算子，将二元语义形式的矩阵 $\tilde{Z}_1, \tilde{Z}_2, \cdots, \tilde{Z}_m$ 集结为功能维度系统关联群矩阵 $\tilde{Z} = [\tilde{z}_{ij}]_{n \times n}$，其中，$\tilde{z}_{ij} = (z_{ij}, \alpha_{ij})$，其计算公式为

$$(z_{ij}, \alpha_{ij}) = \begin{cases} \Delta\left(\dfrac{1}{m}\sum_{k=1}^{m}(\Delta^{-1}(z_{kij}, 0))\right), & i \neq j \\ \text{'—'}, & i = j \end{cases} \tag{4-12}$$

其中，$z_{ij} \in S$，$\alpha_{ij} \in [-0.5, 0.5]$，$i, j = 1, 2, \cdots, n$。

同理，将矩阵 $\tilde{B}_1, \tilde{B}_2, \cdots, \tilde{B}_m$ 集结为随机维度系统关联群矩阵 $\tilde{B} = [\tilde{b}_{ij}]_{n \times n}$，其中，$\tilde{b}_{ij} = (b_{ij}, \alpha'_{ij})$，其计算公式为

$$(b_{ij}, \alpha'_{ij}) = \begin{cases} \Delta\left(\dfrac{1}{m}\sum_{k=1}^{m}(\Delta^{-1}(b_{kij}, 0))\right), & i \neq j \\ \text{'—'}, & i = j \end{cases} \tag{4-13}$$

其中，$b_{ij} \in S$，$\alpha'_{ij} \in [-0.5, 0.5]$，$i, j = 1, 2, \cdots, n$。

然后，依据 DEMATEL 法（Fontela and Gabus，1976；Gabus and Fontela，1972，1973）的思想，对地理维度系统关联群矩阵 $Y = [y_{ij}]_{n \times n}$、功能维度系统关联群矩阵 $\tilde{Z} = [\tilde{z}_{ij}]_{n \times n}$ 和随机维度系统关联群矩阵 $\tilde{B} = [\tilde{b}_{ij}]_{n \times n}$ 进行规范化处理，分别得到各维度的系统关联规范化矩阵 $\bar{Y} = [\bar{y}_{ij}]_{n \times n}$、$\bar{Z} = [\bar{z}_{ij}]_{n \times n}$ 和 $\bar{B} = [\bar{b}_{ij}]_{n \times n}$，其中，$\bar{y}_{ij}$、$\bar{z}_{ij}$ 和 $\bar{b}_{ij}$ 的计算公式分别为

$$\bar{y}_{ij} = \begin{cases} \dfrac{y_{ij}}{\max\limits_{1 \leqslant i \leqslant n}\left\{\sum\limits_{j=1}^{n} y_{ij}\right\}}, & i \neq j \\ 0, & i = j \end{cases} \qquad (4\text{-}14)$$

$$\bar{z}_{ij} = \begin{cases} \dfrac{\varDelta^{-1}(z_{ij}, \alpha_{ij})}{\max\limits_{1 \leqslant i \leqslant n}\left\{\sum\limits_{j=1}^{n} (\varDelta^{-1}(z_{ij}, \alpha_{ij}))\right\}}, & i \neq j \\ 0, & i = j \end{cases} \qquad (4\text{-}15)$$

$$\bar{b}_{ij} = \begin{cases} \dfrac{\varDelta^{-1}(b_{ij}, \alpha'_{ij})}{\max\limits_{1 \leqslant i \leqslant n}\left\{\sum\limits_{j=1}^{n} (\varDelta^{-1}(b_{ij}, \alpha'_{ij}))\right\}}, & i \neq j \\ 0, & i = j \end{cases} \qquad (4\text{-}16)$$

其中，$i, j = 1, 2, \cdots, n$。

进一步地，将关联测度维度权重向量 W 与各维度的系统关联规范化矩阵 $\bar{Y} = [\bar{y}_{ij}]_{n \times n}$、$\bar{Z} = [\bar{z}_{ij}]_{n \times n}$ 和 $\bar{B} = [\bar{b}_{ij}]_{n \times n}$ 集结，得到系统直接关联矩阵 $X = [x_{ij}]_{n \times n}$，$0 \leqslant x_{ij} < 1$，其中，$x_{ij}$ 的计算公式为

$$x_{ij} = w_1 \bar{y}_{ij} + w_2 \bar{z}_{ij} + w_3 \bar{b}_{ij} \qquad (4\text{-}17)$$

其中，$i, j = 1, 2, \cdots, n$。由马尔可夫矩阵吸收性（Goodman，1988；Papoulis and Pillai，2002）可知，矩阵 X 满足两个性质：① $\lim_{\lambda \to \infty} X^\lambda = O$；② $\lim_{\lambda \to \infty}(I + X + X^2 + \cdots + X^\lambda) = (I - X)^{-1}$，其中，$O$ 为零矩阵，I 为恒等矩阵。

依据上述两个性质可得到系统间接关联矩阵 $D = [d_{ij}]_{n \times n}$，$i, j = 1, 2, \cdots, n$，其计算公式为

$$D = \lim_{\tau \to \infty}(X^2 + \cdots + X^\tau) = X^2(I - X)^{-1} \qquad (4\text{-}18)$$

在此基础上，构建系统综合关联矩阵 $T = [t_{ij}]_{n \times n}$，其中，$t_{ij}$ 表示系统 A_i 对 A_j 的直接关联与间接关联程度的总和，即综合关联程度，其计算公式为

$$t_{ij} = x_{ij} + d_{ij} \qquad (4\text{-}19)$$

其中，$i, j = 1, 2, \cdots, n$。

基于矩阵 T，确定各系统的中心关联度 p_i 和关系关联度 r_i，其计算公式分别为

$$p_i = \sum_{j=1}^{n} t_{ij} + \sum_{j=1}^{n} t_{ji} \qquad (4\text{-}20)$$

$$r_i = \sum_{j=1}^{n} t_{ij} - \sum_{j=1}^{n} t_{ji} \qquad (4\text{-}21)$$

其中，$i, j = 1, 2, \cdots, n$。中心关联度 p_i 表明系统 A_i 在城市关键基础设施系统中影响

力的大小，关系关联度 r_i 表明系统 A_i 的定位，$i=1,2,\cdots,n$。若 $r_i>0$，则表明 A_i 通过关联关系影响其他系统，为主导型系统；若 $r_i<0$，则表明 A_i 受其他系统的关联关系影响，为追随型系统，$i=1,2,\cdots,n$。由此，相关部门可以根据中心关联度和关系关联度的计算结果确定各系统的影响力和定位、识别各系统之间的关联关系及其级联传播，并以此为依据采取针对性的策略优化城市关键基础设施的系统布局与运行。

综上所述，基于主客观信息的城市关键基础设施系统关联多维测度方法的具体计算步骤总结如下。

步骤 1：依据式（4-9）~式（4-11）将各位专家给出的功能维度系统关联矩阵 $Z_k=[z_{kij}]_{n\times n}$ 和随机维度系统关联矩阵 $B_k=[b_{kij}]_{n\times n}$ 分别转换为二元语义形式的矩阵 $\tilde{Z}_k=[\tilde{z}_{kij}]_{n\times n}$ 和 $\tilde{B}_k=[\tilde{b}_{kij}]_{n\times n}$。

步骤 2：依据式（4-12）和式（4-13）分别构建二元语义形式的功能维度系统关联群矩阵 $\tilde{Z}=[\tilde{z}_{ij}]_{n\times n}$ 和随机维度系统关联群矩阵 $\tilde{B}=[\tilde{b}_{ij}]_{n\times n}$。

步骤 3：依据式（4-14）~式（4-16）分别得到地理、功能和随机三个维度的系统关联规范化矩阵 $\overline{Y}=[\overline{y}_{ij}]_{n\times n}$、$\overline{Z}=[\overline{z}_{ij}]_{n\times n}$ 和 $\overline{B}=[\overline{b}_{ij}]_{n\times n}$。

步骤 4：依据式（4-17）构建系统直接关联矩阵 $X=[x_{ij}]_{n\times n}$。

步骤 5：依据式（4-18）构建系统间接关联矩阵 $D=[d_{ij}]_{n\times n}$。

步骤 6：依据式（4-19）构建系统综合关联矩阵 $T=[t_{ij}]_{n\times n}$。

步骤 7：依据式（4-20）和式（4-21）确定各系统的中心关联度 p_i 和关系关联度 r_i。

4.4 城市关键基础设施系统关联测度的典型应用研究

下面将以某样本区域为例开展城市关键基础设施系统关联测度的典型应用研究，以验证所提出系统关联多维测度方法的可行性和有效性。

4.4.1 系统关联测度过程与主要结果

某样本区域（简称 C 区）地处 B 市南郊平原地带，近年来在城市规划与建设方面取得了迅猛发展。但随着居住人口及工业生产规模的不断扩大，辖区内城市关键基础设施的运行面临着诸多压力。为缓解当前压力并优化城市关键基础设施的布局与运行，相关管理部门邀请了来自城市运行管理、城市规划、系统工程以及城市关键基础设施运营管理等领域的 15 位专家，采用本章给出的方法对辖区内燃气系统、电力系统、供热系统、交通系统之间的系统关联进行测度，相应的城市关键基础设施系统集合记为 $A=\{A_1,A_2,A_3,A_4\}$。语言短语评价集合

第4章 城市关键基础设施系统关联测度研究

$S = \{S_0:\text{VL}(非常低), S_1:\text{L}(低), S_2:\text{M}(中等), S_3:\text{H}(高), S_4:\text{VH}(非常高)\}$，用来描述功能维度系统关联和随机维度系统关联的影响程度。关联测度维度权重向量由组织者直接给出，$W = (1/3, 1/3, 1/3)$。

首先，通过GIS技术采集、统计和汇总辖区内燃气系统、电力系统、供热系统、交通系统设施布局的地理参照特征（图4-2）。

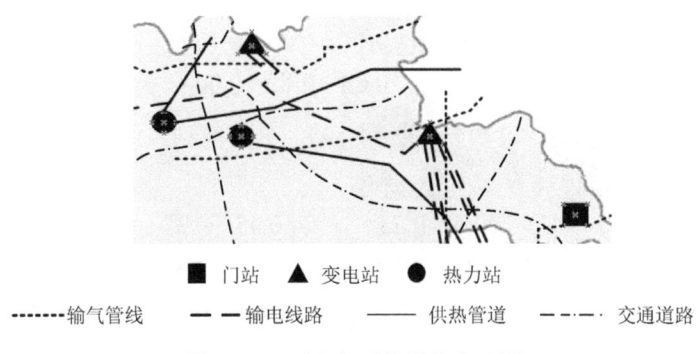

图4-2 C区内各系统设施布局图

进而，根据图4-2可构建地理维度系统关联矩阵，即

$$Y = \begin{bmatrix} 0 & 6 & 3 & 5 \\ 6 & 0 & 4 & 7 \\ 3 & 4 & 0 & 5 \\ 5 & 7 & 5 & 0 \end{bmatrix}$$

其次，通过发放调查问卷获取15位专家给出的功能维度系统关联和随机维度系统关联信息（由于篇幅有限，这里不再罗列原始问卷信息），并依据式（4-9）～式（4-13）分别得到功能维度系统关联群矩阵和随机维度系统关联群矩阵，即

$$\tilde{Z} = \begin{bmatrix} - & (\text{M}, 0.04) & (\text{H}, 0.12) & (\text{L}, -0.47) \\ (\text{VH}, -0.44) & - & (\text{H}, 0.25) & (\text{M}, 0.43) \\ (\text{L}, 0.03) & (\text{L}, 0.25) & - & (\text{L}, 0.34) \\ (\text{L}, -0.47) & (\text{VL}, 0.43) & (\text{L}, 0.34) & - \end{bmatrix},$$

$$\tilde{B} = \begin{bmatrix} - & (\text{M}, -0.11) & (\text{H}, -0.06) & (\text{VH}, -0.44) \\ (\text{VH}, -0.02) & - & (\text{VH}, -0.38) & (\text{L}, -0.13) \\ (\text{H}, -0.06) & (\text{M}, -0.17) & - & (\text{L}, 0.25) \\ (\text{L}, 0.26) & (\text{L}, -0.13) & (\text{L}, 0.25) & - \end{bmatrix}$$

然后，根据式（4-14）～式（4-16），分别得到地理维度、功能维度和随机维度的系统关联规范化矩阵，即

$$\bar{Y} = \begin{bmatrix} 0.00 & 0.35 & 0.18 & 0.29 \\ 0.00 & 0.00 & 0.24 & 0.41 \\ 0.35 & 0.24 & 0.00 & 0.29 \\ 0.18 & 0.41 & 0.29 & 0.00 \end{bmatrix}, \bar{Z} = \begin{bmatrix} 0.00 & 0.22 & 0.34 & 0.06 \\ 0.39 & 0.00 & 0.35 & 0.26 \\ 0.11 & 0.14 & 0.00 & 0.15 \\ 0.06 & 0.05 & 0.15 & 0.00 \end{bmatrix},$$

$$\bar{B} = \begin{bmatrix} 0.00 & 0.08 & 0.28 & 0.34 \\ 0.38 & 0.00 & 0.35 & 0.08 \\ 0.28 & 0.17 & 0.00 & 0.12 \\ 0.12 & 0.08 & 0.12 & 0.00 \end{bmatrix}$$

进一步地，根据式（4-17）～式（4-19），分别得到系统直接关联矩阵、系统间接关联矩阵和系统综合关联矩阵，即

$$X = \begin{bmatrix} 0.00 & 0.25 & 0.26 & 0.23 \\ 0.37 & 0.00 & 0.31 & 0.25 \\ 0.19 & 0.18 & 0.00 & 0.19 \\ 0.16 & 0.18 & 0.19 & 0.00 \end{bmatrix}, D = \begin{bmatrix} 0.45 & 0.35 & 0.42 & 0.38 \\ 0.45 & 0.48 & 0.50 & 0.46 \\ 0.32 & 0.28 & 0.37 & 0.30 \\ 0.31 & 0.27 & 0.32 & 0.32 \end{bmatrix},$$

$$T = \begin{bmatrix} 0.45 & 0.60 & 0.68 & 0.61 \\ 0.82 & 0.48 & 0.81 & 0.71 \\ 0.51 & 0.47 & 0.37 & 0.49 \\ 0.47 & 0.45 & 0.51 & 0.32 \end{bmatrix}$$

在此基础上，根据式（4-20）和式（4-21），分别计算出城市关键基础设施各系统的中心关联度和关系关联度，结果如表 4-1 所示。从中可以看出，各系统的中心关联度排序为：$A_2 \succ A_1 \succ A_3 \succ A_4$。根据关系关联度的判定规则可知，燃气系统 A_1 和电力系统 A_2 为主导型系统，供热系统 A_3 和交通系统 A_4 为追随型系统。

表 4-1 各系统中心关联度和关系关联度的计算结果

城市关键基础设施各系统	中心关联度	关系关联度
燃气系统（A_1）	4.60	0.10
电力系统（A_2）	4.82	0.83
供热系统（A_3）	4.22	−0.54
交通系统（A_4）	3.88	−0.39

4.4.2 基于系统关联测度结果的分析

依据表 4-1 的系统关联测度结果可知，电力系统 A_2 在城市关键基础设施系统

关联中发挥了显著作用，因此在开展辖区内城市关键基础设施布局与运行的优化工作时，应该重点加强电力系统的合理规划与网络改造。

同时，相关部门可以结合关系关联度判定的系统定位制定针对性的联调联动策略来提高辖区内城市关键基础设施运行的全局优化效率，通过对主导型系统的优化管理来良性促进追随型系统的稳定运行。例如，作为关系关联度值最低的追随型系统——供热系统，一方面可以通过辖区内电网地缆化的实现来提高供电质量和可靠性，从而为供热系统各类设备的运转提供更加稳定的电力保障；另一方面可以采用先进的管网优化设计模型在辖区内构建多气源、网络拓扑式燃气管网来保障燃气高效传输，进而为供热系统提供更充沛的能源供给。

此外，还可以借助多平台、多传感器、多模态的遥感技术和计算机网络技术等构建"燃气—电力—供热—交通"联调联动网络体系，实现对系统综合运行态势的监测、分析、评估、模拟、预测与预警等，提高城市关键基础设施应对风险的响应速度和效能。

综上，系统关联测度在城市关键基础设施运行与管理过程中发挥着重要的作用。本章首先从系统关联测度维度设计入手，以城市关键基础设施系统关联的类型划分（即地理型系统关联、功能型系统关联、随机型系统关联）为立足点，将系统关联测度维度设计为地理维度、功能维度和随机维度；最后提出一种基于主客观信息的城市关键基础设施系统关联多维测度方法，给出了问题描述，构建了研究框架，并给出了方法原理与步骤的详细阐述。所提出的方法不仅同时考虑了系统关联的类型和强度以及系统关联的级联传播，还充分考虑了系统关联信息形式的差异，并具有简单易操作、实用性强、无信息损失等特点，能够为相关部门识别城市关键基础设施各系统之间的关联关系以及优化城市关键基础设施的布局与运行提供有效的决策分析支持。

第三篇 风险分析研究

如第二篇所述，以燃气、电力、供热、交通等系统为代表的城市关键基础设施是支撑社会经济发展和维系城市正常运转的"生命线"工程，其运行安全性直接关系到社会生产和公众生活的稳定性与便利性。近年来，随着城市化进程的加速发展，城市关键基础设施运行压力倍增，燃气泄漏、供电中断、热力管道爆裂、道路塌陷等事故多发，严重威胁到人民群众的生命财产安全和城市的正常运行秩序（Suo et al.，2021；Zhang et al.，2015；朱悦妮等，2014），也使各级政府相关管理部门决策者和设施运营企业管理者意识到加强城市关键基础设施运行风险管理的重要性和迫切性（Bochkov et al.，2015；Zio，2016；刘晓等，2009）。

结合复杂巨系统理论（钱学森等，1990）和复杂自适应系统理论（Holland，1995）可以发现，城市关键基础设施的日常运行会受到自然灾害（如地质灾害、气象灾害）（Guikema，2009；Poljanšek et al.，2012；Thacker et al.，2018）、人为破坏（如恐怖袭击、违章操作）（Zoli et al.，2018）、内在隐患（如管线老化、设备失效）（Ntalampiras et al.，2015）等诸多风险因素的影响。如何对城市关键基础设施进行运行风险因素的科学识别、运行风险概率的动态研判以及综合风险态势的准确评估已经引起政府管理部门和学术界的广泛关注，并成为公共安全、防灾减灾等多个领域的研究热点（Hernandez-Fajardo and Dueñas-Osorio，2013；Suo et al.，2019；Zio，2016；索玮岚等，2021；索玮岚和陈锐，2014a，2014b）。

本篇以"问题凝练—方法探索—应用检验"为研究主线，聚焦以复杂关联情境为切入点的城市关键基础设施运行风险因素识别、城市关键基础设施运行风险概率评估和城市关键基础设施运行风险综合评估等三个风险分析领域的代表性研究问题开展针对性的方法研究,并通过若干应用研究来验证所给方法的可行性和有效性,从而为以复杂关联情境为切入点开展城市关键基础设施运行风险分析研究工作提供必要的方法体系支撑。

第 5 章 城市关键基础设施运行风险因素识别研究

风险因素识别是风险管理的首要前提和核心基础，通过有效的工具和技术来实现潜在风险因素的科学确定、风险根源的准确研判和风险可控性的有效诊断（Esposito et al.，2020；Haimes，1998；Meyer-Nieberg et al.，2017；索玮岚和陈锐，2014a）。开展城市关键基础设施运行风险因素识别问题研究对于相关管理部门决策者明确潜在风险因素、洞悉风险根源及其可控性具有重要意义，但现实中城市关键基础设施运行所依托的复杂关联情境增加了解决该问题的难度（索玮岚和陈锐，2014a）。为此，本章首先阐述了城市关键基础设施运行风险因素识别问题的研究背景，然后构建了具有层级网络结构的城市关键基础设施运行风险因素识别框架，在此基础上提出了一种考虑复杂关联情境的城市关键基础设施运行风险因素识别方法，并以某样本区域为例开展了典型应用研究以验证所提出识别方法的可行性与有效性。

5.1 城市关键基础设施运行风险因素识别问题的研究背景

近些年来，一些国外学者尝试以方法探索为突破口来解决城市关键基础设施运行风险因素识别问题。例如，Campbell 和 Smith（2007）提出了一种基于案例推理的风险因素识别方法；Kröger（2008）提出了一种经验总结和文献分析相结合的风险因素识别方法；Cagno 等（2011）提出了基于检查表的风险因素识别方法。同时，还有一些国内外学者聚焦城市关键基础设施的某个单一系统提出了若干针对性的风险因素识别方法。例如，Tummala 和 Mak（2001）提出了一种故障树分析和专家调查相结合的电力系统运行风险因素识别方法，刘俊娥等（2008）提出了一种故障树分析和粗糙集理论相结合的燃气系统运行风险因素识别方法，Lin 等（2018）提出了一种 D 数和 DEMATEL 法相结合的新能源电力系统运行风险因素识别方法，胡立伟等（2019）提出了一种基于改进反向传播神经网络的交通系统拥塞环境下车辆运行风险因素识别方法。

然而与一般的风险因素识别问题相比，城市关键基础设施运行风险因素识别问题表现出以下两个方面的不同之处。一方面，空间上的毗邻交织、功能上的交互依赖以及事件上的随机突发衍生了城市关键基础设施的系统关联，导致某一个系统失效会影响其他系统的正常运行（Heracleous et al.，2017；Suo et al.，2019），从而使得城市关键基础设施运行风险发生的可能性大幅增加（Bloomfield et al.，2018；Utne et al.，2011）；另一方面，不同风险因素之间的催化衍生或干扰制约衍生了城市关键基础设施运行的风险因素关联（Heal and Kunreuther，2007；索玮岚和陈锐，2014a），导致城市关键基础设施运行过程中可能会同时面临直接风险和间接风险叠加的双重影响，从而使得城市关键基础设施遭受的风险损失加剧（Hernandez-Fajardo and Dueñas-Osorio，2013；Suo et al.，2019）。

需要指出的是，城市关键基础设施各系统及其关联与风险因素及其关联形成了一个涉及多个系统、诸多风险因素和多类关联的复杂关联情境（Suo et al.，2021，2019）。Jiang 和 Haimes（2004）通过研究指出关联情境会对风险因素识别的过程和结果产生一定的影响。但已有研究中所提及的风险因素识别方法有些仅适用于城市关键基础设施的某个单一系统，而且均没有考虑复杂关联情境对城市关键基础设施运行风险因素识别的影响。若沿用这些方法将不利于保证城市关键基础设施运行风险因素识别过程的科学性和识别结果的准确性，也不利于相关管理部门开展城市关键基础设施运行风险的联防联控。

基于以上分析，本章重点开展考虑复杂关联情境的城市关键基础设施运行风险因素识别方法研究。首先，构建了以复杂关联情境为切入点的城市关键基础设施运行风险因素识别框架，然后给出了一种考虑复杂关联情境的城市关键基础设施运行风险因素识别方法。该方法利用二元语义模糊表示模型将各专家给出的语言短语形式的系统关联信息和风险因素关联信息转化为二元语义形式，并通过对经典 DEMATEL 法（Fontela and Gabus，1976；Gabus and Fontela，1972，1973）和 Two-Additive Choquet 积分算子（Grabisch，1997）进行二元语义环境下的扩展，实现复杂关联情境对城市关键基础设施运行风险因素识别影响的量化分析，进而确定风险因素的影响力排序及其可控性归类，为相关管理部门决策者研判风险根源、诊断风险可控性提供决策支持。

5.2 城市关键基础设施运行风险因素识别框架

确定风险因素集合是构建以复杂关联情境为切入点的城市关键基础设施运行风险因素识别框架的首要工作。该工作主要包括资料分类梳理、风险因素提取、风险因素修正三个环节。

（1）在资料分类梳理环节，一方面，以所涉及城市关键基础设施的系统类别为依据，对已收集的相关研究文献（Cagno et al.，2011；Campbell and Smith，2007；Guikema，2009；Kröger，2008；Lin et al.，2018；Ntalampiras et al.，2015；Poljanšek et al.，2012；Thacker et al.，2018；Tummala and Mak，2001；Zoli et al.，2018；胡立伟等，2019；刘俊娥等，2008）进行分类梳理；另一方面，以所涉及城市关

键基础设施的系统类别为依据,对近年来发生的城市关键基础设施运行典型事故进行分类梳理。

(2)在风险因素提取环节,采用文献分析法对分类梳理后的研究文献进行深度剖析,并依托致因理论对分类梳理后的典型事故进行解读分析,进而结合分析结果提取出影响城市关键基础设施运行的主要风险因素,形成备选风险因素集合。

(3)在风险因素修正环节,采取问卷调查与访谈相结合的方法,向燃气、电力、供热、交通系统运营的相关企业业务骨干以及相关政府管理部门决策者、相关科研机构和高等院校知名学者征询对备选风险因素集合的意见,并结合反馈意见,对备选风险因素集合进行修正,确定城市关键基础设施运行风险因素集合,如表 5-1 所示。

表 5-1 城市关键基础设施运行风险因素及其描述

城市关键基础设施系统	风险因素	描述
燃气系统(A_1)	管道失效(F_{11})	管道失效诱发的燃气泄漏会给燃气系统运行带来巨大的安全隐患
	违章作业(F_{12})	违章指挥、违章操作、操作错误会直接影响燃气系统的正常运行
	管理漏洞(F_{13})	燃气系统运行各环节都离不开相应的管理,管理漏洞会加大系统运行风险隐患
电力系统(A_2)	设计缺陷(F_{21})	线路并网、负荷参数、装机容量的设计缺陷会加大电力系统运行风险隐患
	元件异常(F_{22})	发电机组、输电线路等元件的异常会干扰电力系统的正常运行
	外力破坏(F_{23})	以盗窃、蓄意破坏、恐怖袭击、建设施工等行为损坏相关设施会影响电力系统运行
供热系统(A_3)	设备故障(F_{31})	循环泵、换热器、交换器等设备故障会直接影响供热系统的正常运行
	管线老化(F_{32})	管线保温结构老化破损、管件和支架锈蚀是导致供热质量不高的主要因素之一
	沟通分歧(F_{33})	管道改造维修、缴费等方面的沟通分歧也会干扰供热系统的有效供应
交通系统(A_4)	人为干扰(F_{41})	乘客轻生、流量管制等人为干扰是造成交通系统运行不畅的主要因素
	突发事故(F_{42})	临时故障、道路塌陷等突发事故会造成交通系统的运行中断
	气象灾害(F_{43})	雨雪雷暴等气象灾害会直接影响交通系统的正常运行

在明确城市关键基础设施运行风险因素集合的基础上,需要结合城市关键基础设施运行的复杂关联情境解析结果,进行风险因素识别框架的设计。根据第 3

章城市关键基础设施运行的复杂关联情境解析结果可知，系统关联是双向交互的关联，通过互补效应、冗余效应和零效应来刻画其对城市关键基础设施运行风险的总体影响；风险因素关联是单向传导的关联，通过直接型风险因素关联效应和间接型风险因素关联效应来刻画其对城市关键基础设施运行风险的总体影响。进一步地，基于表 5-1 所罗列的城市关键基础设施运行风险因素以及上述分析，构建了具有层级网络结构的风险因素识别框架，如图 5-1 所示。该识别框架由目标层、维度层和因素层三个层级构成，综合考虑了维度层各个系统之间的关联、因素层中各个系统内部以及系统之间风险因素的直接关联和间接关联。

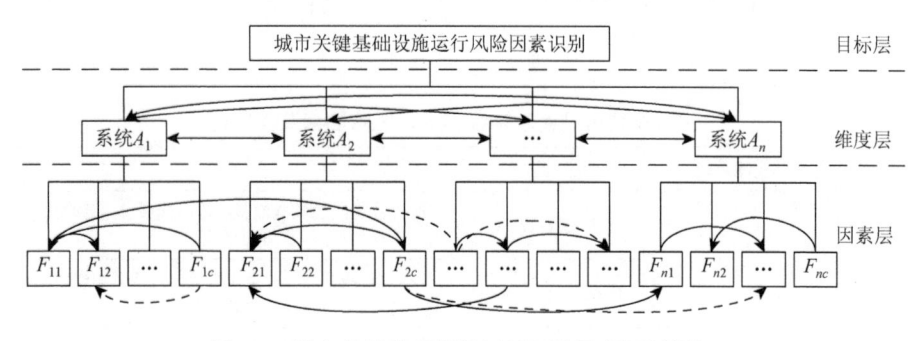

图 5-1 城市关键基础设施运行风险因素识别框架

5.3 考虑复杂关联情境的城市关键基础设施运行风险因素识别方法

基于图 5-1 所示的框架，本节给出一种考虑复杂关联情境的城市关键基础设施运行风险因素识别方法。首先，给出运行风险因素识别方法的符号说明，其次，给出运行风险因素识别方法的原理与步骤；最后，通过应用研究验证所提运行风险因素识别方法的有效性和实用性。

5.3.1 运行风险因素识别方法的符号说明

为便于分析，采用下列符号描述考虑复杂关联情境的城市关键基础设施运行风险因素识别方法所涉及的集合和量。

$A = \{A_1, A_2, \cdots, A_n\}$：城市关键基础设施系统集合，其中，$A_b$ 为第 b 个系统，$b \in \{1, 2, \cdots, n\}$。

$F_b = \{F_{b1}, F_{b2}, \cdots, F_{bc}\}$：城市关键基础设施系统 A_b 的运行风险因素集合，其中，F_{bi} 为第 i 个运行风险因素，$i \in \{1, 2, \cdots, c\}$。

$E=\{E_1, E_2, \cdots, E_m\}$：参与城市关键基础设施运行风险因素识别的专家集合（$m \geq 2$），其中，E_k 为第 k 个专家，$k \in \{1,2,\cdots,m\}$。这里假设不存在专家的重要性差异，即所有专家权重相同。

$S=\{S_0, S_1, \cdots, S_g\}$：刻画城市关键基础设施运行风险因素关联影响程度和系统权重的语言短语评价集合，其中，S_u 为第 u 个语言短语，$u \in \{0,1,\cdots,g\}$。

$L=\{L_0, L_1, \cdots, L_g\}$：刻画系统关联效应类型和强度的语言短语评价集合，其中，L_u 为第 u 个语言短语，$u \in \{0,1,\cdots,g\}$。

$Z_k^b = [z_{kij}^b]_{c \times c}$：城市关键基础设施系统 A_b 的运行风险因素关联初始判断矩阵，其中，z_{kij}^b 为专家 E_k 针对系统 A_b 的运行风险因素 F_{bi} 对 F_{bj}（$i \neq j$）的直接影响程度给出的评价信息，$z_{kij}^b \in S$，$k=1,2,\cdots,m$，$b=1,2,\cdots,n$，$i,j=1,2,\cdots,c$。这里不考虑运行风险因素自身的关联，即 $z_{kii}^b = '—'$，$b=1,2,\cdots,n$，$k=1,2,\cdots,m$，$i=1,2,\cdots,n$。

$Z_k^{bd} = [z_{kiq}^{bd}]_{c \times c}$：城市关键基础设施系统 A_b 与系统 A_d（$b \neq d$）之间的运行风险因素关联初始判断矩阵，其中，z_{kiq}^{bd} 为专家 E_k 针对系统 A_b 的运行风险因素 F_{bi} 对系统 A_d 的运行风险因素 F_{dq} 的直接影响程度给出的评价信息，$z_{kiq}^{bd} \in S$，$k=1,2,\cdots,m$，$b,d=1,2,\cdots,n$，$i,q=1,2,\cdots,c$。

$W=(w_1, w_2, \cdots, w_n)$：城市关键基础设施的系统权重向量，由城市关键基础设施运行风险因素识别工作的组织者给出，$w_b \in S$，$b=1,2,\cdots,n$。

$Y_k = [y_{kbd}]_{n \times n}$：系统关联初始判断矩阵，其中，$y_{kbd}$ 为专家 E_k 针对城市关键基础设施系统 A_b 与系统 A_d（$b \neq d$）之间的关联效应给出的评价信息，$y_{kbd} \in L$，$k=1,2,\cdots,m$，$b,d=1,2,\cdots,n$。这里不考虑各系统自身的关联，即 $y_{kbb} = '/'$，$k=1,2,\cdots,m$，$b=1,2,\cdots,n$。

基于上面的论述，本方法要解决的问题是根据已知的城市关键基础设施系统运行风险因素关联初始判断矩阵 $Z_k^b = [z_{kij}^b]_{c \times c}$、系统之间的运行风险因素关联初始判断矩阵 $Z_k^{bd} = [z_{kiq}^{bd}]_{c \times c}$、系统权重向量 $W=(w_1, w_2, \cdots, w_n)$ 和系统关联初始判断矩阵 $Y_k = [y_{kbd}]_{n \times n}$，如何通过某种识别方法对运行风险因素 $F_{11}, F_{12}, \cdots, F_{1c}$ 进行影响力排序和可控性归类。

5.3.2 运行风险因素识别方法的原理与步骤

接下来给出考虑复杂关联情境的城市关键基础设施系统运行风险因素识别方法的原理与步骤。

首先，依据二元语义转换函数 θ（Herrera and Martínez，2000，2001），将城市关键基础设施系统运行风险因素关联初始判断矩阵 $Z_k^b = [z_{kij}^b]_{c \times c}$、系统之间的运行风险因素关联初始判断矩阵 $Z_k^{bd} = [z_{kiq}^{bd}]_{c \times c}$、系统权重向量 $W=(w_1, w_2, \cdots, w_n)$ 和

系统关联初始判断矩阵 $Y_k = [y_{kbd}]_{n \times n}$ 转换为二元语义形式的 $\tilde{Z}_k^b = [\tilde{z}_{kij}^b]_{c \times c}$、$\tilde{Z}_k^{bd} = [\tilde{z}_{kiq}^{bd}]_{c \times c}$、$\tilde{W} = (\tilde{w}_1, \tilde{w}_2, \cdots, \tilde{w}_n)$ 和 $\tilde{Y}_k = [\tilde{y}_{kbd}]_{n \times n}$，转换公式分别为

$$\theta : S \to S \times [-0.5, 0.5) \tag{5-1}$$

$$\tilde{z}_{kij}^b = \theta(z_{kij}^b) = (\tilde{z}_{kij}^b, 0) \tag{5-2}$$

$$\tilde{z}_{kiq}^{bd} = \theta(z_{kiq}^{bd}) = (z_{kiq}^{bd}, 0) \tag{5-3}$$

$$\tilde{w}_b = \theta(w_b) = (w_b, 0) \tag{5-4}$$

$$\theta : L \to L \times [-0.5, 0.5) \tag{5-5}$$

$$\tilde{y}_{kbd} = \theta(y_{kbd}) = (y_{kbd}, 0) \tag{5-6}$$

其中，$z_{kij}^b \in S$，$z_{kiq}^{bd} \in S$，$w_b \in S$，$y_{kbd} \in L$，$k = 1, 2, \cdots, m$，$b, d = 1, 2, \cdots, n$，$i, j, q = 1, 2, \cdots, c$。

其次，根据二元语义转换函数 Δ^{-1}（Herrera and Martínez，2000，2001）来设计系统关联信息的指示变量 y_{kbd}^+ 和 y_{kbd}^-，令

$$y_{kbd}^+ = \begin{cases} \dfrac{\Delta^{-1}(y_{kbd}, 0) - \Delta^{-1}(L_{g/2}, 0)}{\Delta^{-1}(L_{g/2}, 0)}, & y_{kbd}' >' L_{g/2} \\ 0, & y_{kbd}' \leqslant' L_{g/2} \\ 0, & y_{kbd} = '/' \end{cases} \tag{5-7}$$

$$y_{kbd}^- = \begin{cases} 0, & y_{kbd}' \geqslant' L_{g/2} \\ \dfrac{\Delta^{-1}(y_{kbd}, 0) - \Delta^{-1}(L_{g/2}, 0)}{\Delta^{-1}(L_{g/2}, 0)}, & y_{kbd}' <' L_{g/2} \\ 0, & y_{kbd} = '/' \end{cases} \tag{5-8}$$

其中，$\Delta^{-1}(w_b, 0) + \Delta^{-1}(w_d, 0) - g \times (y_{kbd}^+ + |y_{kbd}^-|) \geqslant 0$，$k = 1, 2, \cdots, m$，$b, d = 1, 2, \cdots, n$。

然后，利用 Two-Additive Choquet 积分算子（Grabisch，1997）的思想以及二元语义转换函数 Δ^{-1} 和二元语义算术平均算子（Herrera and Martínez，2000）将系统关联信息融入运行风险因素识别过程，构造城市关键基础设施运行风险因素关联矩阵 $\tilde{Z} = [\tilde{z}_{\phi\eta}]_{(n \times c) \times (n \times c)}$，其中，$\tilde{z}_{\phi\eta} = (z_{\phi\eta}, \alpha_{\phi\eta})$，$z_{\phi\eta} \in S$，$\alpha_{\phi\eta} \in [-0.5, 0.5)$，$\phi, \eta = 1, 2, \cdots, n \times c$。

（1）当 ϕ 和 η 同时属于主对角线下角标集合 $\{1, 2, \cdots, c\}$、$\{c+1, c+2, \cdots, 2c\}$、…或 $\{(n-1) \times c + 1, (n-1) \times c + 2, \cdots, n \times c\}$ 时，有

第 5 章 城市关键基础设施运行风险因素识别研究

$$(z_{\phi\eta}, \alpha_{\phi\eta}) = \begin{cases} \Delta\left(\dfrac{1}{m}\sum_{k=1}^{m}[\Delta^{-1}(z_{kij}^{b}), 0]\right), & i \neq j \\ '-', & i = j \end{cases} \quad (5\text{-}9)$$

其中，$b = 1, 2, \cdots, n$，$i, j = 1, 2, \cdots, c$。

（2）当 ϕ 和 η 不同时属于主对角线下角标集合 $\{1, 2, \cdots, c\}$、$\{c+1, c+2, \cdots, 2c\}$、$\cdots$ 或 $\{(n-1)\times c+1, (n-1)\times c+2, \cdots, n\times c\}$ 时，有

$$(z_{\phi\eta}, \alpha_{\phi\eta}) = \Delta\left(\frac{1}{m}\sum_{k=1}^{m}\left(\frac{[\Delta^{-1}(w_b, 0) + \Delta^{-1}(w_d, 0) - g\times(y_{kbd}^{+}+|y_{kbd}^{-}|)][\Delta^{-1}(z_{kiq}^{bd}, 0)] + g\times y_{kbd}^{+}\mu_{kbd} + g\times|y_{kbd}^{-}|\lambda_{kbd}}{\Delta^{-1}(w_b, 0) + \Delta^{-1}(w_d, 0)}\right)\right)$$

(5-10)

其中

$$\mu_{kbd} = \Delta^{-1}(\min\{z_{k\phi\eta}^{b}, z_{k\phi\eta}^{d}\}, 0) \quad (5\text{-}11)$$

$$\lambda_{kbd} = \Delta^{-1}(\max\{z_{k\phi\eta}^{b}, z_{k\phi\eta}^{d}\}, 0) \quad (5\text{-}12)$$

其中，$k = 1, 2, \cdots, m$，$b, d = 1, 2, \cdots, n$。城市关键基础设施运行风险因素关联矩阵 $\tilde{Z} = [\tilde{z}_{\phi\eta}]_{(n\times c)\times(n\times c)}$ 的具体表现形式如下：

$$\tilde{Z} = \begin{array}{c} \\ F_{11} \\ F_{12} \\ \vdots \\ F_{1c} \\ F_{21} \\ F_{22} \\ \vdots \\ F_{2c} \\ \vdots \\ F_{n1} \\ F_{n2} \\ \vdots \\ F_{nc} \end{array} \begin{array}{c} F_{11} \quad F_{12} \quad \cdots \quad F_{1c} \quad F_{21} \quad F_{22} \quad \cdots \quad F_{2c} \quad \cdots \quad F_{n1} \quad F_{n2} \quad \cdots \quad F_{nc} \\ \begin{bmatrix} - & \tilde{z}_{11}^{1} & \cdots & \tilde{z}_{1c}^{1} & \tilde{z}_{11}^{12} & \tilde{z}_{12}^{12} & \cdots & \tilde{z}_{1c}^{12} & \cdots & \tilde{z}_{11}^{1n} & \tilde{z}_{12}^{1n} & \cdots & \tilde{z}_{1c}^{1n} \\ \tilde{z}_{21}^{1} & - & \cdots & \tilde{z}_{2c}^{1} & \tilde{z}_{21}^{12} & \tilde{z}_{22}^{12} & \cdots & \tilde{z}_{2c}^{12} & \cdots & \tilde{z}_{21}^{1n} & \tilde{z}_{22}^{1n} & \cdots & \tilde{z}_{2c}^{1n} \\ \cdots & \cdots & - & \cdots & \cdots & \cdots & \cdots & \cdots & \cdots & \cdots & \cdots & \cdots & \cdots \\ \tilde{z}_{c1}^{1} & \tilde{z}_{c2}^{1} & \cdots & - & \tilde{z}_{c1}^{12} & \tilde{z}_{c2}^{12} & \cdots & \tilde{z}_{cc}^{12} & \cdots & \tilde{z}_{c1}^{1n} & \tilde{z}_{c2}^{1n} & \cdots & \tilde{z}_{cc}^{1n} \\ \tilde{z}_{11}^{21} & \tilde{z}_{12}^{21} & \cdots & \tilde{z}_{1c}^{21} & - & \tilde{z}_{12}^{2} & \cdots & \tilde{z}_{1c}^{2} & \cdots & \tilde{z}_{11}^{2n} & \tilde{z}_{12}^{2n} & \cdots & \tilde{z}_{1c}^{2n} \\ \tilde{z}_{21}^{21} & \tilde{z}_{22}^{21} & \cdots & \tilde{z}_{2c}^{21} & \tilde{z}_{21}^{2} & - & \cdots & \tilde{z}_{2c}^{2} & \cdots & \tilde{z}_{21}^{2n} & \tilde{z}_{22}^{2n} & \cdots & \tilde{z}_{2c}^{2n} \\ \cdots & \cdots & \cdots & \cdots & \cdots & - & \cdots & \cdots & \cdots & \cdots & \cdots & \cdots & \cdots \\ \tilde{z}_{c1}^{21} & \tilde{z}_{c2}^{21} & \cdots & \tilde{z}_{cc}^{21} & \tilde{z}_{c1}^{2} & \tilde{z}_{c2}^{2} & \cdots & - & \cdots & \tilde{z}_{c1}^{2n} & \tilde{z}_{c2}^{2n} & \cdots & \tilde{z}_{cc}^{2n} \\ \cdots & \cdots & \cdots & \cdots & \cdots & \cdots & \cdots & \cdots & \cdots & \cdots & \cdots & \cdots & \cdots \\ \tilde{z}_{11}^{n1} & \tilde{z}_{12}^{n1} & \cdots & \tilde{z}_{1c}^{n1} & \tilde{z}_{11}^{n2} & \tilde{z}_{12}^{n2} & \cdots & \tilde{z}_{1c}^{n2} & \cdots & - & \tilde{z}_{12}^{nn} & \cdots & \tilde{z}_{1c}^{nn} \\ \tilde{z}_{21}^{n1} & \tilde{z}_{22}^{n1} & \cdots & \tilde{z}_{2c}^{n1} & \tilde{z}_{21}^{n2} & \tilde{z}_{22}^{n2} & \cdots & \tilde{z}_{2c}^{n2} & \cdots & \tilde{z}_{21}^{nn} & - & \cdots & \tilde{z}_{2c}^{nn} \\ \cdots & \cdots & \cdots & \cdots & \cdots & \cdots & \cdots & \cdots & \cdots & \cdots & \cdots & \cdots & \cdots \\ \tilde{z}_{c1}^{n1} & \tilde{z}_{c2}^{n1} & \cdots & \tilde{z}_{cc}^{n1} & \tilde{z}_{c1}^{n2} & \tilde{z}_{c2}^{n2} & \cdots & \tilde{z}_{cc}^{n2} & \cdots & \tilde{z}_{c1}^{nn} & \tilde{z}_{c2}^{nn} & \cdots & - \end{bmatrix} \end{array}$$

进一步地，依据二元语义转换函数 Δ^{-1}（Herrera and Martínez，2000，2001）以及对 DEMATEL 法（Fontela and Gabus，1976；Gabus and Fontela，1972，1973）的扩展，实现矩阵 $\tilde{Z} = [\tilde{z}_{\phi\eta}]_{(n\times c)\times(n\times c)}$ 的规范化处理，构建城市关键基础设施运行风

险因素规范化关联矩阵 $X=[x_{\phi\eta}]_{(n\times c)\times(n\times c)}$，其中，$x_{\phi\eta}$ 的计算公式为

$$x_{\phi\eta} = \begin{cases} \dfrac{\Delta^{-1}(z_{\phi\eta}, \alpha_{\phi\eta})}{\max\limits_{1\leqslant\eta\leqslant n\times c}\left\{\sum\limits_{\phi=1}^{n\times c}[\Delta^{-1}(z_{\phi\eta}, \alpha_{\phi\eta})]\right\}}, & \phi \neq \eta \\ 0, & \phi = \eta \end{cases} \quad (5\text{-}13)$$

其中，$\phi, \eta = 1, 2, \cdots, n\times c$。明显可以看出，$0 < x_{\phi\eta} < 1$。由马尔可夫矩阵吸收性（Goodman，1988；Papoulis and Pillai，2002）可知，矩阵 X 满足：① $\lim_{\tau\to\infty} X^\tau = O$；② $\lim_{\tau\to\infty}(I + X + X^2 + \cdots + X^\tau) = (I - X)^{-1}$，其中，$O$ 为零矩阵，I 为恒等矩阵。

结合上述两个性质以及运行风险因素关联传导效应，构建城市关键基础设施运行风险因素间接关联矩阵 $H = [h_{\phi\eta}]_{(n\times c)\times(n\times c)}$，$\phi, \eta = 1, 2, \cdots, n\times c$，其计算公式为

$$H = \lim_{\tau\to\infty}(X^2 + \cdots + X^\tau) = X^2(I - X)^{-1} \quad (5\text{-}14)$$

在此基础上，构建城市关键基础设施运行风险因素综合关联矩阵 $T = [t_{\phi\eta}]_{(n\times c)\times(n\times c)}$，其中，$t_{\phi\eta}$ 为运行风险因素之间直接与间接关联程度的总和，即综合关联程度，其计算公式为

$$t_{\phi\eta} = x_{\phi\eta} + h_{\phi\eta} \quad (5\text{-}15)$$

其中，$\phi, \eta = 1, 2, \cdots, n\times c$。

基于矩阵 T，可以确定各个运行风险因素的中心度 p_ϕ 和关系度 r_ϕ，其计算公式分别为

$$p_\phi = \sum_{\phi=1}^{n\times c} t_{\phi\eta} + \sum_{\phi=1}^{n\times c} t_{\eta\phi} \quad (5\text{-}16)$$

$$r_\phi = \sum_{\phi=1}^{n\times c} t_{\phi\eta} - \sum_{\phi=1}^{n\times c} t_{\eta\phi} \quad (5\text{-}17)$$

其中，$\phi = 1, 2, \cdots, n\times c$。中心度 p_ϕ 表明该运行风险因素在城市关键基础设施运行风险因素集合中所发挥影响力的大小，关系度 r_ϕ 表明该运行风险因素的可控性归类，$\phi = 1, 2, \cdots, n\times c$。若 $r_\phi > 0$，则表明该运行风险因素通过关联作用影响其他运行风险因素，较为活跃、可控性较弱，为原因型风险因素；若 $r_\phi < 0$，则表明该运行风险因素受其他运行风险因素的影响，较为敏感、可控性较强，为结果型风险因素，$\phi = 1, 2, \cdots, n\times c$。

最后，以中心度 P 为横轴、关系度 R 为纵轴构建城市关键基础设施运行风险因素的因果关系图。由此，相关管理部门决策者可以根据可视化的因果关系图直观地判定城市关键基础设施运行风险因素的影响力排序和可控性归类并制定针对性的风险应对策略。一方面，中心度值较高的运行风险因素是城市关键基础设施运行风险的根源所在，需要对这些风险因素的实时状态给予重点关注。另一方面，对于原因型风险因素，可以通过制定有效的防范措施来最大限度地降低风险

损失；对于结果型风险因素，可通过制定相应的管控措施来尽量规避风险的发生。

综上所述，考虑复杂关联情境的城市关键基础设施运行风险因素识别方法的具体计算步骤总结如下。

步骤 1：依据式（5-1）~式（5-6）将城市关键基础设施系统运行风险因素关联初始判断矩阵 $Z_k^b = [z_{kij}^b]_{c \times c}$、系统之间的运行风险因素关联初始判断矩阵 $Z_k^{bd} = [z_{kiq}^{bd}]_{c \times c}$、系统权重向量 $W = (w_1, w_2, \cdots, w_n)$ 和系统关联初始判断矩阵 $Y_k = [y_{kbd}]_{n \times n}$ 转换为二元语义形式的 $\tilde{Z}_k^b = [\tilde{z}_{kij}^b]_{c \times c}$、$\tilde{Z}_k^{bd} = [\tilde{z}_{kiq}^{bd}]_{c \times c}$、$\tilde{W} = (\tilde{w}_1, \tilde{w}_2, \cdots, \tilde{w}_n)$ 和 $\tilde{Y}_k = [\tilde{y}_{kbd}]_{n \times n}$。

步骤 2：依据式（5-7）和式（5-8）设计系统关联信息的指示变量 y_{kbd}^+ 和 y_{kbd}^-。

步骤 3：依据式（5-9）~式（5-12）构建城市关键基础设施运行风险因素关联矩阵 $\tilde{Z} = [\tilde{z}_{\phi\eta}]_{(n \times c) \times (n \times c)}$。

步骤 4：依据式（5-13）构建城市关键基础设施运行风险因素规范化关联矩阵 $X = [x_{\phi\eta}]_{(n \times c) \times (n \times c)}$。

步骤 5：依据式（5-14）构建城市关键基础设施运行风险因素间接关联矩阵 $H = [h_{\phi\eta}]_{(n \times c) \times (n \times c)}$。

步骤 6：依据式（5-15）构建城市关键基础设施运行风险因素综合关联矩阵 $T = [t_{\phi\eta}]_{(n \times c) \times (n \times c)}$。

步骤 7：依据式（5-16）和式（5-17）确定各个运行风险因素的中心度 p_ϕ 和关系度 r_ϕ。

步骤 8：以中心度 P 为横轴、关系度 R 为纵轴构建城市关键基础设施运行风险因素的因果关系图。

5.4 城市关键基础设施运行风险因素识别的典型应用研究

下面将以某样本区域为例开展城市关键基础设施运行风险识别的典型应用研究，以验证所提出识别方法的可行性和有效性。

5.4.1 运行风险因素识别过程与主要结果

某样本区域（简称 C 区）地处 B 市南郊平原地带，随着近年来在城市规划与建设方面的迅猛发展，该样本区域内城市关键基础设施运行面临的风险隐患日益增多。为此，相关管理部门决策者邀请了来自城市运行管理、城市规划、系统工程以及城市关键基础设施运营管理等领域的五位专家，采用本章给出的方法对该样本区域内城市关键基础设施运行风险因素进行科学有效的识别。

城市关键基础设施系统集合 $A = \{A_1(燃气系统), A_2(电力系统), A_3(供热系统),$

A_4(交通系统)},相应的运行风险因素集合如表 5-1 所示,刻画运行风险因素关联影响程度和系统权重的语言短语评价集合 $S = \{S_0:\text{VL}(很低), S_1:\text{L}(低), S_2: \text{M}(中等), S_3:\text{H}(高), S_4:\text{VH}(很高)\}$,刻画系统关联效应类型和强度的语言短语评价集合 $L = \{L_0:\text{SC}(强冗余), L_1:\text{WC}(弱冗余), L_2:\text{MI}(相互独立), L_3:\text{WD}(弱互补), L_4:\text{SD}(强互补)\}$,系统权重向量 $W = (\text{H, VH, M, H})$。

首先,通过发放调查问卷获取五位专家针对城市关键基础设施各系统内部以及系统之间运行风险因素关联给出的评价信息以及针对城市关键基础设施各系统关联给出的评价信息,结果如表 5-2~表 5-7 所示。

表 5-2　专家 E_1 给出的城市关键基础设施运行风险因素关联信息

风险因素	F_{11}	F_{12}	F_{13}	F_{21}	F_{22}	F_{23}	F_{31}	F_{32}	F_{33}	F_{41}	F_{42}	F_{43}
F_{11}	—	VH	L	VL	H	H	M	L	VL	M	VL	VL
F_{12}	VL	—	VL	L	L	M	L	VL	L	VL	VL	VL
F_{13}	VL	VL	—	VL	VH	H	M	L	VL	H	L	L
F_{21}	L	H	L	—	VL	L	VL	VL	L	VL	L	L
F_{22}	VL	L	VL	VL	—	L	VH	L	L	H	L	L
F_{23}	L	H	M	L	VH	—	VH	L	VL	VH	M	H
F_{31}	VL	M	L	L	L	L	—	L	L	L	L	L
F_{32}	VL	H	VH	VL	H	M	M	—	VH	VH	H	H
F_{33}	VL	L	H	L	VH	H	M	L	—	VH	H	H
F_{41}	VL	L	L	L	H	L	VL	VL	L	—	L	VL
F_{42}	VL	L	VH	L	M	H	H	H	H	H	—	L
F_{43}	VL	L	M	VL	VH	H	H	L	L	H	VL	—

表 5-3　专家 E_2 给出的城市关键基础设施运行风险因素关联信息

风险因素	F_{11}	F_{12}	F_{13}	F_{21}	F_{22}	F_{23}	F_{31}	F_{32}	F_{33}	F_{41}	F_{42}	F_{43}
F_{11}	—	H	M	VL	VH	H	M	L	L	M	L	VL
F_{12}	L	—	VL	L	M	M	L	VL	H	VL	VL	L
F_{13}	VL	L	—	VL	VH	H	M	VL	L	H	L	L
F_{21}	L	VH	M	—	L	L	L	L	L	VL	VL	L
F_{22}	L	L	L	VL	—	VH	H	L	H	H	L	L
F_{23}	VL	H	L	L	H	—	H	L	H	H	M	L
F_{31}	L	M	L	L	VL	VH	—	L	H	M	L	L
F_{32}	VL	H	H	VL	M	M	M	—	H	VH	H	H

续表

风险因素	F_{11}	F_{12}	F_{13}	F_{21}	F_{22}	F_{23}	F_{31}	F_{32}	F_{33}	F_{41}	F_{42}	F_{43}
F_{33}	VL	L	H	VL	H	H	M	L	—	H	L	L
F_{41}	L	VL	L	L	H	H	L	L	M	—	L	VL
F_{42}	VL	H	VH	L	M	VH	H	VL	H	VH	—	L
F_{43}	VL	L	M	VL	H	H	H	L	M	H	L	—

表 5-4　专家 E_3 给出的城市关键基础设施运行风险因素关联信息

风险因素	F_{11}	F_{12}	F_{13}	F_{21}	F_{22}	F_{23}	F_{31}	F_{32}	F_{33}	F_{41}	F_{42}	F_{43}
F_{11}	—	VH	M	L	VH	H	M	L	VL	M	VL	L
F_{12}	L	—	L	M	L	M	L	L	L	VL	L	VL
F_{13}	L	VL	—	VL	H	VH	M	VL	L	VH	L	L
F_{21}	VL	H	L	—	L	M	VL	L	VL	L	VL	L
F_{22}	VL	L	L	VL	—	H	M	L	H	L	VL	L
F_{23}	VL	H	H	L	M	—	M	VL	L	H	M	H
F_{31}	L	M	L	VL	L	H	—	L	VL	M	M	M
F_{32}	VL	H	H	L	M	VH	L	—	H	H	H	VH
F_{33}	VL	L	H	L	H	H	L	L	—	H	L	L
F_{41}	L	VL	VL	L	VH	H	L	L	M	—	L	VL
F_{42}	VL	H	VH	VL	M	H	H	L	VH	H	—	L
F_{43}	VL	L	M	VL	H	H	M	VL	M	VH	L	—

表 5-5　专家 E_4 给出的城市关键基础设施运行风险因素关联信息

风险因素	F_{11}	F_{12}	F_{13}	F_{21}	F_{22}	F_{23}	F_{31}	F_{32}	F_{33}	F_{41}	F_{42}	F_{43}
F_{11}	—	H	M	L	H	H	M	L	L	M	VL	L
F_{12}	VL	—	L	M	L	M	L	L	VL	L	L	VL
F_{13}	L	VL	—	VL	H	VH	M	VL	L	VH	L	L
F_{21}	VL	H	L	—	L	M	VL	L	VL	L	VL	L
F_{22}	L	M	L	VL	—	H	M	L	VL	L	H	VL	L
F_{23}	VL	H	H	L	L	—	L	VL	L	H	M	H
F_{31}	L	M	L	L	M	H	—	L	L	M	L	M
F_{32}	VL	H	H	VL	M	M	L	—	H	H	H	H
F_{33}	VL	M	H	L	VH	H	M	L	—	H	M	L
F_{41}	L	VL	L	VL	L	H	L	M	L	—	L	VL
F_{42}	VL	H	VH	L	M	H	H	VL	H	H	—	L
F_{43}	VL	L	M	VL	H	H	M	L	M	VH	L	—

表 5-6　专家 E_5 给出的城市关键基础设施运行风险因素关联信息

风险因素	F_{11}	F_{12}	F_{13}	F_{21}	F_{22}	F_{23}	F_{31}	F_{32}	F_{33}	F_{41}	F_{42}	F_{43}
F_{11}	—	VH	H	L	VH	H	M	L	VL	M	L	L
F_{12}	L	—	L	M	L	M	L	M	L	VL	L	VL
F_{13}	L	VL	—	VL	H	VH	M	VL	L	VH	VL	L
F_{21}	L	VH	L	—	L	M	L	L	L	L	L	VL
F_{22}	VL	L	M	VL	—	H	H	L	L	H	VL	L
F_{23}	L	H	H	L	M	—	L	L	L	H	M	H
F_{31}	L	M	L	VL	L	H	—	L	VL	M	L	M
F_{32}	VL	H	H	L	M	VH	M	—	H	H	H	H
F_{33}	L	L	H	VL	H	H	L	L	—	H	L	L
F_{41}	L	VL	VL	L	VH	VH	M	VL	L	—	M	VL
F_{42}	VL	H	VH	VL	M	H	H	L	VH	H	—	L
F_{43}	L	VL	M	VL	H	H	M	H	M	VH	L	—

表 5-7　各专家给出的城市关键基础设施系统关联信息

专家	城市关键基础设施系统	A_1	A_2	A_3	A_4
E_1	A_1	/	WD	SD	SC
	A_2	WD	/	WD	WC
	A_3	SD	WD	/	SC
	A_4	SC	WC	SC	/
E_2	A_1	/	MI	WD	SC
	A_2	MI	/	SD	MI
	A_3	WD	SD	/	WC
	A_4	SC	MI	WC	/
E_3	A_1	/	WC	WD	WC
	A_2	WC	/	WD	MI
	A_3	WD	WD	/	SC
	A_4	WC	MI	SC	/
E_4	A_1	/	WD	SD	SC
	A_2	WD	/	SD	WC
	A_3	SD	SD	/	WC
	A_4	SC	WC	WC	/
E_5	A_1	/	WD	WD	WC
	A_2	WD	/	SD	WC
	A_3	WD	SD	/	SC
	A_4	WC	WC	SC	/

其次，依据式（5-1）～式（5-6）将城市关键基础设施系统运行风险因素关联初始判断矩阵 $Z_k^b = [z_{kij}^b]_{c \times c}$、系统之间的运行风险因素关联初始判断矩阵 $Z_k^{bd} = [z_{kiq}^{bd}]_{c \times c}$、系统权重向量 $W = (w_1, w_2, \cdots, w_n)$ 和系统关联初始判断矩阵 $Y_k = [y_{kbd}]_{n \times n}$ 转换为二元语义形式。由于篇幅所限，这里仅给出根据专家 E_1 的城市关键基础设施运行风险因素关联信息所构建相关矩阵的转换。

$$\tilde{Z}_1^1 = \begin{bmatrix} - & (VH,0) & (L,0) \\ (VL,0) & - & (VL,0) \\ (VL,0) & (VL,0) & - \end{bmatrix}, \tilde{Z}_1^2 = \begin{bmatrix} - & (VL,0) & (M,0) \\ (VL,0) & - & (H,0) \\ (L,0) & (VH,0) & - \end{bmatrix},$$

$$\tilde{Z}_1^3 = \begin{bmatrix} - & (L,0) & (L,0) \\ (M,0) & - & (VH,0) \\ (M,0) & (L,0) & - \end{bmatrix}, \tilde{Z}_1^4 = \begin{bmatrix} - & (L,0) & (VL,0) \\ (H,0) & - & (L,0) \\ (H,0) & (VL,0) & - \end{bmatrix},$$

$$\tilde{Z}_1^{12} = \begin{bmatrix} (VL,0) & (H,0) & (H,0) \\ (L,0) & (L,0) & (M,0) \\ (VL,0) & (VH,0) & (H,0) \end{bmatrix}, \tilde{Z}_1^{13} = \begin{bmatrix} (M,0) & (L,0) & (VL,0) \\ (L,0) & (VL,0) & (L,0) \\ (M,0) & (L,0) & (VL,0) \end{bmatrix},$$

$$\tilde{Z}_1^{14} = \begin{bmatrix} (M,0) & (VL,0) & (VL,0) \\ (VL,0) & (VL,0) & (VL,0) \\ (H,0) & (L,0) & (L,0) \end{bmatrix}, \tilde{Z}_1^{21} = \begin{bmatrix} (L,0) & (H,0) & (L,0) \\ (VL,0) & (L,0) & (VL,0) \\ (L,0) & (H,0) & (M,0) \end{bmatrix},$$

$$\tilde{Z}_1^{23} = \begin{bmatrix} (L,0) & (VL,0) & (L,0) \\ (VH,0) & (VL,0) & (L,0) \\ (VH,0) & (L,0) & (VL,0) \end{bmatrix}, \tilde{Z}_1^{24} = \begin{bmatrix} (L,0) & (VL,0) & (L,0) \\ (H,0) & (L,0) & (VL,0) \\ (VH,0) & (M,0) & (H,0) \end{bmatrix},$$

$$\tilde{Z}_1^{31} = \begin{bmatrix} (VL,0) & (M,0) & (L,0) \\ (VL,0) & (H,0) & (VH,0) \\ (VL,0) & (L,0) & (H,0) \end{bmatrix}, \tilde{Z}_1^{32} = \begin{bmatrix} (L,0) & (L,0) & (H,0) \\ (VL,0) & (H,0) & (M,0) \\ (VL,0) & (VH,0) & (H,0) \end{bmatrix},$$

$$\tilde{Z}_1^{34} = \begin{bmatrix} (M,0) & (L,0) & (L,0) \\ (VH,0) & (H,0) & (H,0) \\ (VH,0) & (VL,0) & (VL,0) \end{bmatrix}, \tilde{Z}_1^{41} = \begin{bmatrix} (VL,0) & (L,0) & (L,0) \\ (VL,0) & (H,0) & (VH,0) \\ (VL,0) & (L,0) & (M,0) \end{bmatrix},$$

$$\tilde{Z}_1^{42} = \begin{bmatrix} (VL,0) & (H,0) & (H,0) \\ (L,0) & (M,0) & (H,0) \\ (VL,0) & (VH,0) & (M,0) \end{bmatrix}, \tilde{Z}_1^{43} = \begin{bmatrix} (M,0) & (VL,0) & (L,0) \\ (H,0) & (VL,0) & (H,0) \\ (M,0) & (L,0) & (L,0) \end{bmatrix}.$$

然后，依据式（5-7）和式（5-8）设计系统关联信息的指示变量 y_{kbd}^+ 和 y_{kbd}^-，结果如表 5-8 和表 5-9 所示。

表 5-8　系统关联信息的指示变量 y_{kbd}^+

专家	城市关键基础设施系统	A_1	A_2	A_3	A_4
E_1	A_1	0	0.5	1	0
	A_2	0.5	0	0.5	0
	A_3	1	0.5	0	0
	A_4	0	0	0	0
E_2	A_1	0	0	0.5	0
	A_2	0	0	1	0
	A_3	0.5	1	0	0
	A_4	0	0	0	0
E_3	A_1	0	0	0.5	0
	A_2	0	0	0.5	0
	A_3	0.5	0.5	0	0
	A_4	0	0	0	0
E_4	A_1	0	0.5	1	0
	A_2	0.5	0	1	0
	A_3	1	1	0	0
	A_4	0	0	0	0
E_5	A_1	0	0.5	0.5	0
	A_2	0.5	0	1	0
	A_3	0.5	1	0	0
	A_4	0	0	0	0

表 5-9　系统关联信息的指示变量 y_{kbd}^-

专家	城市关键基础设施系统	A_1	A_2	A_3	A_4
E_1	A_1	0	0	0	−1
	A_2	0	0	0	−0.5
	A_3	0	0	0	−1
	A_4	−1	−0.5	−1	0
E_2	A_1	0	0	0	−1
	A_2	0	0	0	0
	A_3	0	0	0	−0.5
	A_4	−1	0	−0.5	0
E_3	A_1	0	−0.5	0	−0.5
	A_2	−0.5	0	0	0
	A_3	0	0	0	−1
	A_4	−0.5	0	−1	0

续表

专家	城市关键基础设施系统	A_1	A_2	A_3	A_4
E_4	A_1	0	0	0	−1
	A_2	0	0	0	−0.5
	A_3	0	0	0	−0.5
	A_4	−1	−0.5	−0.5	0
E_5	A_1	0	0	0	−0.5
	A_2	0	0	0	−0.5
	A_3	0	0	0	−1
	A_4	−0.5	−0.5	−1	0

接下来，依据式（5-9）～式（5-12）构造城市关键基础设施运行风险因素关联矩阵 $\tilde{Z} = [\tilde{z}_{\phi\eta}]_{(n\times c)\times(n\times c)}$，即

$$\tilde{Z} = \begin{bmatrix} - & (VH,-0.40) & (M,-0.20) & (VL,0.34) & (H,0.09) & (H,-0.34) & (L,-0.12) & (VL,0.08) & (VL,0.44) & (L,-0.07) & (M,0.13) & (L,0.13) \\ (VL,0.40) & - & (L,0.40) & (L,0.03) & (VL,0.40) & (M,-0.23) & (VL,0.16) & (VL,0.28) & (VL,0.40) & (M,0.07) & (VL,0.13) & (L,-0.33) \\ (VL,0.40) & (VL,0.20) & - & (L,-0.23) & (H,-0.11) & (VL,-0.26) & (L,0.12) & (VL,0.40) & (VL,0.04) & (VH,-0.40) & (L,-0.47) & (VL,0) \\ (VL,0.29) & (H,-0.06) & (L,-0.26) & - & (VL,0.20) & (M,0) & (VL,0.20) & (L,0.13) & (VL,0.40) & (VL,0.20) & (L,-0.14) & (VL,0.49) \\ (L,-0.40) & (VL,0.29) & (L,-0.34) & (L,0) & - & (H,0.20) & (M,-0.33) & (VL,0.13) & (M,-0.13) & (H,0) & (L,-0.31) & (L,-0.34) \\ (VL,0.49) & (H,-0.46) & (VL,0.17) & (M,0.20) & (L,0.20) & - & (L,0) & (VL,0.27) & (VL,0.20) & (H,0.26) & (M,0) & (L,0.49) \\ (VL,0.04) & (L,-0.04) & (VL,0.16) & (VL,0.20) & (VL,0.20) & (M,-0.33) & - & (VL,0.27) & (VL,0.20) & (L,-0.28) & (VL,0.48) & (L,-0.40) \\ (L,-0.40) & (VL,0.32) & (M,-0.40) & (VL,0.40) & (L,0.07) & (H,0.20) & (L,0.20) & - & (H,0.20) & (H,0.24) & (L,0.08) & (VH,-0.32) \\ (L,-0.44) & (VL,0.08) & (L,0.32) & (VL,0.40) & (M,-0.40) & (L,0.40) & (L,0.20) & (VL,0) & - & (H,0.44) & (VL,0.44) & (VL,0.04) \\ (VL,0.07) & (M,0.27) & (L,0.27) & (VL,0.29) & (H,0) & (H,-0.03) & (VL,0.16) & (L,-0.24) & (L,-0.04) & - & (VL,0.40) & (L,0) \\ (M,0.20) & (L,0.40) & (L,0.13) & (L,-0.14) & (M,-0.34) & (H,0.20) & (VL,0.08) & (VL,0.28) & (H,-0.28) & (H,0.20) & - & (VL,0) \\ (M,0.20) & (L,-0.47) & (L,-0.07) & (L,0.46) & (H,-0.03) & (M,0.49) & (VL,0.04) & (VL,0.24) & (L,-0.36) & (VH,-0.40) & (VL,0.20) & - \end{bmatrix}$$

进一步，依据式（5-13）～式（5-15）分别构建城市关键基础设施运行风险因素规范化关联矩阵 $X = [x_{\phi\eta}]_{(n\times c)\times(n\times c)}$、城市关键基础设施运行风险因素间接关联矩阵 $H = [h_{\phi\eta}]_{(n\times c)\times(n\times c)}$ 和城市关键基础设施运行风险因素综合关联矩阵 $T = [t_{\phi\eta}]_{(n\times c)\times(n\times c)}$，即

$$X = \begin{bmatrix} 0.00 & 0.17 & 0.08 & 0.02 & 0.14 & 0.12 & 0.04 & 0.00 & 0.02 & 0.04 & 0.10 & 0.05 \\ 0.02 & 0.00 & 0.02 & 0.05 & 0.02 & 0.08 & 0.01 & 0.01 & 0.02 & 0.10 & 0.01 & 0.03 \\ 0.02 & 0.04 & 0.00 & 0.04 & 0.13 & 0.13 & 0.05 & 0.02 & 0.00 & 0.17 & 0.02 & 0.00 \\ 0.01 & 0.14 & 0.03 & 0.00 & 0.01 & 0.09 & 0.01 & 0.01 & 0.02 & 0.01 & 0.04 & 0.02 \\ 0.03 & 0.01 & 0.03 & 0.05 & 0.00 & 0.15 & 0.08 & 0.01 & 0.09 & 0.14 & 0.03 & 0.03 \\ 0.02 & 0.12 & 0.10 & 0.00 & 0.10 & 0.00 & 0.05 & 0.01 & 0.01 & 0.15 & 0.09 & 0.11 \\ 0.00 & 0.04 & 0.01 & 0.01 & 0.00 & 0.00 & 0.00 & 0.02 & 0.03 & 0.00 & 0.06 & 0.04 \\ 0.03 & 0.06 & 0.07 & 0.03 & 0.05 & 0.15 & 0.06 & 0.00 & 0.15 & 0.15 & 0.05 & 0.17 \\ 0.03 & 0.00 & 0.06 & 0.02 & 0.07 & 0.06 & 0.06 & 0.00 & 0.00 & 0.16 & 0.02 & 0.00 \\ 0.00 & 0.10 & 0.06 & 0.01 & 0.14 & 0.14 & 0.01 & 0.03 & 0.04 & 0.00 & 0.02 & 0.05 \\ 0.10 & 0.06 & 0.10 & 0.04 & 0.08 & 0.15 & 0.14 & 0.01 & 0.17 & 0.15 & 0.00 & 0.00 \\ 0.10 & 0.02 & 0.04 & 0.07 & 0.14 & 0.11 & 0.14 & 0.01 & 0.03 & 0.17 & 0.01 & 0.00 \end{bmatrix},$$

$$H = \begin{bmatrix} 0.06 & 0.12 & 0.10 & 0.06 & 0.15 & 0.20 & 0.10 & 0.03 & 0.09 & 0.22 & 0.07 & 0.08 \\ 0.02 & 0.07 & 0.05 & 0.02 & 0.08 & 0.09 & 0.04 & 0.01 & 0.04 & 0.09 & 0.04 & 0.04 \\ 0.04 & 0.11 & 0.08 & 0.04 & 0.12 & 0.16 & 0.07 & 0.02 & 0.07 & 0.16 & 0.06 & 0.08 \\ 0.03 & 0.06 & 0.05 & 0.03 & 0.08 & 0.09 & 0.05 & 0.01 & 0.04 & 0.11 & 0.03 & 0.04 \\ 0.04 & 0.11 & 0.09 & 0.04 & 0.13 & 0.15 & 0.07 & 0.02 & 0.06 & 0.16 & 0.06 & 0.07 \\ 0.06 & 0.12 & 0.10 & 0.06 & 0.16 & 0.22 & 0.10 & 0.03 & 0.09 & 0.21 & 0.06 & 0.08 \\ 0.02 & 0.05 & 0.04 & 0.02 & 0.06 & 0.07 & 0.04 & 0.01 & 0.03 & 0.08 & 0.03 & 0.03 \\ 0.07 & 0.16 & 0.13 & 0.07 & 0.21 & 0.25 & 0.13 & 0.04 & 0.09 & 0.27 & 0.09 & 0.10 \\ 0.03 & 0.09 & 0.06 & 0.03 & 0.10 & 0.13 & 0.06 & 0.02 & 0.05 & 0.12 & 0.04 & 0.06 \\ 0.05 & 0.09 & 0.08 & 0.04 & 0.12 & 0.15 & 0.08 & 0.02 & 0.07 & 0.18 & 0.06 & 0.07 \\ 0.06 & 0.16 & 0.12 & 0.06 & 0.19 & 0.24 & 0.11 & 0.03 & 0.08 & 0.25 & 0.09 & 0.11 \\ 0.05 & 0.15 & 0.11 & 0.05 & 0.16 & 0.21 & 0.09 & 0.03 & 0.08 & 0.20 & 0.08 & 0.10 \end{bmatrix},$$

$$T = \begin{bmatrix} 1.12 & 0.40 & 0.29 & 0.13 & 0.44 & 0.53 & 0.25 & 0.06 & 0.20 & 0.49 & 0.23 & 0.22 \\ 0.07 & 1.14 & 0.12 & 0.09 & 0.18 & 0.27 & 0.10 & 0.04 & 0.09 & 0.28 & 0.08 & 0.12 \\ 0.10 & 0.25 & 1.17 & 0.11 & 0.38 & 0.44 & 0.20 & 0.07 & 0.14 & 0.48 & 0.14 & 0.15 \\ 0.07 & 0.25 & 0.14 & 1.06 & 0.16 & 0.28 & 0.10 & 0.03 & 0.09 & 0.23 & 0.11 & 0.11 \\ 0.11 & 0.24 & 0.21 & 0.12 & 1.27 & 0.45 & 0.22 & 0.05 & 0.20 & 0.46 & 0.15 & 0.18 \\ 0.14 & 0.36 & 0.29 & 0.12 & 0.43 & 1.43 & 0.26 & 0.07 & 0.19 & 0.57 & 0.21 & 0.27 \\ 0.05 & 0.14 & 0.09 & 0.05 & 0.13 & 0.22 & 1.08 & 0.03 & 0.08 & 0.20 & 0.08 & 0.11 \\ 0.18 & 0.37 & 0.34 & 0.16 & 0.47 & 0.64 & 0.32 & 1.07 & 0.33 & 0.69 & 0.22 & 0.37 \\ 0.08 & 0.18 & 0.19 & 0.08 & 0.28 & 0.32 & 0.17 & 0.04 & 1.10 & 0.40 & 0.11 & 0.11 \\ 0.09 & 0.29 & 0.22 & 0.10 & 0.37 & 0.45 & 0.17 & 0.08 & 0.17 & 1.37 & 0.13 & 0.19 \\ 0.21 & 0.38 & 0.35 & 0.15 & 0.47 & 0.62 & 0.35 & 0.08 & 0.34 & 0.64 & 1.18 & 0.21 \\ 0.20 & 0.32 & 0.26 & 0.17 & 0.46 & 0.53 & 0.32 & 0.07 & 0.19 & 0.56 & 0.17 & 1.19 \end{bmatrix}$$

在此基础上,根据式(5-16)和式(5-17),分别计算各个运行风险因素的中心度和关系度,结果如表 5-10 所示。由此可见,各个运行风险因素的中心度排序为:$F_{23} \succ F_{41} \succ F_{22} \succ F_{42} \succ F_{43} \succ F_{13} \succ F_{12} \succ F_{32} \succ F_{11} \succ F_{33} \succ F_{31} \succ F_{21}$,其中,$F_{11}$、$F_{21}$、$F_{32}$、$F_{42}$ 和 F_{43} 为原因型风险因素,F_{12}、F_{13}、F_{22}、F_{23}、F_{31}、F_{33}、F_{41} 为结果型风险因素。

表 5-10 城市关键基础设施运行风险因素中心度和关系度的计算结果

风险因素	中心度	关系度
F_{11}	6.78	1.94
F_{12}	6.90	−1.75
F_{13}	7.27	−0.02
F_{21}	4.98	0.29
F_{22}	8.71	−1.37
F_{23}	10.51	−1.85
F_{31}	5.79	−1.28

续表

风险因素	中心度	关系度
F_{32}	6.85	3.47
F_{33}	6.17	−0.08
F_{41}	10.00	−2.72
F_{42}	7.81	2.17
F_{43}	7.67	1.19

5.4.2 基于运行风险因素识别结果的风险防范建议

结合表 5-10 的计算结果构建城市关键基础设施运行风险因素的因果关系图，如图 5-2 所示。

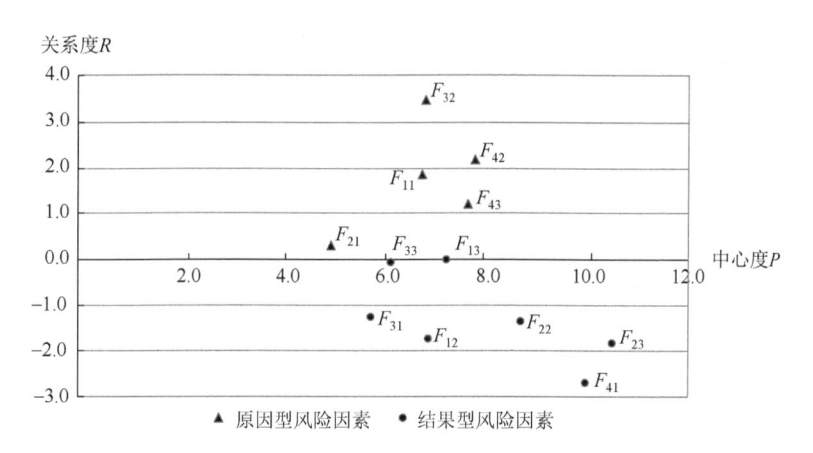

图 5-2 城市关键基础设施运行风险因素的因果关系图

从图 5-2 可以看出，外力破坏（F_{23}）在城市关键基础设施运行风险因素集合中发挥了显著作用，为该样本区域的风险根源所在。因此，相关管理部门应该重点强化对电力系统设施保护条例、破坏行为处罚实施细则等的制修订与监督落实，并加强对相关工作人员进行安全培训和思想教育等管控措施来规避由于外力破坏带来的风险。

同时，可以结合风险因素的可控性归类制定针对性的风险防范策略来提高样本区域内城市关键基础设施运行风险防范能力、减少风险损失。在城市关键基础设施运行的诸多风险因素中，管线老化（F_{32}）是最活跃、最容易影响其他风险因素的原因型风险因素，可以通过分期分序更换抗老化效果更好的新材料、强化专业人员的日常定期维护和脆弱管线的实时监测等预防措施尽量减少由于管线老化引发供热系统运行风险的损失；人为干扰（F_{41}）是最敏感、最容易受到其他风险因素影响的结果型风险因素，可以通过增设轨道沿线及站台安全屏障、多渠道提前滚动播报流量管制信息来实现车辆分流等管控措施，以规避人为干扰给交通系统正常运行造成的不便。

此外，还可以借助多平台、多传感器、多模态的遥感技术和计算机网络技术等构建城市关键基础设施运行风险监控平台，实现对相关风险因素的监测、分析、模拟、预测与预警等，及时发现城市关键基础设施运行风险隐患并快速响应。

综上，城市关键基础设施运行风险因素识别研究对于相关管理部门决策者明确潜在风险因素、洞悉风险根源及其可控性具有重要意义。为此，本章首先阐述了城市关键基础设施运行风险因素识别问题的研究背景，其次构建了具有层级网络结构的城市关键基础设施运行风险因素识别框架，然后提出一种考虑复杂关联情境的城市关键基础设施运行风险因素识别方法。该方法可以实现复杂关联情境对城市关键基础设施运行风险因素识别影响的量化分析，进而确定风险因素的影响力排序及其可控性归类，为相关管理部门决策者研判风险根源、诊断风险可控性提供决策支持。

与已有研究相比，本章充分考虑了城市关键基础设施各系统及其关联与风险因素及其关联形成的复杂关联情境对城市关键基础设施运行风险因素识别过程和结果的影响，所得到的风险因素识别结果具有更强的科学性和可解释性，而且能够可视化的结果也便于相关管理部门决策者对风险根源及其可控性进行直观的分析与判断。此外，由于复杂关联情境往往导致城市关键基础设施运行风险的危害性和破坏力倍增，因此，以复杂关联情境为切入点开展城市关键基础设施运行风险评估研究将是进一步需要开展的工作。

第6章 城市关键基础设施运行风险概率评估研究

风险概率是衡量风险发生可能性的关键标尺，也是研判风险态势进而防范和化解风险的重要依据（Andrásik et al.，2016；Aven，2018；姚国文等，2020；尹超等，2017）。但现实中，城市关键基础设施系统关联（Heracleous et al.，2017；Zhang et al.，2018；索玮岚和陈锐，2013）和风险因素关联（Heal and Kunreuther，2007；索玮岚和陈锐，2014a）叠加诱发的多重关联性以及风险的动态随机性（Jha，2009；Khalil，2016；高武等，2016）加大了风险概率量化分析的难度，也对支撑城市关键基础设施运行风险概率评估的方法提出了更高的要求。为此，本章首先阐述了城市关键基础设施运行风险概率评估问题的研究背景，然后构建了城市关键基础设施运行风险概率评估两阶段模型，并以某样本区域为例开展了典型应用研究以验证所构建模型的可行性与有效性。

6.1 城市关键基础设施运行风险概率评估问题的研究背景

结合 3.3 节得出的关联表征动态分析结果可知，开展城市关键基础设施运行风险概率评估研究需要关注两个表征：①多重关联性。一方面，空间上的毗邻交织和功能上的交互依赖诱发了城市关键基础设施的系统关联，导致某一个系统失效会影响其他系统的正常运行（Heracleous et al.，2017；Zhang et al.，2018；索玮岚和陈锐，2013）；另一方面，不同风险因素之间的催化衍生或干扰制约引发了风险因素关联，导致城市关键基础设施可能会同时遭受不同来源风险及其次生衍生危害的双重破坏（Heal and Kunreuther，2007；索玮岚和陈锐，2014a）。②动态随机性。系统关联和风险关联的类型与强度并非一成不变的，影响城市关键基础设施运行的各类风险所发生的概率也会随着时间推移而发生动态变化（Jha，2009；Khalil，2016；高武等，2016），必须对风险防范和化解策略进行适时调整。

近年来，关于城市关键基础设施运行风险概率评估的研究已经引起了一些国内外学者的关注。根据所聚焦表征的不同，可将已有的相关研究划分为以下三类。

（1）聚焦单一风险和系统关联的研究。学者大多从静态角度开展研究工作，分别提出了基于 GIS 技术的地震风险概率可靠性模型（Poljanšek et al.，2012）、基于初步关联分析的风险概率评估方法（Bloomfield et al.，2018）、基于贝叶斯置信网络的风险概率评估方法（Kabir et al., 2018）、考虑级联影响的中断或失效风险概率评估方法（Rehak et al., 2018）等。

（2）聚焦多风险和系统关联的研究。一些学者从静态角度开展研究工作，分别提出了基于仿真技术的地震和随机失效风险概率评估方法（Hernandez-Fajardo and Dueñas-Osorio, 2013）、基于贝叶斯网络的多灾害风险概率评估建模方法与算法（Applegate and Tien, 2019）等。另一些学者则从动态角度开展研究工作，分别提出了基于动态贝叶斯网络的恶劣天气、地震和通信干扰风险概率评估方法（Di Giorgio and Liberati, 2012）、模型驱动的持续型风险概率评估方法（Solhaug and Seehusen, 2014）、最大熵似然估计与图模型相结合的风险概率动态评估方法（Bristow and Hay, 2016）。

（3）聚焦单一风险和单一系统的研究。学者大多从动态角度开展研究工作，面向能源基础设施分别提出了基于动态贝叶斯网络的安全风险概率评估方法（Khakzad, 2015）、基于蒙特卡罗抽样技术的物理安全攻击风险概率时间动态评估模型（Khalil, 2016）等；面向交通基础设施分别提出了基于动态贝叶斯网络的恐怖袭击风险概率评估方法（Jha, 2009）、基于危险性曲线的地震风险概率评估方法（尹超等, 2017）、基于蒙特卡罗仿真的近似贝叶斯网络地震风险概率评估模型（Gehl et al., 2018）、基于磁场强度检测的锈蚀风险概率评估方法（姚国文等, 2020）。

上述工作不仅丰富了城市关键基础设施运行风险概率评估研究的风险库和方法库，也拓宽了刻画风险概率的信息获取渠道，形成来源不同、形式各异的数据基础，涉及历史数据与专家研判数据（Di Giorgio and Liberati, 2012）、GIS 数据（Poljanšek et al., 2012）、模拟数据（Hernandez-Fajardo and Dueñas-Osorio, 2013）、抽样数据（Gehl et al., 2018；Khalil, 2016）以及现场数据、敏感性分析与专家研判相结合的组合数据（Bloomfield et al., 2018）等。但需要强调的是，解决现实中城市关键基础设施运行风险概率评估问题的难点主要体现在两个方面：一是多重关联性表征涉及的系统关联和风险因素关联由截然不同的关联机理衍生，而且呈现出动态演化的复杂性，依靠现场采集技术、统计技术、抽样技术等获取的客观事实数据难以准确刻画其机理差异及动态演化，借助领域专家累积的丰富经验进行综合研判已成为可行且可靠的信息获取手段（Bloomfield et al., 2018；Chang et al., 2014；Ouyang, 2014；Suo et al., 2019；Werner et al., 2017）；二是系统关联和风险因素关联叠加产生的多重关联性表征与动态随机性表征共同作用于城市关键基础设施运行风险概率评估过程，对系统关联动态随机信息、风险因素关联动态随机信息以及风险概率动态随机信息等多源异构信息的获取与处理提出了较高的要求。然而，已有研究仅涉及了某个单一表征或其某个方面，缺乏对多重关联性和动态随机性的综合考虑，若沿用已有方法无法在兼顾两个表征的前提下实

第 6 章 城市关键基础设施运行风险概率评估研究

现对城市关键基础设施运行风险概率的准确研判，必须探索新的研究方法来解决上述难点问题。

基于以上分析，本章重点开展考虑多重关联性和动态随机性的城市关键基础设施运行风险概率评估研究，依托多源异构信息获取与处理技术，构建多重关联量化分析、风险量化分析与集成相结合的城市关键基础设施运行风险概率评估两阶段模型。该模型同时将 Two-Additive Choquet 积分算子（Grabisch，1997）和 DEMATEL 法（Fontela and Gabus，1976；Gabus and Fontela，1972，1973）扩展至动态随机环境来分别进行系统关联和风险因素关联的动态随机量化处理，进而实现系统关联动态随机信息、风险因素关联动态随机信息以及风险概率动态随机信息的综合集成，最终确定城市关键基础设施多系统运行风险动态随机概率以及各风险因素影响力排序和可控性归类的动态随机变化。

6.2 城市关键基础设施运行风险概率评估两阶段模型

6.2.1 运行风险概率评估问题描述

为便于分析，采用下列符号描述城市关键基础设施运行风险概率评估问题所涉及的集合和量。

$A = \{A_1, A_2, \cdots, A_n\}$：城市关键基础设施系统集合，其中，$A_b$ 为第 b 个系统，$b \in \{1, 2, \cdots, n\}$。

$F = \{F_{b1}, F_{b2}, \cdots, F_{bm_b}\}$：城市关键基础设施风险因素集合，其中，$F_{bi}$ 为系统 A_b 内第 i 个风险因素，$i \in \{1, 2, \cdots, m_b\}$，$b \in \{1, 2, \cdots, n\}$。

$\lambda_{bi}(t)$：t 时刻系统 A_b 内部风险因素 F_{bi} 发生的次数，$i \in \{1, 2, \cdots, m_b\}$，$b \in \{1, 2, \cdots, n\}$，$t \in \{1, 2, \cdots, g\}$。

$\tilde{W}(t) = [\tilde{w}_{bc}(t)]_{n \times n}$：系统关联动态初始判断矩阵，其中，$\tilde{w}_{bc}(t)$ 为 t 时刻专家组针对系统 A_b 与 A_c（$b \neq c$）之间关联对城市关键基础设施运行风险概率的影响效应给出的区间型判断信息，$w_{bc}^-(t)$ 为影响效应强度下限，$w_{bc}^+(t)$ 为影响效应强度上限，$b, c = 1, 2, \cdots, n$，$t = 1, 2, \cdots, g$。这里，系统自身关联对运行风险概率的影响不予考虑，即 $\tilde{w}_{bb}(t) = 0$，$b = 1, 2, \cdots, n$，$t = 1, 2, \cdots, g$。

$\tilde{Z}_b(t) = [\tilde{z}_{bij}(t)]_{m_b \times m_b}$：系统内部风险因素关联动态初始判断矩阵，其中，$\tilde{z}_{bij}(t)$ 为 t 时刻专家组针对系统 A_b 内风险因素 F_{bi} 对 F_{bj}（$i \neq j$）的直接影响程度给出的区间数型判断信息，$z_{bij}^-(t)$ 为直接影响程度下限，$z_{bij}^+(t)$ 为直接影响程度上限，$i, j = 1, 2, \cdots, m_b$，$b = 1, 2, \cdots, n$，$t = 1, 2, \cdots, g$。这里，风险因素对自身的直接影响不予考虑，即 $\tilde{z}_{bii}(t) = 0$，$i = 1, 2, \cdots, m_b$，$b = 1, 2, \cdots, n$，$t = 1, 2, \cdots, g$。

$\tilde{Z}^{bc}(t) = [\tilde{z}_{is}^{bc}(t)]_{m_b \times m_c}$：系统之间风险因素关联动态初始判断矩阵，其中，$\tilde{z}_{is}^{bc}(t)$ 为 t 时刻专家组针对系统 A_b 内风险因素 F_{bi} 对系统 A_c 内风险因素 F_{cs}（$b \neq c$）的直接影响程度给出的区间数型判断信息，$z_{is}^{bc-}(t)$ 为直接影响下限，$z_{is}^{bc+}(t)$ 为直接影响上限，$i = 1, 2, \cdots, m_b$，$s = 1, 2, \cdots, m_c$，$b, c = 1, 2, \cdots, n$，$t = 1, 2, \cdots, g$。

需要说明的是，单一风险因素在某个时间段内发生的次数通过对城市关键基础设施所涉及系统的事故/故障新闻报道、事故/热线投诉举报情况通报等文本信息的深度挖掘来获取。专家组采用 $-10 \sim 10$ 分来刻画系统关联对运行风险概率的影响效应及其强度，$-10 \sim -1$ 分表明系统关联会加剧风险，分数越低加剧效应越强，0 分表明无影响，$1 \sim 10$ 分表明系统关联会缓解风险，分数越高缓解效应越强。不失一般性，这里假设系统关联对运行风险概率的影响效应仅会对应加剧效应、无影响或缓解效应之一，并存在影响效应强度的动态变化。同时，专家组采用 $0 \sim 10$ 分来刻画风险因素之间直接影响程度的强弱，0 分表示无影响，10 分表示影响极其强。

基于前面的符号说明，本章要解决的问题是根据已知的系统关联动态初始判断矩阵 $\tilde{w}(t)$、系统内部风险因素关联动态初始判断矩阵 $\tilde{Z}_b(t)$、系统之间风险因素关联动态初始判断矩阵 $\tilde{Z}^{bc}(t)$ 和系统内部风险因素发生的次数 $\lambda_{bi}(t)$，如何将多重关联性表征和动态随机性表征进行量化处理并融入城市关键基础设施运行风险概率评估过程，进而动态研判城市关键基础设施运行风险态势、科学诊断风险根源及风险可控性，从而为有效防范和化解风险提供决策支持。

6.2.2 运行风险概率评估建模原理与流程

为解决上述问题，本章提出城市关键基础设施运行风险概率评估两阶段模型。该模型将 Two-Additive Choquet 积分算子（Grabisch，1997）和 DEMATEL 法（Fontela and Gabus，1976；Gabus and Fontela，1972，1973）均扩展至动态随机环境来分别进行系统关联和风险因素关联的动态随机量化处理，进而实现系统关联动态随机信息、风险因素关联动态随机信息以及风险概率动态随机信息的综合集成，最终确定城市关键基础设施多系统运行风险动态随机概率以及各风险因素影响力排序和可控性归类的动态随机变化，从而合理有效地解决城市关键基础设施运行风险概率评估问题需要同时兼顾多重关联性表征和动态随机性表征所带来的难点。

基于上述原理描述，绘制了如图 6-1 所示的城市关键基础设施运行风险概率评估流程图。

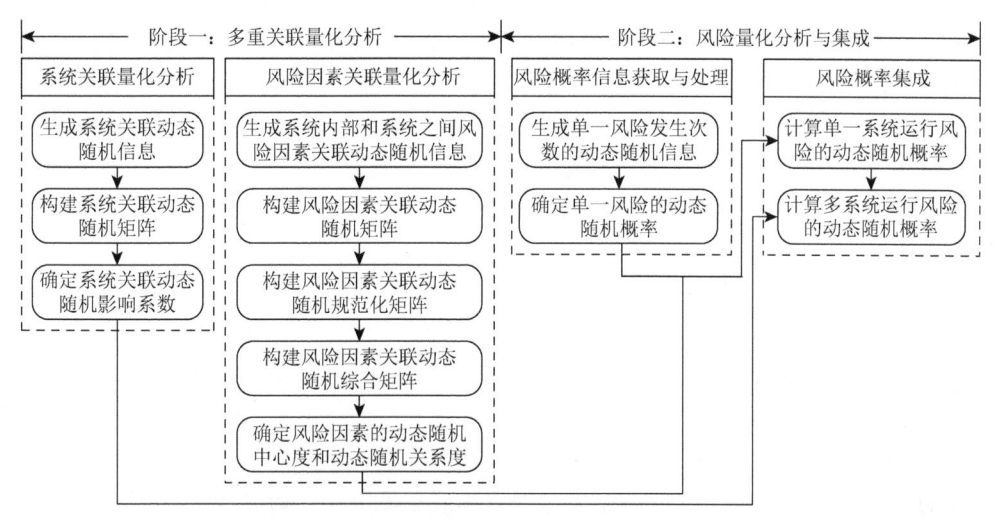

图 6-1 城市关键基础设施运行风险概率评估流程图（索玮岚等，2021）

6.2.3 运行风险概率评估两阶段模型的具体计算步骤

基于图 6-1，给出所构建城市关键基础设施运行风险概率评估两阶段模型的计算步骤，具体描述如下。

步骤 1：生成系统关联动态随机信息。将 $[w_{bc}^-(t), w_{bc}^+(t)]$ 设定为由专家组所提供的系统关联动态随机信息的取值范围，借鉴 Ayrim 等（2018）得出的研究成果，假设系统关联动态随机信息的生成服从均匀分布，利用 MATLAB 软件生成 $(n-1) \times (n-1)$ 个动态随机整数矩阵，其中，任意矩阵 $V_{bc}^*(t) = [v_k^*(w_{bc}^-(t), w_{bc}^+(t))]_{d \times 1}$ 中的元素由 d 个随机整数构成，$b,c = 1,2,\cdots,n$，$t = 1,2,\cdots,g$，$k = 1,2,\cdots,d$。

步骤 2：构建系统关联动态随机矩阵。基于生成的系统关联动态随机信息构建系统关联动态随机矩阵 $W^*(t) = [w_{bc}^*(t)]_{n \times n}$，其中，$w_{bc}^*(t)$ 的计算公式为

$$w_{bc}^*(t) = \begin{cases} v_k^*(w_{bc}^-(t), w_{bc}^+(t)), & b \neq c \\ 0, & b = c \end{cases} \quad (6\text{-}1)$$

其中，$b,c = 1,2,\cdots,n$，$t = 1,2,\cdots,g$。

步骤 3：确定系统关联动态随机影响系数。根据 Grabisch（1997）所给出 Two-Additive Choquet 积分算子的关联系数定义，得到系统关联对城市关键基础设施运行风险概率的动态随机影响系数 $e_{bc}^*(t)$，其计算公式为

$$e_{bc}^*(t) = \begin{cases} \sum_{k=1}^{d} v_k^*(w_{bc}^-(t), w_{bc}^+(t)) \Big/ (d \times (10 + |-10|)), & b \neq c \\ 0, & b = c \end{cases} \quad (6\text{-}2)$$

从式（6-2）可知，$-1 \leq e_{bc}^*(t) \leq 1$，当 $e_{bc}^*(t) \in (0,1]$ 时记为 $e_{bc}^{*+}(t)$，当 $e_{bc}^*(t) \in [-1,0)$ 时记为 $e_{bc}^{*-}(t)$，$b,c = 1,2,\cdots,n$，$t = 1,2,\cdots,g$。

步骤 4：生成系统内部和系统之间的风险因素关联动态随机信息。设定 $[z_{bij}^-(t), z_{bij}^+(t)]$ 为系统内部风险因素关联动态随机信息的取值范围，借鉴 Ayrim 等（2018）得出的研究成果，假设该信息的生成服从均匀分布，利用 MATLAB 软件生成 $n \times (m_b-1) \times (m_c-1)$ 个动态随机整数矩阵，其中，任意矩阵 $U_{bij}^*(t) = [u_k^*(z_{bij}^-(t), z_{bij}^+(t))]_{d \times 1}$ 中的元素由 d 个随机整数构成，$i, j = 1, 2, \cdots, m_b$，$b = 1, 2, \cdots, n$，$t = 1, 2, \cdots, g$，$k = 1, 2, \cdots, d$。类似地，设定 $[z_{is}^{bc-}(t), z_{is}^{bc+}(t)]$ 为系统之间风险因素关联动态随机信息的取值范围，且假设该信息的生成同样服从均匀分布，利用 MATLAB 软件生成 $n \times (n-1) \times m_b \times m_c$ 个动态随机整数矩阵，其中，任意矩阵 $U_{is}^{bc*}(t) = [u_k^*(z_{is}^{bc-}(t), z_{is}^{bc+}(t))]_{d \times 1}$ 中的元素由 d 个随机整数构成，$i = 1, 2, \cdots, m_b$，$s = 1, 2, \cdots, m_c$，$b, c = 1, 2, \cdots, n$，$t = 1, 2, \cdots, g$，$k = 1, 2, \cdots, d$。

步骤 5：构建风险因素关联动态随机矩阵。基于生成的系统内部和系统之间风险因素关联动态随机信息构建风险因素关联动态随机矩阵 $Z_{xy}^*(t) = [z_{xy}^*(t)]_{M \times M}$，$x, y = 1, 2, \cdots, M$，$M = \sum_{b=1}^{n} m_b$，$t = 1, 2, \cdots, g$，其中，$z_{xy}^*(t)$ 的计算公式为

$$z_{xy}^*(t) = \begin{cases} u_k^*(z_{bij}^-(t), z_{bij}^+(t)), & x, y \in \{\Omega_1 \bigcup \Omega_2 \bigcup \cdots \bigcup \Omega_n\}, x \neq y \\ u_k^*(z_{is}^{bc-}(t), z_{is}^{bc+}(t)), & x \in \Omega_b, y \in \{\Omega - \Omega_b\}, b \in \{1, 2, \cdots, n\} \\ 0, & x = y \end{cases} \quad (6-3)$$

其中，$\Omega_1 = \{1, 2, \cdots, m_1\}$，$\Omega_2 = \{m_1+1, m_1+2, \cdots, m_1+m_2\}$，$\Omega_n = \left\{\sum_{b=1}^{n-1} m_b + 1, \sum_{b=1}^{n-1} m_b + 2, \cdots, M\right\}$，$\Omega = \{1, 2, \cdots, M\}$。

步骤 6：构建风险因素关联动态随机规范化矩阵。根据 DEMATEL 法（Fontela and Gabus，1976；Gabus and Fontela，1972，1973）的思想，对 $Z_{xy}^*(t)$ 进行规范化处理，构建风险因素关联动态随机规范化矩阵 $L_{xy}^*(t) = [l_{xy}^*(t)]_{M \times M}$，其中，$0 \leqslant l_{xy}^*(t) \leqslant 1$，其计算公式为

$$l_{xy}^*(t) = \begin{cases} \dfrac{\sum_{k=1}^{d} u_k^*(z_{bij}^-(t), z_{bij}^+(t))}{\sigma^*(t)}, & x, y \in \{\Omega_1 \bigcup \Omega_2 \bigcup \cdots \bigcup \Omega_n\}, x \neq y \\ \dfrac{\sum_{k=1}^{d} u_k^*(z_{is}^{bc-}(t), z_{is}^{bc+}(t))}{\sigma^*(t)}, & x \in \Omega_b, y \in \{\Omega - \Omega_b\}, b \in \{1, 2, \cdots, n\} \\ 0, & x = y \end{cases} \quad (6-4)$$

且有

$$\sigma^*(t) = \max_{1 \leqslant y \leqslant M} \left\{ \sum_{b=1}^{n} \left(\sum_{j=1}^{m_b} \sum_{k=1}^{d} u_k^*(z_{bij}^-(t), z_{bij}^+(t)) + \sum_{c=1}^{n} \sum_{s=1}^{m_c} \sum_{k=1}^{d} u_k^*(z_{is}^{bc-}(t), z_{is}^{bc+}(t)) \right) \right\} \quad (6\text{-}5)$$

其中，$x, y = 1, 2, \cdots, M$，$t = 1, 2, \cdots, g$。由马尔可夫矩阵吸收性（Goodman，1988；Papoulis and Pillai，2002）可知，矩阵 $L_{xy}^*(t)$ 满足：① $\lim_{\tau \to \infty} (L_{xy}^*(t))^\tau = O$；② $\lim_{\tau \to \infty} (I + L_{xy}^*(t) + (L_{xy}^*(t))^2 + \cdots + (L_{xy}^*(t))^\tau) = (I - (L_{xy}^*(t)))^{-1}$，其中，$O$ 为零矩阵，I 为恒等矩阵。

步骤 7：构建风险因素关联动态随机综合矩阵。结合上述性质，构建风险因素关联动态随机综合矩阵 $H_{xy}^*(t) = [h_{xy}^*(t)]_{M \times M}$，其计算公式为

$$H_{xy}^*(t) = \lim_{\tau \to \infty} \left(L_{xy}^*(t) + (L_{xy}^*(t))^2 + \cdots + (L_{xy}^*(t))^\tau \right) = L_{xy}^*(t) \times (I - L_{xy}^*(t))^{-1} \quad (6\text{-}6)$$

其中，$x, y = 1, 2, \cdots, M$，$t = 1, 2, \cdots, g$。

步骤 8：确定风险因素的动态随机中心度和动态随机关系度。分别计算风险因素的动态随机中心度 $q_x^*(t)$ 和动态随机关系度 $r_x^*(t)$，计算公式为

$$q_x^*(t) = \sum_{y=1}^{M} l_{xy}^*(t) + \sum_{y=1}^{M} l_{yx}^*(t) \quad (6\text{-}7)$$

$$r_x^*(t) = \sum_{y=1}^{M} l_{xy}^*(t) - \sum_{y=1}^{M} l_{yx}^*(t) \quad (6\text{-}8)$$

其中，$x = 1, 2, \cdots, M$，$t = 1, 2, \cdots, g$。动态随机中心度 $q_x^*(t)$ 能够反映风险因素在城市关键基础设施运行风险因素集合中影响力排序的动态随机变化，数值越大表明该风险因素的影响力越大，也是城市关键基础设施运行风险的根源所在；动态随机关系度 $r_x^*(t)$ 则反映了风险因素可控性的动态随机变化，若 $r_x^*(t) > 0$ 则表明该风险因素为原因型风险因素，数值越大表明该风险因素越活跃、可控性越差；若 $r_x^*(t) < 0$ 则为结果型风险因素，数值越小表明该风险因素越敏感、可控性越强，$x = 1, 2, \cdots, M$，$t = 1, 2, \cdots, g$。

步骤 9：生成单一风险发生次数的动态随机信息。现实中，城市关键基础设施运行单位时间内可能遇到的自然灾害发生次数、设备故障数等可认为服从泊松分布（Lethanh et al.，2015；Suo et al.，2021；Zachary，2018）。已知 t 时刻系统 A_b 内部风险因素 F_{bi} 发生的次数为 $\lambda_{bi}(t)$，利用 MATLAB 软件生成服从参数为 $\lambda_{bi}(t)$ 的泊松分布的 ξ 个动态随机数，其中，任意随机数记为 $\mu_\phi^*(\lambda_{bi}(t))$，$i = 1, 2, \cdots, m_b$，$b = 1, 2, \cdots, n$，$t = 1, 2, \cdots, g$，$\phi = 1, 2, \cdots, \xi$。

步骤 10：确定单一风险的动态随机概率。借助 MATLAB 软件计算所生成 ξ 个动态随机数的概率密度，并通过对概率密度进行均值化处理来得到单一风险的动态随机概率，计算公式为

$$p_{bi}^*(t) = \frac{1}{\xi} \sum_{\phi=1}^{\xi} P\left\{ \chi = \mu_\phi^*(\lambda_{bi}(t)) \right\} \quad (6\text{-}9)$$

其中，$i=1,2,\cdots,m_b$，$b=1,2,\cdots,n$，$t=1,2,\cdots,g$。

步骤 11：计算单一系统运行风险的动态随机概率。将 DEMATEL 法（Fontela and Gabus，1976；Gabus and Fontela，1972，1973）的思想扩展至动态随机环境，引入反映风险因素影响力的动态随机中心度 $q_i^*(t)$ 作为等效权重，确定城市关键基础设施单一系统风险的动态随机概率 $p_b^*(t)$，其计算公式为

$$p_b^*(t) = \frac{\sum_{i=1}^{m_b}\left(q_i^*(t) \times p_i^{b*}(t)\right)}{\sum_{i=1}^{m_b} q_i^*(t)} \qquad (6\text{-}10)$$

其中，$b=1,2,\cdots,n$，$t=1,2,\cdots,g$。

步骤 12：计算多系统运行风险的动态随机概率。引入系统关联的动态随机影响系数 $e_{bc}^*(t)$，将 Two-Additive Choquet 积分算子（Grabisch，1997）扩展至动态随机环境来计算城市关键基础设施多系统运行风险的动态随机概率 $p^*(t)$，其计算公式为

$$p^*(t) = \sum_{b=1}^{n}\left(\frac{1}{n} - \frac{1}{2}\sum_{c=1}^{n}\left(e_{bc}^{*+}(t) + |e_{bc}^{*-}(t)|\right)\right)p_b^*(t) + \sum_{b=1}^{n}\sum_{c=b+1}^{n}\left(e_{bc}^{*+}(t) \times \min\{p_b^*(t), p_c^*(t)\}\right)$$
$$+ \sum_{b=1}^{n}\sum_{c=1}^{b-1}\left(|e_{bc}^{*-}(t)| \times \max\{p_b^*(t), p_c^*(t)\}\right)$$

$$(6\text{-}11)$$

其中，$\frac{1}{n} - \frac{1}{2}\sum_{c=1}^{n}\left(e_{bc}^{*+}(t) + |e_{bc}^{*-}(t)|\right) \geqslant 0$，$b,c=1,2,\cdots,n$，$t=1,2,\cdots,g$。

6.3 城市关键基础设施运行风险概率评估的典型应用研究

下面将以某样本区域为例开展城市关键基础设施运行风险概率评估的典型应用研究，以验证所构建运行风险概率评估两阶段模型的可行性和有效性。

6.3.1 运行风险概率评估的应用背景描述与信息采集

B 市是我国超大城市之一，常住人口的密集分布和外来人口的不断涌入，造成城市关键基础设施运行压力倍增、风险隐患更加凸显，一旦发生事故将会严重影响周边企业的正常运营和社会公众的日常生活。B 市政府也高度重视城市关键基础设施的运行安全，专门设置了城市管理委员会，并在制定的《B 市国民经济和社会发展第十三个五年规划纲要》中进一步明确提出"提高城市应急管理能力。坚持政府主导与社会参与相结合……提升巨灾条件下的能源、通信、交通、重要基础设施等保障能力和安全运行水平"。为落实规划执行、保障设施安全运行，

非常有必要开展考虑多重关联性和动态随机性的城市关键基础设施运行风险概率评估研究，研究结果将为相关管理部门决策者研判风险态势进而防范和化解风险提供重要决策依据。

典型应用研究选取 B 市的燃气系统（A_1）、电力系统（A_2）、供热系统（A_3）和交通系统（A_4）为研究对象，以 2018 年 1 月 1 日～2018 年 12 月 31 日为研究周期，设定季度作为时间节点，以研究对象所涉及系统事故/故障新闻报道、热线投诉举报情况通报等文本信息为风险信息来源。以"信息搜索与记录→信息有效性排查→有效信息聚类→风险因素提取与频次统计"为主线，系统风险信息获取的具体过程描述如下。

（1）利用网络爬虫技术，通过对象、时间和关键词（含事故、故障、维修、泄漏、停电、爆炸等）组合设定进行主流搜索引擎、监管部门官方网站、市政管理部门官方网站等相关风险事件搜索，并以时间、地点、人物、事件等为标签对搜索到的风险事件进行记录。

（2）对所记录的风险事件进行相似度分析，剔除相同风险事件，同时结合部门反馈剔除恶意投诉和不实举报，确定有效风险信息 109 条。

（3）以系统、时间以及表 5-1 所示的城市关键基础设施运行风险因素为依据对 109 条风险信息进行聚类，分为 12 个子类。

（4）将每个子类所涉及风险事件的文字描述与预先设置的城市关键基础设施运行风险因素词库进行比对分析，从中提取出导致本次事件发生的风险因素，并对所提取风险因素出现的频次进行统计，进而得出表 6-1 所示的研究周期各时间节点所涉及的系统内部风险因素及其发生次数。

表 6-1　各时间节点系统内部风险因素的发生次数

系统内部风险因素		时间节点			
		$t=1$	$t=2$	$t=3$	$t=4$
燃气系统（A_1）	管道失效（F_{11}）	3	2	1	0
	违章作业（F_{12}）	1	0	2	1
	管理漏洞（F_{13}）	2	2	1	1
电力系统（A_2）	设计缺陷（F_{21}）	1	2	8	1
	元件异常（F_{22}）	3	3	5	1
	外力破坏（F_{23}）	1	2	2	1
供热系统（A_3）	设备故障（F_{31}）	3	0	1	1
	管线老化（F_{32}）	3	0	0	5
	沟通分歧（F_{33}）	0	0	0	3
交通系统（A_4）	人为干扰（F_{41}）	3	11	7	7
	突发事故（F_{42}）	4	2	7	2
	气象灾害（F_{43}）	0	1	3	0

同时，邀请了科研机构和高等院校从事城市管理、风险管理、应急管理、设施运行管理等相关领域研究的科研骨干和知名学者以及相关政府职能部门处室管理人员、城市关键基础设施运营企业的高级工程师与一线技术骨干等业内人士形成专家组，针对系统关联对城市关键基础设施运行风险概率的影响效应给出区间数型判断信息，分别如表6-2~表6-5所示。

表6-2　专家组针对 $t=1$ 时间节点系统关联对运行风险概率影响效应给出的区间数型判断信息

系统	A_1	A_2	A_3	A_4
A_1	0	[2, 4]	[−5, −2]	[−3, −2]
A_2	[2, 4]	0	[−3, −1]	[−2, −1]
A_3	[−5, −2]	[−3, −1]	0	[−4, −2]
A_4	[−3, −2]	[−2, −1]	[−4, −2]	0

表6-3　专家组针对 $t=2$ 时间节点系统关联对运行风险概率影响效应给出的区间数型判断信息

系统	A_1	A_2	A_3	A_4
A_1	0	[1, 3]	[1, 4]	[1, 2]
A_2	[1, 3]	0	[2, 5]	[1, 2]
A_3	[1, 4]	[2, 5]	0	[0, 1]
A_4	[1, 2]	[1, 2]	[0, 1]	0

表6-4　专家组针对 $t=3$ 时间节点系统关联对运行风险概率影响效应给出的区间数型判断信息

系统	A_1	A_2	A_3	A_4
A_1	0	[2, 4]	[2, 5]	[1, 3]
A_2	[2, 4]	0	[1, 3]	[1, 2]
A_3	[2, 5]	[1, 3]	0	[0, 1]
A_4	[1, 3]	[1, 2]	[0, 1]	0

表6-5　专家组针对 $t=4$ 时间节点系统关联对运行风险概率影响效应给出的区间数型判断信息

系统	A_1	A_2	A_3	A_4
A_1	0	[3, 5]	[−3, −2]	[−2, −1]
A_2	[3, 5]	0	[−4, −1]	[1, 3]
A_3	[−3, −2]	[−4, −1]	0	[−5, −2]
A_4	[−2, −1]	[1, 3]	[−5, −2]	0

围绕系统内部和系统之间风险因素关联给出的区间数型判断信息，分别如

表 6-6～表 6-9 所示。需要说明的是,当任意时间节点某个系统内部某个风险因素的发生次数为 0 时,认为该时间节点内该风险因素消失,其与其他风险因素的关联信息均记为 0。

表 6-6 专家组针对 $t=1$ 时间节点系统内部和系统之间风险因素关联给出的区间数型判断信息

风险因素	F_{11}	F_{12}	F_{13}	F_{21}	F_{22}	F_{23}	F_{31}	F_{32}	F_{33}	F_{41}	F_{42}	F_{43}
F_{11}	0	[1, 3]	[3, 5]	[1, 2]	[8, 10]	[1, 2]	[8, 10]	[4, 6]	0	[1, 2]	[1, 2]	0
F_{12}	[6, 8]	0	[1, 2]	[4, 6]	[4, 6]	[4, 6]	[2, 5]	[2, 5]	0	[1, 3]	[1, 3]	0
F_{13}	[1, 2]	[1, 3]	0	[4, 6]	[1, 3]	[6, 8]	[4, 6]	[2, 5]	0	[2, 5]	[1, 3]	0
F_{21}	[2, 5]	[2, 5]	[2, 5]	0	[6, 8]	[4, 6]	[6, 8]	[4, 6]	0	[1, 3]	[1, 2]	0
F_{22}	[3, 5]	[3, 5]	[3, 5]	[1, 2]	0	[1, 2]	[6, 8]	[1, 3]	0	[1, 2]	[4, 6]	0
F_{23}	[4, 6]	[1, 2]	[1, 2]	[1, 2]	[4, 6]	0	[6, 8]	[1, 3]	0	[1, 2]	[3, 5]	0
F_{31}	[1, 2]	[3, 5]	[3, 5]	[1, 2]	[6, 8]	[1, 3]	0	[2, 5]	0	[1, 2]	[2, 5]	0
F_{32}	[1, 2]	[6, 8]	[6, 8]	[1, 2]	[3, 5]	[1, 2]	[3, 5]	0	0	[6, 8]	[2, 5]	0
F_{33}	0	0	0	0	0	0	0	0	0	0	0	0
F_{41}	[1, 2]	[3, 5]	[1, 2]	[1, 2]	[3, 5]	[1, 3]	[3, 5]	[1, 3]	0	0	[1, 2]	0
F_{42}	[4, 6]	[6, 8]	[2, 5]	[1, 3]	[8, 10]	[6, 8]	[6, 8]	[3, 5]	0	[1, 3]	0	0
F_{43}	0	0	0	0	0	0	0	0	0	0	0	0

表 6-7 专家组针对 $t=2$ 时间节点系统内部和系统之间风险因素关联给出的区间数型判断信息

风险因素	F_{11}	F_{12}	F_{13}	F_{21}	F_{22}	F_{23}	F_{31}	F_{32}	F_{33}	F_{41}	F_{42}	F_{43}
F_{11}	0	0	[4, 6]	[3, 5]	[8, 10]	[4, 6]	0	0	0	[4, 6]	[5, 8]	[0, 1]
F_{12}	0	0	0	0	0	0	0	0	0	0	0	0
F_{13}	[4, 6]	0	0	[5, 7]	[4, 6]	[4, 6]	0	0	0	[5, 7]	[1, 2]	[0, 1]
F_{21}	[4, 6]	0	[4, 6]	0	[5, 8]	[6, 9]	0	0	0	[3, 5]	[4, 6]	[0, 1]
F_{22}	[2, 4]	0	[1, 2]	[1, 2]	0	[1, 2]	0	0	0	[2, 4]	[5, 7]	[0, 1]
F_{23}	[4, 6]	0	[3, 5]	[6, 9]	[5, 8]	0	0	0	0	[1, 2]	[4, 6]	[0, 1]
F_{31}	0	0	0	0	0	0	0	0	0	0	0	0
F_{32}	0	0	0	0	0	0	0	0	0	0	0	0
F_{33}	0	0	0	0	0	0	0	0	0	0	0	0
F_{41}	[1, 3]	0	[1, 2]	[1, 2]	[4, 6]	[5, 8]	0	0	0	0	[2, 4]	[0, 1]
F_{42}	[6, 9]	0	[6, 9]	[2, 4]	[6, 9]	[5, 8]	0	0	0	[4, 6]	0	[0, 1]
F_{43}	[5, 7]	0	[1, 3]	[0, 2]	[6, 9]	[6, 9]	0	0	0	[6, 9]	[5, 8]	0

表 6-8　专家组针对 $t=3$ 时间节点系统内部和系统之间风险因素关联给出的区间数型判断信息

风险因素	F_{11}	F_{12}	F_{13}	F_{21}	F_{22}	F_{23}	F_{31}	F_{32}	F_{33}	F_{41}	F_{42}	F_{43}
F_{11}	0	[1, 2]	[1, 3]	[1, 2]	[5, 8]	[1, 2]	[1, 3]	0	0	[3, 5]	[6, 9]	[0, 1]
F_{12}	[4, 6]	0	[1, 2]	[5, 7]	[2, 5]	[4, 6]	[2, 5]	0	0	[1, 3]	[1, 3]	[0, 1]
F_{13}	[2, 5]	[1, 3]	0	[4, 6]	[4, 6]	[5, 7]	[4, 6]	0	0	[4, 6]	[1, 3]	[0, 1]
F_{21}	[3, 5]	[1, 3]	[4, 6]	0	[5, 8]	[6, 9]	[5, 8]	0	0	[3, 5]	[4, 6]	[0, 1]
F_{22}	[1, 3]	[1, 2]	[3, 5]	[1, 2]	0	[1, 2]	[6, 9]	0	0	[3, 5]	[5, 7]	[0, 1]
F_{23}	[1, 3]	[1, 2]	[4, 6]	[6, 9]	[5, 8]	0	[5, 8]	0	0	[1, 2]	[4, 6]	[0, 1]
F_{31}	[1, 2]	[1, 2]	[3, 5]	[1, 2]	[6, 8]	[1, 3]	0	0	0	[1, 2]	[3, 5]	[0, 1]
F_{32}	0	0	0	0	0	0	0	0	0	0	0	0
F_{33}	0	0	0	0	0	0	0	0	0	0	0	0
F_{41}	[1, 2]	[6, 8]	[4, 6]	[1, 2]	[3, 5]	[1, 3]	[3, 5]	0	0	0	[4, 6]	[0, 1]
F_{42}	[3, 5]	[6, 8]	[3, 5]	[1, 3]	[8, 10]	[6, 8]	[6, 8]	0	0	[4, 6]	0	[0, 1]
F_{43}	[4, 6]	[6, 9]	[1, 3]	[1, 2]	[6, 9]	[6, 9]	[6, 9]	0	0	[5, 8]	[4, 6]	0

表 6-9　专家组针对 $t=4$ 时间节点系统内部和系统之间风险因素关联给出的区间数型判断信息

风险因素	F_{11}	F_{12}	F_{13}	F_{21}	F_{22}	F_{23}	F_{31}	F_{32}	F_{33}	F_{41}	F_{42}	F_{43}
F_{11}	0	0	0	0	0	0	0	0	0	0	0	0
F_{12}	0	0	[1, 2]	[6, 8]	[4, 6]	[6, 8]	[6, 8]	[2, 5]	[0, 1]	[1, 3]	[1, 3]	0
F_{13}	0	[1, 3]	0	[2, 5]	[1, 3]	[6, 8]	[4, 6]	[1, 3]	[2, 5]	[2, 5]	[1, 3]	0
F_{21}	0	[1, 3]	[1, 3]	0	[6, 8]	[4, 6]	[6, 8]	[6, 8]	[0, 1]	[1, 3]	[1, 2]	0
F_{22}	0	[4, 6]	[4, 6]	[1, 2]	0	[1, 2]	[6, 8]	[1, 3]	[0, 1]	[4, 6]	[4, 6]	0
F_{23}	0	[1, 2]	[1, 2]	[1, 2]	[6, 8]	0	[7, 9]	[6, 8]	[1, 2]	[1, 2]	[1, 3]	0
F_{31}	0	[2, 5]	[2, 5]	[1, 2]	[6, 8]	[1, 3]	0	[2, 5]	[0, 1]	[4, 6]	[2, 5]	0
F_{32}	0	[4, 6]	[5, 8]	[1, 2]	[3, 5]	[1, 2]	[3, 5]	0	[0, 1]	[6, 8]	[2, 5]	0
F_{33}	0	[1, 3]	[2, 5]	[1, 2]	[0, 1]	[0, 1]	[0, 1]	[0, 1]	0	[4, 6]	[0, 1]	0
F_{41}	0	[6, 8]	[3, 5]	[1, 2]	[1, 2]	[1, 3]	[3, 5]	[1, 3]	[1, 3]	0	[4, 6]	0
F_{42}	0	[6, 8]	[1, 3]	[1, 3]	[8, 10]	[6, 8]	[6, 8]	[3, 5]	[1, 2]	[1, 3]	0	0
F_{43}	0	0	0	0	0	0	0	0	0	0	0	0

6.3.2　运行风险概率评估的主要结果

基于表 6-1～表 6-9 的信息，按照所给出城市关键基础设施运行风险概率评估两阶段模型的流程步骤，进行多重关联量化分析以及风险量化分析与集成，最终确定城市关键基础设施多系统运行风险的动态随机概率分别为：$p^*(1) = 0.217$，

$p^*(2) = 0.123$，$p^*(3) = 0.183$，$p^*(4) = 0.264$。从时间节点来研判，该地区的城市关键基础设施运行风险概率呈现出先短暂回落再持续上升的动态演化趋势，其中，第二季度为全年风险低发期，第四季度为全年风险高发期，也是考验城市关键基础设施运行风险防范和化解工作成效的重要时期。

为了更好地通过识别风险根源所在、诊断风险可控性来提升城市关键基础设施运行风险防范和化解工作成效，基于所给模型得到的动态随机中心度和动态随机关系度来绘制系统风险因素影响力与可控性的动态演化图（图 6-2），形状相同的符号为同一个时间节点的风险因素。通过对城市关键基础设施运行风险概率评估结果及系统风险因素影响力和可控性动态演化图的综合研判可以看出以下问题。

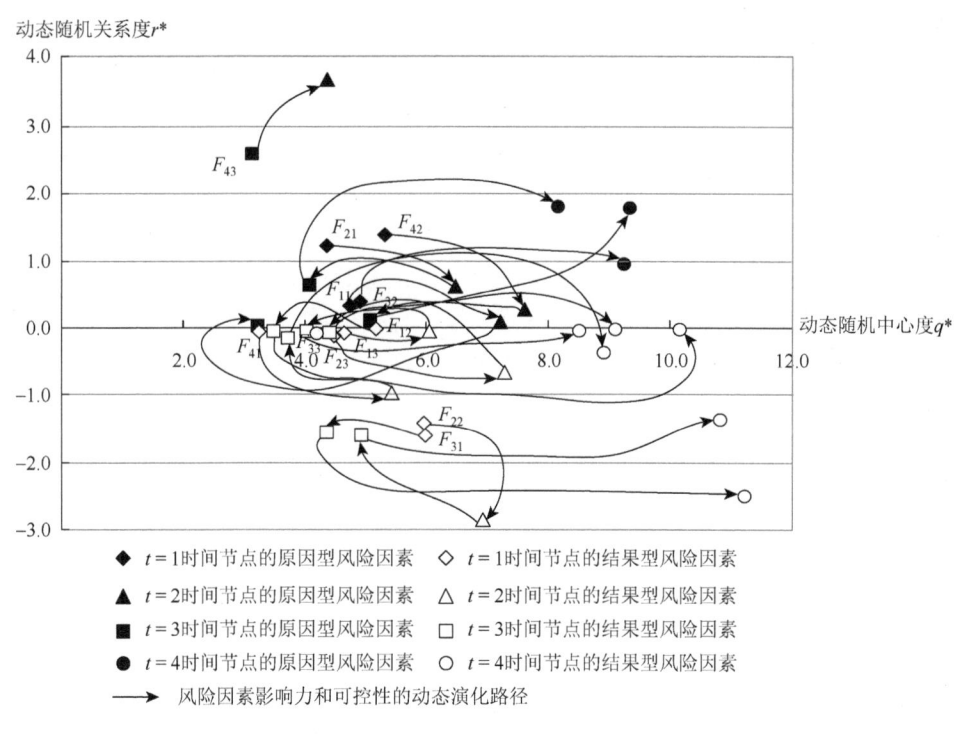

图 6-2 系统风险因素影响力与可控性的动态演化图

（1）每个风险因素的影响力随着时间推移而呈现出动态变化特征，表明不同时间节点风险根源各有不同。从图 6-2 可以看出，随着时间的推移，风险根源从供热系统的设备故障（F_{31}）演变为交通系统的突发事故（F_{42}），又逐渐演变为供热系统的设备故障（F_{31}）。

（2）每个风险因素的可控性程度随着时间推移而呈现出动态变化特征，但各个风险因素的类型并没有随着时间推移而发生根本性的转变，即风险因素的原因型或结果型归类始终不变。具体地，各系统风险因素的归类为：管道失效（F_{11}）、设计缺陷（F_{21}）、管线老化（F_{32}）、突发事故（F_{42}）、气象灾害（F_{43}）等为原因型风险因素，违章作业（F_{12}）、管理漏洞（F_{13}）、元件异常（F_{22}）、外力破坏（F_{23}）、设备故障（F_{31}）、沟通分歧（F_{33}）、人为干扰（F_{41}）等为结果型风险因素。

（3）个别风险因素随着时间推移而表现出周期性爆发的特征，需要强化应急性的风险防范和化解工作。例如，气象灾害（F_{43}）仅在 $t=2$ 和 $t=3$ 两个时间节点爆发，在 $t=1$ 和 $t=4$ 两个时间节点则未出现；管线老化（F_{32}）则在 $t=1$ 和 $t=4$ 两个时间节点问题比较突出，在 $t=2$ 和 $t=3$ 两个时间节点有所缓解。

6.3.3 关联情境与无关联情境下运行风险概率评估的对比分析

为了验证本章所给模型的有效性和优越性，假定一个无关联情境进行对比分析，即系统关联和风险关联均不涉及。需要说明的是，在该情境下，风险概率集成环节采用经典的算术平均算子分别进行单一系统风险集成和多系统风险集成。通过计算得出，假定情境下城市关键基础设施多系统运行风险动态随机概率的计算结果分别为：$p'^*(1)=0.200$，$p'^*(2)=0.149$，$p'^*(3)=0.213$，$p'^*(4)=0.248$。

从定性比对视角来看，本章情境（即考虑多重关联性和动态随机性的情境）与假定情境所采用不同方法得到的结论一致，均认为城市关键基础设施运行风险概率呈现出先短暂回落再持续上升的动态演化趋势，第二季度为全年风险低发期，第四季度为全年风险高发期；从定量比对视角来看，本章情境和假定情境所采用不同方法得到的各时间节点风险动态随机概率明显不同，各时间节点风险动态概率排序分别为：$p^*(4)>p^*(1)>p^*(3)>p^*(2)$ 和 $p'^*(4)>p'^*(3)>p'^*(1)>p'^*(2)$，其斯皮尔曼（Spearman）秩相关系数为 0.933，具有显著的相关性。综上可知，本章所给模型得到的计算结果与假定情境下的经典算术平均方法一样有效且计算结果可信。

同时，通过方法比对还可以发现本章所给模型在以下方面的优越性。

（1）与所研究问题的现实情况更贴近。本章所给模型充分考虑了现实中城市关键基础设施运行过程存在的系统关联和风险因素关联，并将两者叠加产生的多重关联性表征和动态随机性表征进行了相关多源异构信息的可靠获取与科学的量化处理，进而融入城市关键基础设施运行风险概率评估过程，确保对所研究问题刻画的全面性和准确性。

（2）得到的研究结论具有更高的应用价值。本章所给模型实现了系统关联动态随机信息、风险因素关联动态随机信息以及风险概率动态随机信息等多源异构信息的有效融合，不仅能够得到城市关键基础设施运行风险动态随机概率，还能够得到风险因素的动态随机中心度和动态随机关系度，使得评估结果具有更强的科学性和可解释性，为动态研判城市关键基础设施运行风险态势、准确识别风险根源所在、有效诊断风险可控性提供重要的技术支撑。

（3）能够更直观地展示研究结果。本章所给模型得到的系统风险因素影响力与可控性动态演化图有助于城市管理部门决策者对风险根源、风险可控性及其动态演化路径进行直观的分析与判断，能够为有效防范和化解风险提供必要的依据和指导。

6.3.4　基于运行风险概率评估结果的风险防范与化解建议

基于上述发现，建议将风险因素的影响力和可控性作为开展风险防范与化解工作的重要突破口。

（1）城市关键基础设施运行风险动态随机概率测算结果显示，除了第二季度全年风险低发期之外，其他三个季度特别是在全年风险高发期的第四季度，城市关键基础设施运行风险根源多与电力系统有关。因此，应对电力系统运行风险的防范和化解给予更高的关注，加大对设备运行有效性的定期排查与动态监测以及管理规范性的审查监督与问责。

（2）对于原因型风险因素，由于其较为活跃、可控性相对偏差，应强化事后响应的时效性和风险化解能力的提升。例如，针对燃气系统的管道失效（F_{11}），形成"系统运维热线受理→失效原因初步排查→维修方案自动生成→维修人员安排就位→维修方案现场实施→失效解决恢复正常→维修记录归档备用"各个响应环节的有效衔接，同时强化运维人才队伍建设，将专业技能培训和多场景模拟演练相结合，确保系统运行风险的快速响应与及时化解；针对老旧小区历史遗留的电力系统设计缺陷（F_{21}），可采取"发现一个、备案一个、整改一个"的方式，在系统运行过程中逐步化解风险。

（3）对于结果型风险因素，由于其较为敏感、可控性相对较强，应强化事前隐患排查的常态化和风险防范能力的提升。例如，针对供热系统的设备故障（F_{31}），做好非采暖季的错峰检修与维护，发现问题及时处理，最大限度地避免对系统高位运行时可能造成的不良影响；针对交通系统的人为干扰（F_{41}），做好流量管制信息的多渠道、多时段滚动发布，通过地图导航系统优化行驶路线来有序引导交通流量合理分布。

综上，针对城市关键基础设施运行风险概率评估问题，本章构建了考虑多重关联性和动态随机性的城市关键基础设施运行风险概率评估两阶段模型，并通过典型应用研究验证了所给模型的有效性和优越性。结果表明：①典型应用对象的城市关键基础设施运行风险概率呈现出先短暂回落再持续上升的季节性动态演化趋势；②各风险因素的影响力呈现出动态变化特征，不同时间节点需要重点防范和化解的风险根源各不相同；③风险因素的可控性程度呈现动态变化特征，但原因型或结果型归类保持不变；④个别风险因素表现出周期性爆发的特征。最后，基于典型应用结果给出了城市关键基础设施运行风险防范和化解的对策建议。

此外，本章在量化系统关联和风险关联叠加产生的多重关联性表征时，利用专家集体会商来获取初始关联信息，在最大化发挥专家经验优势的同时难免带有一定的主观性。因此，未来将重点考虑从复杂系统角度出发，深度挖掘系统关联机理和风险关联机理，并探索元胞自动机、机器学习、文本主题挖掘等技术的集成应用，形成主观专家判断与客观证据描述相结合的信息获取渠道，确保关联信息刻画的准确性和合理性，以便进一步提升城市关键基础设施运行风险概率评估过程的科学性和评估结果的准确性。

第 7 章 城市关键基础设施运行风险综合评估研究

通常情况下，风险被定义为可能性和后果的组合（Vrijling et al., 2004；Zio, 2016），此定义同样适用于以燃气、电力、供热、交通系统为代表的城市关键基础设施。城市关键基础设施是维系城市功能的重要基础设施，对其运行风险发生的可能性及造成后果的严重程度进行科学有效的综合评估已成为城市防灾减灾的重点（Applegate and Tien, 2019；Gehl et al., 2018；Khalil, 2016；索玮岚等, 2021），而城市关键基础设施运行涉及的多系统、多风险因素以及系统关联和风险因素关联叠加的典型特征，则使得城市关键基础设施运行风险综合评估工作面临更大的挑战（Heal and Kunreuther, 2007；Suo et al., 2019；索玮岚和陈锐, 2014b）。为此，本章首先阐述了城市关键基础设施运行风险综合评估问题的研究背景，然后提出了城市关键基础设施运行风险综合评估四阶段模型，并以某样本街区为例开展了典型应用研究以验证所构建模型的可行性与有效性。

7.1 城市关键基础设施运行风险综合评估问题的研究背景

在现实中，以燃气系统、电力系统、供热系统、交通系统为代表的城市关键基础设施的日常运行经常会受到诸多风险因素的影响（Hellström, 2007；Suo et al., 2019；Zio, 2016；索玮岚和陈锐, 2015），如随机失效（Ianaloo et al., 2016；Zio, 2016）、恐怖主义（Lian and Haimes, 2006；Zoli et al., 2018）、气候变化（Melvin et al., 2017；Mikellidou et al., 2018）、恶意攻击（Oakes et al., 2018；Ouyang, 2017）、自然灾害（Poljanšek et al., 2012；Yu et al., 2018）等，由此引发的事故不仅会破坏城市关键基础设施的运行秩序，还将严重影响公众社会生活的便利性和稳定性（Prezelj and Žiberna, 2013；Suo et al., 2019；Vrijling et al., 2004；周方等, 2018）。

如前所述，城市关键基础设施运行风险综合评估是一个需要考虑多系统（燃气系统、电力系统、供热系统、交通系统）、多风险因素（可归纳为自然、人为、内在三类）以及系统关联（Ouyang, 2014；Rinaldi et al., 2001）和风险因素关联（Heal and Kunreuther, 2007；Selva, 2013）叠加等典型特征的复杂问题。该问题不仅涉及系统关联和风险因素关联的量化分析，还涉及系统关联和风险因素关联叠加对城市关键基础设施运行风险综合评估过程与结果所产生影响的量化分析，分析过程中也面临着不同类型关联的差异化处理以及权重信息、关联信息与风险评估信息这三类不同内涵信息的有效融合等难点，迫切需要通过方法探索给予合理解决。

现有研究中，学者已经提出了一些考虑上述某些特征的城市关键基础设施运行风险评估方法，其中，大多数研究涉及了多系统和系统关联的典型特征。在这些研究中，一部分研究聚焦于广义风险，主要探索了一些混合型方法。例如，基于 Agent 建模和动态系统建模的风险评估方法（Brown et al.，2004）、不确定动态非正常投入产出模型（Barker and Haimes，2009）、风险度量方法和网络分析理论的"后果-时间-关联"风险评估模型（Prezelj and Žiberna，2013）、整合蒙特卡罗模拟的情境驱动型初步关联分析方法（Bloomfeld et al.，2018），以及考虑边权重和耦合强度的级联故障风险评估模型（王建伟等，2018）。另一部分研究则聚焦于特定风险，提出了多种混合型方法。例如，聚焦于恐怖主义风险的动态非正常投入产出模型（Lian and Haimes，2006）、聚焦于地震风险的网络分析和 GIS 技术的概率评估集成模型（Poljanšek et al.，2012），以及聚焦于水文气象风险的概率风险地图和里昂惕夫（Leontief）经济投入产出模型的集成方法（Thacker et al.，2018）。此外，还有一些研究涉及了多风险因素和风险因素关联的典型特征，如基于蒙特卡罗模拟、效用理论和层次分析法的电力系统暂态风险评估方法（刘文洋和游昌清，2015）、基于操作状态枚举的风险评估方法（刘雪飞等，2016）以及基于互信息理论的多风险因素下交通事故风险评估模型（王恩达和石京，2017）。

上述成果丰富了城市关键基础设施运行风险评估研究的方法库和模型库，为解决相关问题提供了可选择的工具和手段。然而，这些研究大多围绕某些典型特征进行方法与模型的探索，尚未综合考虑城市关键基础设施运行涉及的多系统、多风险因素以及系统关联和风险因素关联叠加的典型特征。若沿用已有方法或模型解决具有上述典型特征的城市关键基础设施运行风险综合评估问题将会直接影响风险评估结果的准确性，也不利于城市关键基础设施相关政府管理部门决策者和系统运营部门管理者联调联动从全局出发加强风险防范。基于此，本章提出一种由信息处理、关联分析、风险分析和风险态势研判构成的风险综合评估四阶段模型，为科学研判城市关键基础设施运行综合风险态势、准确识别风险根源并诊断各风险可控性、有效应对城市关键基础设施运行风险提供重要的方法支撑。

7.2　城市关键基础设施运行风险综合评估四阶段模型

7.2.1　城市关键基础设施运行风险综合评估问题描述

为便于分析，采用下列符号描述城市关键基础设施运行风险综合评估问题所涉及的集合和量。

第7章 城市关键基础设施运行风险综合评估研究

$A = \{A_1, A_2, \cdots, A_n\}$：城市关键基础设施系统集合，其中，$A_b$ 为第 b 个系统，$b \in \{1, 2, \cdots, n\}$。

$F = \{F_{b1}, F_{b2}, \cdots, F_{bm}\}$：城市关键基础设施运行风险因素集合，其中，$F_{bi}$ 为系统 A_b 内第 i 个风险因素，$i \in \{1, 2, \cdots, m\}$，$b \in \{1, 2, \cdots, n\}$。这里假设各个系统的风险因素个数相同。

$E = \{E_1, E_2, \cdots, E_c\}$：参与城市关键基础设施运行风险综合评估的专家集合，E_k 为第 k 个专家，$k = 1, 2, \cdots, c$。这里假设专家的权重相同。

$U^1 = \{U_0^1, U_1^1, \cdots, U_g^1\}$：权重与风险判定语言短语集合，用来判定城市关键基础设施系统权重、风险因素关联强度以及各系统在风险发生可能性和风险后果严重性的表现，其中，U_d^1 为第 d 个语言短语，$d = 0, 1, \cdots, g$。

$U^2 = \{U_0^2, U_1^2, \cdots, U_g^2\}$：系统关联判定语言短语集合，用来判定城市关键基础设施系统关联的类型和强度，其中，U_d^2 为第 d 个语言短语，$d = 0, 1, \cdots, g$。

$R = \{R_1, R_2, \cdots, R_p\}$：风险等级判定语言短语集合，用来判定城市关键基础设施运行风险等级，其中，R_h 为第 h 个语言短语，$h = 1, 2, \cdots, p$。

$W = (w_1, w_2, \cdots, w_n)$：城市关键基础设施系统权重向量，$w_b$ 为组织者给出的系统 A_b 的权重，$w_b \in U^1$，$b = 1, 2, \cdots, n$。

$Y_k = [y_{kbv}]_{n \times n}$：系统关联初始判断矩阵，$y_{kbv}$ 为专家 E_k 针对系统 A_b 与系统 A_v（$b \neq v$）的关联类型及强弱给出的判断信息，$y_{kbv} \in U^2$，$k = 1, 2, \cdots, c$，$b, v = 1, 2, \cdots, n$。这里不考虑系统自身的关联，即 $y_{kbb} = '/'$，$k = 1, 2, \cdots, c$，$b = 1, 2, \cdots, n$。

$Z_k^b = [z_{kij}^b]_{m \times m}$：城市关键基础设施系统 A_b 内部风险因素关联初始判断矩阵，其中，z_{kij}^b 为专家 E_k 针对系统 A_b 的运行风险因素 F_{bi} 对 F_{bj}（$i \neq j$）的直接影响程度给出的评价信息，$z_{kij}^b \in U^1$，$k = 1, 2, \cdots, c$，$b = 1, 2, \cdots, n$，$i, j = 1, 2, \cdots, m$。这里不考虑运行风险因素自身的关联，即 $z_{kii}^b = '—'$，$k = 1, 2, \cdots, c$，$i = 1, 2, \cdots, m$。

$Z_k^{bv} = [z_{kiq}^{bv}]_{m \times m}$：城市关键基础设施系统 A_b 与系统 A_v（$b \neq v$）之间风险因素关联初始判断矩阵，其中，z_{kiq}^{bv} 为专家 E_k 针对系统 A_b 的运行风险因素 F_{bi} 对系统 A_v 的运行风险因素 F_{vq} 的直接影响程度给出的评价信息，$z_{kiq}^{bv} \in U^1$，$k = 1, 2, \cdots, c$，$b, v = 1, 2, \cdots, n$，$i, q = 1, 2, \cdots, m$。

$L_k = [l_{kbi}]_{c \times m}$：风险发生可能性评估矩阵，$l_{kbi}$ 为专家 E_k 针对风险因素 F_{bi} 发生可能性给出的评估信息，$l_{kbi} \in U^1$，$k = 1, 2, \cdots, c$，$b = 1, 2, \cdots, n$，$i = 1, 2, \cdots, m$。

$S_k = [s_{kbi}]_{c \times m}$：风险后果严重性评估矩阵，$s_{kbi}$ 为专家 E_k 针对风险因素 F_{bi} 可能导致后果的严重程度给出的评估信息，$s_{kbi} \in U^1$，$k = 1, 2, \cdots, c$，$b = 1, 2, \cdots, n$，$i = 1, 2, \cdots, m$。

基于前面的论述，本章要解决的问题是根据已知的系统权重向量 $W = (w_1, w_2, \cdots, w_n)$、系统关联初始判断矩阵 $Y_k = [y_{kbv}]_{n \times n}$、系统内部风险因素关联初始判断矩阵 $Z_k^b = [z_{kij}^b]_{m \times m}$、系统之间风险因素关联初始判断矩阵 $Z_k^{bv} = [z_{kiq}^{bv}]_{m \times m}$ 以及风发生可能性评估矩阵 $L_k = [l_{kbi}]_{c \times m}$ 和风险后果严重性评估矩阵 $S_k = [s_{kbi}]_{c \times m}$，如何通过某种决策分析方法确定城市关键基础设施各系统及综合运行风险评估结果。

7.2.2 准备工作与解决方案

首先需要成立一个专业委员会，其主要职责涉及五个方面：一是确定评估对象，即明确需要研究的城市关键基础设施系统及其权重；二是确定城市关键基础设施每个系统的风险因素；三是设计调查问卷，以收集城市关键基础设施的系统关联信息、系统内部和系统之间风险因素的关联信息以及各系统风险因素在风险可能性和后果严重性两个方面的评估信息；四是邀请若干风险分析和基础设施管理领域的专家基于调查问卷提供专业判断；五是收集调查问卷，并根据要求剔除无效问卷。

随后，设计了一个解决方案，具体流程如图 7-1 所示，该方案将城市关键基

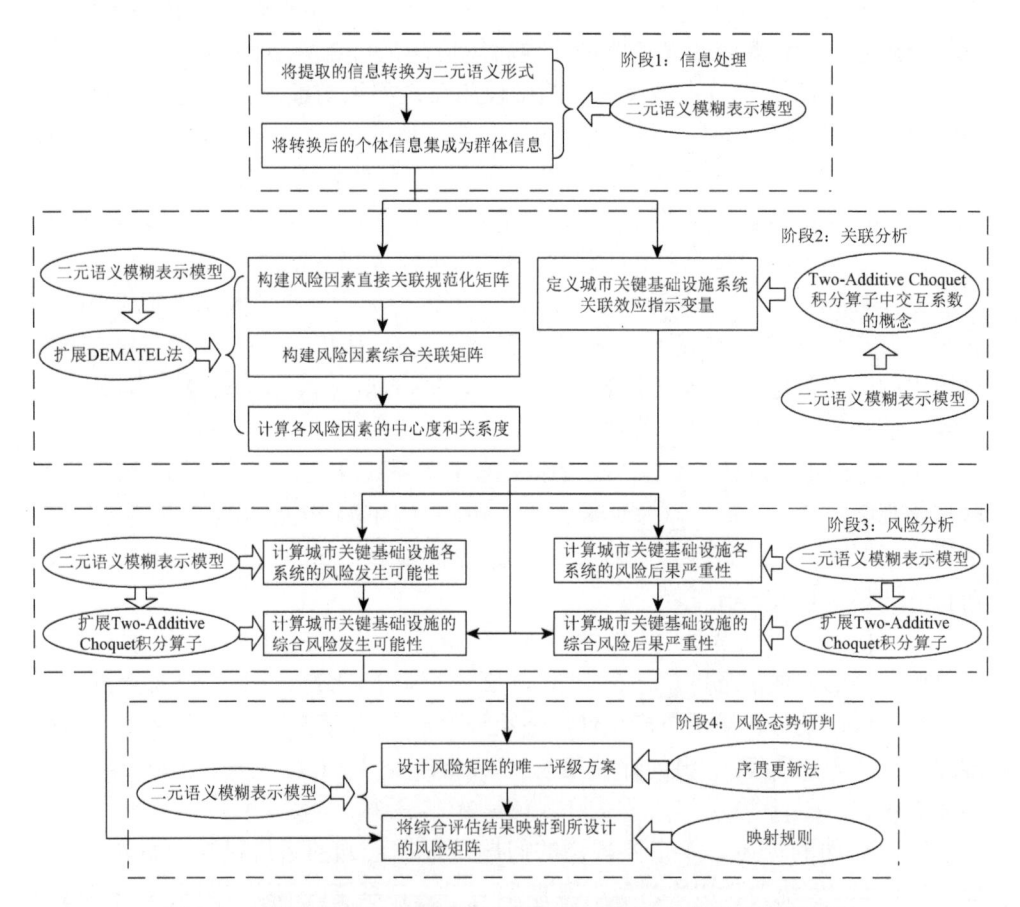

图 7-1 城市关键基础设施运行风险综合评估问题的解决方案流程图

础设施运行风险综合评估问题的解决过程划分为四个阶段,即信息处理、关联分析、风险分析和风险态势研判。各个阶段的核心工作描述如下。

1) 阶段 1:信息处理

在这一阶段,将 Herrera 和 Martínez(2000)提出的二元语义模糊表示模型用于信息处理,其有利于避免信息损失并确保信息可比性。这源于以连续范围而非离散范围的方式管理该模型中的语义信息,从而使得计算结果始终可以与初始论域中的语言短语完全匹配(Herrera and Martínez, 2000)。所收集的关联信息和风险评估信息均以矩阵形式表示,并使用二元语义转换函数将以上两种语言短语形式的信息和权重信息转换为二元语义形式(Herrera and Martínez, 2000)。随后,可以使用二元语义算术平均算子将转换后的个体信息进一步集成为群体信息(Herrera and Martínez, 2000)。由此,这些个体语言短语矩阵被转换为二元语义形式,并进一步集成为群体矩阵。

2) 阶段 2:关联分析

该阶段分别对城市关键基础设施系统关联和风险因素关联进行量化。为了定义城市关键基础设施的系统关联效应,引入了 Two-Additive Choquet 积分算子中交互系数的概念(Grabisch, 1997),其能够表征具有不同类型和强度的成对关联(Suo et al., 2019)。为了分析风险因素关联,将依托矩阵和图论来识别复杂关联性的 DEMATEL 法(Fontela and Gabus, 1976; Gabus and Fontela, 1972, 1973)进一步扩展到二元语义环境。在这个阶段,城市关键基础设施系统关联的变量定义和 DEMATEL 法的扩展都依托二元语义模糊表示模型的支持。

3) 阶段 3:风险分析

在该阶段考虑了风险分析的两个维度,即风险发生可能性和风险后果严重性。首先,通过引入风险因素关联来获得每个城市关键基础设施系统在这两个维度的评估信息。然后,通过引入系统关联来获得这两个维度的综合评估信息。为了实现风险集成,使用了二元语义加权平均算子(Herrera and Martínez, 2000),并且基于二元语义模糊表示模型,将在集成过程中用可加性代替单调性的 Two-Additive Choquet 积分算子扩展到二元语义环境(Suo et al., 2019)。

4) 阶段 4:风险态势研判

由于简单、直观的优点,风险矩阵已成为广泛使用的风险评估工具(Bao et al., 2019; Li et al., 2018)。在此阶段,采用由风险发生可能性和风险后果严重性两个维度构成的 $g \times g$ 风险矩阵来展示城市关键基础设施的综合风险态势。使用 Li 等(2018)提出的序贯更新法,将特定风险等级分配给每个编号的单元格。二元语义的连续性和可比性可用于支持风险矩阵设计与映射规则设置。由此,可以将有关风险发生可能性和风险后果严重性的综合评估信息映射到所设计的风险矩阵单元中,以确定城市关键基础设施的综合风险态势。

7.2.3 运行风险综合评估四阶段模型的具体计算步骤

基于图 7-1 所示问题解决方案流程图,给出城市关键基础设施运行风险综合评估四阶段模型的具体计算步骤如下。

步骤 1:将提取的信息转换为二元语义形式。由委员会确定的系统权重信息 w_b 以及从专家 E_k 提供的调查问卷中提取的系统关联信息 y_{bv}、系统内部风险因素关联信息 z_{kij}^b、系统之间风险因素关联信息 z_{kiq}^{bv}、风险发生可能性信息 l_{kbi} 和风险后果严重性信息 s_{kbi},均表现为语言短语形式。利用二元语义转换函数 θ(Herrera and Martínez,2000,2001),上述初始信息可以转换为二元语义形式,具体公式为

$$\theta : U^1 \rightarrow U^1 \times [-0.5, 0.5) \tag{7-1}$$

$$\tilde{w}_b = \theta(w_b) = (w_b, 0) \tag{7-2}$$

$$\tilde{z}_{kij}^b = \theta(z_{kij}^b) = (z_{kij}^b, 0) \tag{7-3}$$

$$\tilde{z}_{kiq}^{bv} = \theta(z_{kiq}^{bv}) = (z_{kiq}^{bv}, 0) \tag{7-4}$$

$$\tilde{l}_{kbi} = \theta(l_{kbi}) = (l_{kbi}, 0) \tag{7-5}$$

$$\tilde{s}_{kbi} = \theta(s_{kbi}) = (s_{kbi}, 0) \tag{7-6}$$

$$\theta : U^2 \rightarrow U^2 \times [-0.5, 0.5) \tag{7-7}$$

$$\tilde{y}_{kbv} = \theta(y_{kbv}) = (y_{kbv}, 0) \tag{7-8}$$

其中,$b, v = 1, 2, \cdots, n$,$k = 1, 2, \cdots, c$,$i, j, q = 1, 2, \cdots, m$。特别地,$\tilde{z}_{kii}^b$ 记为 '—',$\tilde{y}_{kbb}$ 记为 '/',$k = 1, 2, \cdots, c$,$i = 1, 2, \cdots, m$,$b = 1, 2, \cdots, n$。例如,根据式(7-1)和式(7-3),系统内部风险因素关联信息 $z_{kij}^b = H$ 可以转换为二元语义形式,即 $\tilde{z}_{kij}^b = \theta(z_{kij}^b) = (H, 0)$。由此,系统关联初始判断矩阵 $Y_k = [y_{kbv}]_{n \times n}$、系统内部风险因素关联初始判断矩阵 $Z_k^b = [z_{kij}^b]_{m \times m}$、系统之间风险因素关联初始判断矩阵 $Z_k^{bv} = [z_{kiq}^{bv}]_{m \times m}$ 以及风险发生可能性评估矩阵 $L_k = [l_{kbi}]_{c \times m}$ 和风险后果严重性评估矩阵 $S_k = [s_{kbi}]_{c \times m}$ 分别转换为二元语义形式的矩阵 $\tilde{Y}_k = [\tilde{y}_{kbv}]_{n \times n}$、$\tilde{Z}_k^b = [\tilde{z}_{kij}^b]_{m \times m}$、$\tilde{Z}_k^{bv} = [\tilde{z}_{kiq}^{bv}]_{m \times m}$、$\tilde{L}_k = [\tilde{l}_{kbi}]_{c \times m}$ 和 $\tilde{S}_k = [\tilde{s}_{kbi}]_{c \times m}$。

步骤 2:将转换后的个体信息集成为群体信息。利用二元语义算术平均算子(Herrera and Martínez,2000),将转换后的系统内部风险因素关联初始判断矩阵 $\tilde{Z}_k^b = [\tilde{z}_{kij}^b]_{m \times m}$ 和系统之间风险因素关联初始判断矩阵 $\tilde{Z}_k^{bv} = [\tilde{z}_{kiq}^{bv}]_{m \times m}$ 集成为风险因素直接关联群体矩阵 $\tilde{Z} = [\tilde{z}_{\phi\eta}]_{\lambda \times \lambda}$,计算公式为

第7章 城市关键基础设施运行风险综合评估研究

$$\tilde{z}_{\phi\eta} = (z_{\phi\eta}, \alpha_{\phi\eta}) = \begin{cases} \Delta\left(\dfrac{1}{c}\sum_{k=1}^{c}\Delta^{-1}(z_{kij}^{b},0)\right), & \phi,\eta \in \Omega_{1} \\ \Delta\left(\dfrac{1}{c}\sum_{k=1}^{c}\Delta^{-1}(z_{kiq}^{bv},0)\right), & \phi \in \Omega_{1}, \eta \in \Omega_{2} \text{ or } \phi \in \Omega_{2}, \eta \in \Omega_{1}, \end{cases}$$
(7-9)

其中，$z_{\phi\eta} \in U^{1}$，$\alpha_{\phi\eta} \in [-0.5, 0.5)$，$\phi, \eta = 1, 2, \cdots, \lambda$，$\lambda = n \times m$，$\Omega_{1} = \{(b-1) \times m + 1, (b-1) \times m + 2, \cdots, (b-1) \times m + m\}$，$\Omega_{2} = \{b \times m + 1, b \times m + 2, \cdots, b \times m + m\}$，$b, v = 1, 2, \cdots, n$ （$b \neq v$），$i, j, q = 1, 2, \cdots, m$ （$i \neq j$），$k = 1, 2, \cdots, c$，$\Delta(\bullet)$ 是将数值转换为二元语义的函数，$\Delta^{-1}(\bullet)$ 是 $\Delta(\bullet)$ 的逆函数（Herrera and Martínez, 2000, 2001）。特别地，将 $\tilde{z}_{\phi\phi}$ 记为 '—'，$\phi = 1, 2, \cdots, \lambda$。

利用二元语义算术平均算子（Herrera and Martínez, 2000），将转换后的系统关联初始判断矩阵 $\tilde{Y}_{k} = [\tilde{y}_{kbv}]_{n \times n}$ 集成为系统关联群体判断矩阵 $\tilde{Y} = [\tilde{y}_{bv}]_{n \times n}$，计算公式为

$$\tilde{y}_{bv} = (y_{bv}, \alpha'_{bv}) = \Delta\left(\dfrac{1}{c}\sum_{k=1}^{c}\Delta^{-1}(y_{kbv}, 0)\right)$$
(7-10)

其中，$y_{bv} \in U^{2}$，$\alpha'_{bv} \in [-0.5, 0.5)$，$b, v = 1, 2, \cdots, n$ （$b \neq v$），$k = 1, 2, \cdots, c$。特别地，将 $\tilde{y}_{bb}$ 记为 '/'，$b = 1, 2, \cdots, n$。

同样地，风险发生可能性群体评估矩阵 $\tilde{L} = [\tilde{l}_{bi}]_{c \times m}$ 和风险后果严重性群体评估矩阵 $\tilde{S} = [\tilde{s}_{bi}]_{c \times m}$ 也可以利用二元语义算术平均算子（Herrera and Martínez, 2000）得到，计算公式为

$$\tilde{l}_{bi} = (l_{bi}, \beta_{bi}) = \Delta\left(\dfrac{1}{c}\sum_{k=1}^{c}\Delta^{-1}(l_{kbi}, 0)\right)$$
(7-11)

$$\tilde{s}_{bi} = (s_{bi}, \beta'_{bi}) = \Delta\left(\dfrac{1}{c}\sum_{k=1}^{c}\Delta^{-1}(s_{kbi}, 0)\right)$$
(7-12)

其中，$l_{bi} \in U^{1}$，$\beta_{bi} \in [-0.5, 0.5)$，$s_{bi} \in U^{1}$，$\beta'_{bi} \in [-0.5, 0.5)$，$b = 1, 2, \cdots, n$，$i = 1, 2, \cdots, m$，$k = 1, 2, \cdots, c$。

步骤 3：构建风险因素直接关联规范化矩阵。对风险因素直接关联群体矩阵 $\tilde{Z} = [\tilde{z}_{\phi\eta}]_{\lambda \times \lambda}$ 进行规范化处理来构建直接关联规范化矩阵 $X = [x_{\phi\eta}]_{\lambda \times \lambda}$，计算公式为

$$x_{\phi\eta} = \begin{cases} \dfrac{\Delta^{-1}(z_{\phi\eta}, \alpha_{\phi\eta})}{\max\limits_{1 \leq \phi \leq \lambda}\left\{\sum_{\eta=1}^{\lambda}\left(\Delta^{-1}(z_{\phi\eta}, \alpha_{\phi\eta})\right)\right\}}, & \tilde{z}_{\phi\eta} \neq \text{'—'} \\ 0, & \tilde{z}_{\phi\eta} = \text{'—'} \end{cases}$$
(7-13)

其中，$0 \leq x_{\phi\eta} \leq 1$，$\max\limits_{1 \leq \phi \leq \lambda}\left\{\sum\limits_{\eta=1}^{\lambda}\left(\Delta^{-1}(z_{\phi\eta}, \alpha_{\phi\eta})\right)\right\} \neq 0$，$\phi, \eta = 1, 2, \cdots, \lambda$。根据经典 DEMATEL 法（Fontela and Gabus，1976；Gabus and Fontela，1972，1973）可知，直接关联规范化矩阵 X 类似于从吸收马尔可夫链矩阵得到的子随机矩阵（Goodman，1988；Papoulis and Pillai，2002），且满足：① $\lim\limits_{\tau \to \infty} X^\tau = O$；② $\lim\limits_{\tau \to \infty} (I + X + X^2 + \cdots + X^\tau) = (I - X)^{-1}$，其中，$O$ 为零矩阵，I 为恒等矩阵。

步骤 4：构建风险因素综合关联矩阵。根据上述性质来构建风险因素综合关联矩阵 $T = [t_{\phi\eta}]_{\lambda \times \lambda}$，其中，$t_{\phi\eta}$ 表示一个风险因素与另一个风险因素直接和间接关联的总和，可以通过矩阵减法、矩阵求逆和矩阵乘法运算得到，$\phi, \eta = 1, 2, \cdots, \lambda$，计算公式为

$$T = \lim_{\tau \to \infty}\left(X^1 + X^2 + \cdots + X^\tau\right) = X(I - X)^{-1} \tag{7-14}$$

步骤 5：计算各风险因素的中心度和关系度。将风险因素中心度记为 ρ_ϕ，可通过将风险因素 F_{bi} 对其他风险因素的综合关联之和与其他风险因素对风险因素 F_{bi} 的综合关联之和求加和得到，计算公式为

$$\rho_\phi = \sum_{\eta=1}^{\lambda} t_{\phi\eta} + \sum_{\eta=1}^{\lambda} t_{\eta\phi}, \quad \phi = 1, 2, \cdots, \lambda \tag{7-15}$$

其中，中心度 ρ_ϕ 表明相应风险因素在城市关键基础设施运行风险因素集合中所发挥影响力的大小，ρ_ϕ 数值越大表示相对应风险因素的影响力越强。城市关键基础设施系统的运营者和监管部门决策者应特别关注具有较高中心度值的风险因素，其是潜在的风险根源。中心度 ρ_ϕ 与风险因素 F_{bi} 之间的关系满足以下规则：① $b = \text{round}(\phi/m) + 1$，其中，$\text{round}(\bullet)$ 为取整函数；② $i = \phi - b \times m$。

将风险因素关系度记为 γ_ϕ，可通过将风险因素 F_{bi} 对其他风险因素的综合关联之和与其他风险因素对风险因素 F_{bi} 的综合关联之和求差值得到，计算公式为

$$\gamma_\phi = \sum_{\eta=1}^{\lambda} t_{\phi\eta} - \sum_{\eta=1}^{\lambda} t_{\eta\phi}, \quad \phi = 1, 2, \cdots, \lambda \tag{7-16}$$

其中，关系度 γ_ϕ 为确定风险因素 F_{bi} 可控性归类的指示指标。如果 $\gamma_\phi > 0$，则表明风险因素 F_{bi} 为原因型风险因素。如果 $\gamma_\phi < 0$，则表明风险因素 F_{bi} 为结果型风险因素。具体而言，原因型风险因素比较活跃，容易影响其他风险因素且难以控制；结果型风险因素比较敏感，容易受到其他风险因素的影响，通常可以通过一些针对性的措施加以控制。关系度 γ_ϕ 与风险因素 F_{bi} 之间的关系同样满足中心度 ρ_ϕ 相应的规则。

此外，以中心度 ρ 为横轴、关系度 γ 为纵轴绘制因果关系图，可以将风险因素的影响力排序和可控性归类进行可视化展示，有助于城市关键基础设施各系统的运营者和相关监管部门决策者直观地识别风险根源、诊断风险可控性。

第 7 章 城市关键基础设施运行风险综合评估研究

步骤 6：定义城市关键基础设施系统关联效应指示变量。基于 Two-Additive Choquet 积分算子中交互系数的概念（Grabisch，1997），分别定义指标变量 y_{bv}^+、y_{bv}^- 和 y_{bv}^0 来表示城市关键基础设施系统 A_b 和 A_v 之间的系统关联效应的互补效应、冗余效应和零效应。

（1）如果 $\tilde{y}_{bv}' >' (U_{g/2}^2, 0)$，则有

$$y_{bv}^+ = \frac{\Delta^{-1}(y_{bv}, \alpha_{bv}') - \Delta^{-1}(U_{g/2}^2, 0)}{\Delta^{-1}(U_{g/2}^2, 0)} \quad (7\text{-}17)$$

（2）如果 $\tilde{y}_{bv}' <' (U_{g/2}^2, 0)$，则有

$$y_{bv}^- = \frac{\Delta^{-1}(y_{bv}, \alpha_{bv}') - \Delta^{-1}(U_{g/2}^2, 0)}{\Delta^{-1}(U_{g/2}^2, 0)} \quad (7\text{-}18)$$

（3）如果 $\tilde{y}_{bv}' =' (U_{g/2}^2, 0)$ 或 $\tilde{y}_{bv} = '/'$，则有

$$y_{bv}^0 = 0 \quad (7\text{-}19)$$

其中，$b, v = 1, 2, \cdots, n$（$b \neq v$），$'>'$、$'<'$ 和 $'='$ 为二元语义比较符号，分别表示"大于"、"小于"和"等于"。具体地，$y_{bv}^+ > 0$ 表示城市关键基础设施系统 A_b 和 A_v 之间的系统关联效应可能会增加风险发生的可能性和风险后果的严重性，从而使城市关键基础设施面临更大的风险；$y_{bv}^- < 0$ 表示城市关键基础设施系统 A_b 和 A_v 之间的系统关联效应可能会降低风险发生的可能性和风险后果的严重性，从而使城市关键基础设施面临更小的风险；$y_{bv}^0 = 0$ 表示城市关键基础设施系统 A_b 和 A_v 之间的系统关联效应不会影响风险发生的可能性和风险后果的严重性，$b, v = 1, 2, \cdots, n$（$b \neq v$）。

步骤 7：计算城市关键基础设施各系统的风险发生可能性。引入风险因素中心度 ρ_ϕ 来反映风险因素关联对风险集成的影响，其含义与权重含义类似，$\phi = 1, 2, \cdots, \lambda$。由此，城市关键基础设施系统 A_b 的风险发生可能性 $\tilde{l}_b$ 可以通过二元语义加权平均算子获得（Herrera and Martínez，2000），计算公式为

$$\tilde{l}_b = (l_b, \beta_b) = \Delta \left(\frac{\sum_{i=1}^{m} \rho_i \left(\Delta^{-1}(l_{bi}, \beta_{bi}) \right)}{\sum_{i=1}^{m} \rho_i} \right) \quad (7\text{-}20)$$

其中，$l_b \in U^1$，$\beta_b \in [-0.5, 0.5)$，$b = 1, 2, \cdots, n$。

步骤 8：计算城市关键基础设施各系统的风险后果严重性。同样引入风险因素中心度 ρ_ϕ 来反映风险因素关联对风险集成的影响，$\phi = 1, 2, \cdots, \lambda$。由此，城市关键基础设施系统 A_b 的风险后果严重性 $\tilde{s}_b$ 可以通过二元语义加权平均算子获得（Herrera and Martínez，2000），计算公式为

$$\tilde{s}_b = (s_b, \beta_b') = \Delta\left(\frac{\sum_{i=1}^{m}\rho_i\left(\Delta^{-1}(s_{bi}, \beta_{bi}')\right)}{\sum_{i=1}^{m}\rho_i}\right) \tag{7-21}$$

其中，$s_b \in U^1$，$\beta_b' \in [-0.5, 0.5)$，$b = 1, 2, \cdots, n$。

步骤 9：计算城市关键基础设施运行的综合风险发生可能性。引入城市关键基础设施系统关联效应的指示变量来反映系统关联对风险集成的影响，由此，通过扩展 Two-Additive Choquet 积分算子来实现系统权重信息、系统关联信息和风险评估信息的综合集成，从而得到综合风险发生可能性 $\tilde{l}$，计算公式为

$$\tilde{l} = (l, \beta)$$
$$= \Delta\left(\frac{\sum_{b=1}^{n}\left[\left(\Delta^{-1}(w_b, 0) - 0.5 \times \sum_{v=1}^{n} g(y_{bv}^+ + |y_{bv}^-|)\right)\Delta^{-1}(l_b, \beta_b)\right] + \sum_{b=1}^{n}\sum_{v=b+1}^{n} g y_{bv}^+ \xi_{bv} + \sum_{b=1}^{n}\sum_{v=1}^{b-1} g |y_{bv}^-| \vartheta_{bv}}{\sum_{b=1}^{n}\Delta^{-1}(w_b, 0)}\right)$$

$$(7-22)$$

其中，$\Delta^{-1}(w_b, 0) - 0.5 \times \sum_{v=1}^{n} g(y_{bv}^+ + |y_{bv}^-|) \geq 0$，$\xi_{bv} = \Delta^{-1}\left(\min\{(l_b, \beta_b), (l_v, \beta_v)\}\right)$，$\vartheta_{bv} = \Delta^{-1}\left(\max\{(l_b, \beta_b), (l_v, \beta_v)\}\right)$，$b, v = 1, 2, \cdots, n$，$b \neq v$。

步骤 10：计算城市关键基础设施运行的综合风险后果严重性。同样引入城市关键基础设施系统关联效应的指示变量来反映系统关联对风险集成的影响，并通过扩展 Two-Additive Choquet 积分算子来实现系统权重信息、系统关联信息和风险评估信息的综合集成，从而得到综合风险后果严重性 $\tilde{s}$，计算公式为

$$\tilde{s} = (s, \beta')$$
$$= \Delta\left(\frac{\sum_{b=1}^{n}\left[\left(\Delta^{-1}(w_b, 0) - 0.5 \times \sum_{v=1}^{n} g(y_{bv}^+ + |y_{bv}^-|)\right)\Delta^{-1}(s_b, \beta_b')\right] + \sum_{b=1}^{n}\sum_{v=b+1}^{n} g y_{bv}^+ \xi_{bv}' + \sum_{b=1}^{n}\sum_{v=1}^{b-1} g |y_{bv}^-| \vartheta_{bv}'}{\sum_{b=1}^{n}\Delta^{-1}(w_b, 0)}\right)$$

$$(7-23)$$

其中，$\Delta^{-1}(w_b, 0) - 0.5 \times \sum_{v=1}^{n} g(y_{bv}^+ + |y_{bv}^-|) \geq 0$，$\xi_{bv}' = \Delta^{-1}\left(\min\{(s_b, \beta_b'), (s_v, \beta_v')\}\right)$，$\vartheta_{bv}' = \Delta^{-1}\left(\max\{(s_b, \beta_b'), (s_v, \beta_v')\}\right)$，$b, v = 1, 2, \cdots, n$，$b \neq v$。

步骤 11：设计风险矩阵的唯一评级方案。利用 Li 等（2018）提出的序贯更新方法，设计了一个 $g \times g$ 的风险矩阵评级方案，使用三个原则（即调整后的弱一致性、一致的内部性和连续筛选）来表征该评级方案的唯一性，并使用全局评级算法来创建满足上述三个原理的设计方案。当单元格比较阈值 $\varepsilon(0.5 < \varepsilon < 1)$ 确定时，风险矩

阵（图 7-2）中编号从 1 到 g^2 的每个单元格将被分配唯一的风险等级，并用相应的颜色表示，而颜色个数等于风险等级判定语言短语集合 R 中风险等级的个数。

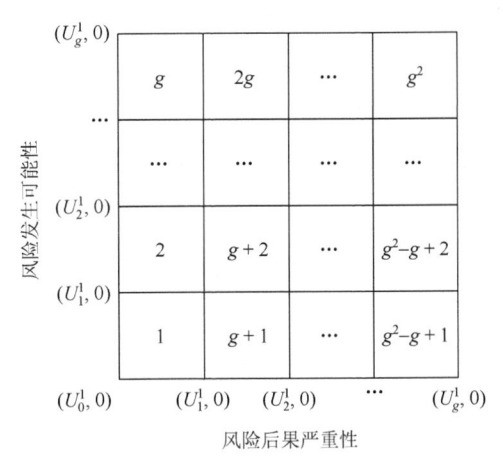

图 7-2　单元格编号从 1 到 g^2 的 $g \times g$ 风险矩阵

步骤 12：将综合评估结果映射到所设计的风险矩阵。基于设计的风险矩阵设置若干条映射规则，将风险发生可能性和风险后果严重性的综合评估结果映射到相应的单元格中，来确定城市关键基础设施运行的综合风险态势。

7.3　城市关键基础设施运行风险综合评估的典型应用研究

下面将以某样本街区为例开展城市关键基础设施运行风险综合评估的典型应用研究，以验证所构建运行风险综合评估四阶段模型的可行性和有效性。

7.3.1　运行风险综合评估的应用背景描述与前期工作

为了实现将北京建设成为世界一流城市的战略目标，××新城已成为新城建设计划的重点。根据"××新城规划（2005—2020 年）"的发展定位，该新城基础设施建设和运营的重点工作是整合资本投资和政策优惠等各类资源。样本街区位于××新城的中心区域，被定位为综合服务中心。该街区规划用地面积为 268hm^2，规划居住人口控制在 3.6 万人以下。为了满足居民生活和商业发展的要求，上述规划中涉及了一个 110kV 变电站、一处公交枢纽站、一个天然气高压调压站以及一定数量的换热站。随着人口激增和城市化快速发展的需求日益增长，该街区现有城市关键基础设施的运行压力与日俱增，风险不断增加。因此，风险应对已迫在眉睫。需要注意的是，通过风险评估来准确明晰综合风险态势和风险根源是风险应对的前提。然而，复杂关联情境的存在加大了城市关键基础设施运行风险综合评估工作的难度，使其更具有挑战性，而给出解决此问题的科学方案已成为相关部门关注的焦点。

为便于开展城市关键基础设施运行风险综合评估工作，成立了一个专业委员会，委员会成员通过相互协商来达成共识。首先，根据该街区的城市关键基础设施规划，选择四个城市关键基础设施系统作为风险评估对象，即燃气系统（A_1）、电力系统（A_2）、供热系统（A_3）和交通系统（A_4）。图 7-3 显示了样本街区内与这四个城市关键基础设施系统相关的主要设施和管线的布局。

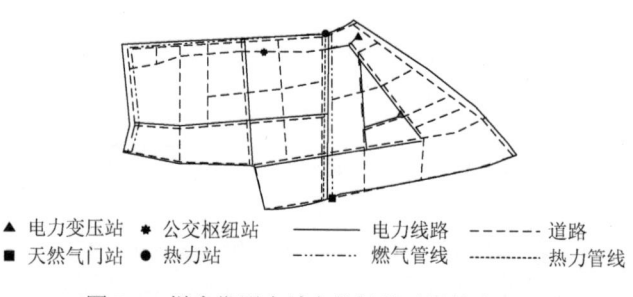

▲ 电力变压站　★ 公交枢纽站　——— 电力线路　------ 道路
■ 天然气门站　● 热力站　　-·-·-·- 燃气管线　········ 热力管线

图 7-3　样本街区内城市关键基础设施布局图

然后，以表 5-1 所示的 12 种城市关键基础设施运行风险因素为依据进行调查问卷的设计，权重与风险判定语言短语集合 U^1 用来判定城市关键基础设施系统权重、风险因素关联强度以及各系统在风险发生可能性和风险后果严重性的表现，$U^1 = \{U^1_0: \text{VL （很低）}, U^1_1: \text{L （低）}, U^1_2: \text{M （中等）}, U^1_3: \text{H （高）}, U^1_4: \text{VH （很高）}\}$，系统关联判定语言短语集合 U^2 用来判定城市关键基础设施系统关联的类型和强度，$U^2 = \{U^2_0: \text{SC （强冗余）}, U^2_1: \text{WC （弱冗余）}, U^2_2: \text{MI （相互独立）}, U^2_3: \text{WD （弱互补）}, U^2_4: \text{SD （强互补）}\}$，城市关键基础设施系统权重由委员会以重要性相同设置为"VH: 很高"。同时，使用风险等级判定语言短语集合 R 判定城市关键基础设施运行风险等级。根据现实需求，预先定义了五个风险等级，以代表不同的风险态势。表 7-1 列出了集合 R 的语言标度及相应的风险态势描述。

表 7-1　集合 R 的语言标度及相应的风险态势描述

变量	语言变量	风险态势描述
R_1	Ⅰ：常规状态	低风险（对于城市关键基础设施的影响可忽略不计）：应按照常规流程密切监控城市关键基础设施的运行风险态势
R_2	Ⅱ：警备状态	中等风险（导致城市关键基础设施出现局部故障）：城市关键基础设施的综合风险态势应反馈给相关的系统运营者，应开展原因识别以提供有针对性的修复方案
R_3	Ⅲ：威胁状态	潜在的重大风险（严重破坏城市关键基础设施）：应该要分配给运营者和区域政府的资源进行整合来支持城市关键基础设施恢复正常，且需要启动应急计划来防止情况失控

续表

变量	语言变量	风险态势描述
R_4	Ⅳ：危急状态	潜在的特大风险（对城市关键基础设施造成巨大破坏）；需要在市政府监督部门的指导下，立即采取行动为救援活动和基础设施重建提供必要的应急服务
R_5	Ⅴ：极端状态	潜在的灾难性风险（对城市关键基础设施造成毁灭性的破坏）；应及时将评估结果上报给国务院监管部门，并根据高级别应急预案统一分配和管理分布在多个地区和多个部门的资源

随后，邀请相关领域的五位专家通过调查问卷提供专业的判定信息，并从收集的问卷中提取出各位专家提供的系统内部风险因素关联信息、系统之间风险因素关联信息、系统关联信息、风险发生可能性信息和风险后果严重性信息。

7.3.2 运行风险综合评估的过程与主要结果

根据所给模型的四个求解阶段，详细说明典型应用的评估过程与主要结果。

1. 阶段1：信息处理

首先，利用式（7-1）~式（7-8）将语言短语形式的城市关键基础设施系统权重信息和调查问卷中提取的专家判定信息转换为二元语义形式。例如，系统权重信息 $w_1 = \text{VH}$ 转换为二元语义的形式，即 $\tilde{w}_1 = \theta(\text{VH}) = (\text{VH}, 0)$。

其次，利用式（7-9），将五位专家提供的转换后系统内部风险因素关联初始判断矩阵 $\tilde{Z}_k^1, \tilde{Z}_k^2, \tilde{Z}_k^3, \tilde{Z}_k^4$（$k=1,2,\cdots,5$）和系统之间风险因素关联初始判断矩阵 $\tilde{Z}_k^{12}, \tilde{Z}_k^{13}, \tilde{Z}_k^{14}, \tilde{Z}_k^{21}, \tilde{Z}_k^{23}, \tilde{Z}_k^{24}, \tilde{Z}_k^{31}, \tilde{Z}_k^{32}, \tilde{Z}_k^{34}, \tilde{Z}_k^{41}, \tilde{Z}_k^{42}, \tilde{Z}_k^{43}$（$k=1,2,\cdots,5$）集成为风险因素直接关联群体矩阵 $\tilde{Z}$。

$$\tilde{Z} = \begin{bmatrix}
- & (\text{VH},0) & (\text{VH},-0.40) & (\text{M},0) & (\text{M},0) & (\text{L},0) & (\text{H},0.20) & (\text{M},0) & (\text{L},0) & (\text{L},0) & (\text{H},0) & (\text{M},0) \\
(\text{M},0) & - & (\text{VH},0) & (\text{VH},-0.40) & (\text{M},0) & (\text{M},0) & (\text{H},0.20) & (\text{M},0) & (\text{H},0) & (\text{M},0) & (\text{L},0) & (\text{L},0) \\
(\text{M},0) & (\text{H},0.20) & - & (\text{M},0.40) & (\text{M},0) & (\text{H},0.20) & (\text{M},0) & (\text{VH},-0.20) & (\text{M},0) & (\text{M},0) & (\text{M},0) & (\text{L},-0.20) \\
(\text{M},0) & (\text{VH},-0.20) & (\text{VH},-0.20) & - & (\text{M},0) & (\text{L},0) & (\text{M},0) & (\text{M},0) & (\text{L},0) & (\text{H},-0.40) & (\text{H},0) & (\text{M},0) \\
(\text{M},0) & (\text{VL},0) & (\text{VL},0) & (\text{L},0.40) & (\text{H},-0.40) & - & (\text{VH},0) & (\text{M},0) & (\text{M},0) & (\text{VH},0) & (\text{M},0) & (\text{VL},0) \\
(\text{VL},0.40) & (\text{VL},0.40) & (\text{M},0) & (\text{M},0) & (\text{M},0) & - & (\text{M},0) & (\text{M},0) & (\text{VL},0) & (\text{M},0) & (\text{M},0) & (\text{VL},0.40) \\
(\text{L},0.20) & (\text{L},0.20) & (\text{M},-0.20) & (\text{H},0.20) & (\text{M},0) & (\text{M},0) & - & (\text{M},0) & (\text{L},0) & (\text{M},0) & (\text{M},0) & (\text{M},0) \\
(\text{VL},0) & (\text{M},0.40) & (\text{M},0.40) & (\text{L},0.20) & (\text{M},0) & (\text{M},0) & (\text{M},0) & - & (\text{M},0) & (\text{H},-0.40) & (\text{VH},-0.20) & (\text{M},0) \\
(\text{L},0) & (\text{VH},0) & (\text{M},0) & (\text{H},-0.40) & (\text{L},0) & (\text{M},0) & (\text{M},0) & (\text{M},0) & - & (\text{M},0) & (\text{M},0) & (\text{M},0) \\
(\text{L},0) & (\text{H},0) & (\text{M},0.20) & (\text{H},0.20) & (\text{M},0) & (\text{VH},-0.20) & (\text{VH},0) & (\text{L},0.20) & (\text{M},0) & - & (\text{H},-0.40) & (\text{VL},0) \\
(\text{M},0) & (\text{H},0) & (\text{M},0) & (\text{H},0) & (\text{M},0) & (\text{M},0) & (\text{VH},0) & (\text{M},0) & (\text{M},0) & (\text{M},0) & - & (\text{VL},0) \\
(\text{VH},0) & (\text{VH},-0.20) & (\text{M},0) & (\text{M},0) & (\text{VH},-0.20) & (\text{M},0) & (\text{H},0.20) & (\text{M},0) & (\text{M},0) & (\text{M},0) & (\text{M},0) & -
\end{bmatrix}$$

然后，利用式（7-10），将转换后的系统关联初始判断矩阵 $\tilde{Y}_k$（$k=1,2,\cdots,5$）集成为系统关联群体判断矩阵 $\tilde{Y}$。

$$\tilde{Y} = \begin{bmatrix} / & (\text{LR}, -0.20) & (\text{MI}, 0.20) & (\text{MI}, 0.20) \\ (\text{LR}, -0.20) & / & (\text{LR}, 0) & (\text{MI}, 0.40) \\ (\text{MI}, 0.20) & (\text{LR}, 0) & / & (\text{MI}, 0.20) \\ (\text{MI}, 0.20) & (\text{MI}, 0.40) & (\text{MI}, 0.20) & / \end{bmatrix}$$

最后，分别利用式（7-11）和式（7-12），将转换后的风险发生可能性评估矩阵 $\tilde{L}_k$（$k=1,2,\cdots,5$）集成为风险发生可能性群体评估矩阵 $\tilde{L}$，将转换后的风险后果严重性评估矩阵 $\tilde{S}_k$（$k=1,2,\cdots,5$）集成为风险后果严重性群体评估矩阵 $\tilde{S}$。

$$\tilde{L} = \begin{bmatrix} (\text{M}, -0.20) & (\text{H}, 0.20) & (\text{M}, -0.20) \\ (\text{M}, 0.40) & (\text{H}, -0.40) & (\text{M}, 0.20) \\ (\text{L}, 0.20) & (\text{M}, -0.40) & (\text{M}, 0.20) \\ (\text{L}, 0.40) & (\text{M}, 0.40) & (\text{L}, -0.20) \end{bmatrix},$$

$$\tilde{S} = \begin{bmatrix} (\text{M}, 0) & (\text{H}, -0.20) & (\text{M}, -0.40) \\ (\text{M}, 0) & (\text{H}, -0.20) & (\text{M}, 0.20) \\ (\text{M}, 0.20) & (\text{VL}, 0.20) & (\text{M}, 0.20) \\ (\text{M}, -0.20) & (\text{M}, 0) & (\text{M}, -0.20) \end{bmatrix}$$

2. 阶段 2：关联分析

首先，基于对风险因素直接关联群体矩阵 $\tilde{Z}$ 的规范化处理，利用式（7-13）来构建风险因素直接关联规范化矩阵 X。

$$X = \begin{bmatrix} 0.00 & 0.13 & 0.11 & 0.06 & 0.06 & 0.03 & 0.10 & 0.06 & 0.03 & 0.03 & 0.09 & 0.06 \\ 0.06 & 0.00 & 0.13 & 0.11 & 0.13 & 0.06 & 0.10 & 0.06 & 0.06 & 0.06 & 0.03 & 0.03 \\ 0.06 & 0.10 & 0.00 & 0.08 & 0.06 & 0.10 & 0.06 & 0.12 & 0.06 & 0.06 & 0.06 & 0.03 \\ 0.06 & 0.12 & 0.12 & 0.00 & 0.13 & 0.03 & 0.06 & 0.06 & 0.03 & 0.08 & 0.11 & 0.06 \\ 0.00 & 0.00 & 0.04 & 0.08 & 0.00 & 0.13 & 0.06 & 0.09 & 0.13 & 0.13 & 0.06 & 0.00 \\ 0.01 & 0.01 & 0.06 & 0.06 & 0.13 & 0.00 & 0.06 & 0.06 & 0.06 & 0.06 & 0.06 & 0.01 \\ 0.04 & 0.04 & 0.06 & 0.09 & 0.10 & 0.06 & 0.00 & 0.03 & 0.03 & 0.06 & 0.06 & 0.00 \\ 0.00 & 0.08 & 0.08 & 0.06 & 0.04 & 0.06 & 0.06 & 0.00 & 0.06 & 0.05 & 0.12 & 0.00 \\ 0.03 & 0.13 & 0.06 & 0.08 & 0.09 & 0.13 & 0.09 & 0.06 & 0.00 & 0.06 & 0.06 & 0.03 \\ 0.03 & 0.09 & 0.04 & 0.06 & 0.10 & 0.06 & 0.12 & 0.12 & 0.04 & 0.00 & 0.08 & 0.09 \\ 0.06 & 0.09 & 0.04 & 0.09 & 0.13 & 0.06 & 0.09 & 0.13 & 0.03 & 0.06 & 0.00 & 0.00 \\ 0.13 & 0.13 & 0.06 & 0.08 & 0.12 & 0.09 & 0.10 & 0.06 & 0.09 & 0.06 & 0.09 & 0.00 \end{bmatrix}$$

然后，基于风险因素直接关联规范化矩阵 X 的性质，利用式（7-14）来构建风险因素直接关联综合矩阵 T。

$$T=\begin{bmatrix} 0.13 & 0.35 & 0.33 & 0.30 & 0.37 & 0.26 & 0.34 & 0.30 & 0.20 & 0.25 & 0.30 & 0.12 \\ 0.19 & 0.24 & 0.35 & 0.36 & 0.45 & 0.31 & 0.35 & 0.32 & 0.23 & 0.29 & 0.26 & 0.10 \\ 0.18 & 0.33 & 0.22 & 0.31 & 0.38 & 0.33 & 0.31 & 0.35 & 0.22 & 0.28 & 0.28 & 0.09 \\ 0.20 & 0.37 & 0.36 & 0.27 & 0.46 & 0.29 & 0.34 & 0.34 & 0.22 & 0.32 & 0.34 & 0.13 \\ 0.10 & 0.20 & 0.23 & 0.28 & 0.28 & 0.32 & 0.28 & 0.31 & 0.25 & 0.31 & 0.26 & 0.05 \\ 0.10 & 0.17 & 0.21 & 0.23 & 0.33 & 0.17 & 0.23 & 0.23 & 0.12 & 0.22 & 0.21 & 0.05 \\ 0.12 & 0.20 & 0.22 & 0.26 & 0.33 & 0.23 & 0.18 & 0.21 & 0.15 & 0.22 & 0.22 & 0.05 \\ 0.10 & 0.26 & 0.25 & 0.24 & 0.38 & 0.26 & 0.27 & 0.27 & 0.14 & 0.24 & 0.29 & 0.05 \\ 0.16 & 0.35 & 0.29 & 0.33 & 0.42 & 0.36 & 0.34 & 0.25 & 0.23 & 0.29 & 0.28 & 0.09 \\ 0.14 & 0.30 & 0.22 & 0.29 & 0.39 & 0.28 & 0.34 & 0.34 & 0.19 & 0.29 & 0.20 & 0.06 \\ 0.18 & 0.31 & 0.26 & 0.33 & 0.43 & 0.29 & 0.33 & 0.36 & 0.19 & 0.22 & 0.27 & 0.06 \\ 0.27 & 0.40 & 0.34 & 0.37 & 0.50 & 0.35 & 0.40 & 0.36 & 0.29 & 0.33 & 0.36 & 0.08 \end{bmatrix}$$

最后，利用式（7-15）和式（7-16）分别计算每个风险因素的中心度 ρ_ϕ 和关系度 γ_ϕ，结果如表 7-2 所示。由此可以根据中心度和关系度的计算结果来确定这些风险因素的影响力排序和可控性归类。

表 7-2 各风险因素中心度和关系度的计算结果

风险因素	中心度	关系度
F_{11}	5.14	1.40
F_{12}	6.92	−0.03
F_{13}	6.57	−0.02
F_{21}	7.18	0.07
F_{22}	7.58	−1.84
F_{23}	5.68	−1.19
F_{31}	6.10	−1.32
F_{32}	7.00	−0.26
F_{33}	5.11	0.24
F_{41}	6.46	0.02
F_{42}	6.36	−0.19
F_{43}	4.97	3.13

3. 阶段 3：风险分析

首先，基于系统关联群体判断矩阵 $\tilde{Y}$，利用式（7-17）～式（7-19）来定义城市关键基础设施系统关联效应的指示变量，即 $y_{13}^+ = y_{31}^+ = 0.10$，$y_{14}^+ = y_{41}^+ = 0.10$，

$y_{24}^+ = y_{42}^+ = 0.20$，$y_{34}^+ = y_{43}^+ = 0.10$，$y_{12}^- = y_{21}^- = -0.60$，$y_{23}^- = y_{32}^- = -0.50$，$y_{11}^0 = y_{22}^0 = y_{33}^0 = y_{44}^0 = 0$。

然后，将风险因素中心度引入风险评估过程，利用式（7-20）和式（7-21）分别计算城市关键基础设施各系统的风险发生可能性和风险后果严重性，即 $\tilde{l}_1 = (M, 0.32)$，$\tilde{s}_1 = (M, 0.16)$，$\tilde{l}_2 = (M, 0.42)$，$\tilde{s}_2 = (M, 0.35)$，$\tilde{l}_3 = (M, -0.30)$，$\tilde{s}_3 = (M, -0.36)$，$\tilde{l}_4 = (M, -0.40)$，$\tilde{s}_4 = (M, -0.20)$。

最后，将城市关键基础设施系统关联引入风险评估过程，利用式（7-22）和式（7-23）分别计算城市关键基础设施的综合风险发生可能性和综合风险后果严重性，即 $\tilde{l} = (M, 0.03)$，$\tilde{s} = (M, 0.03)$。

4. 阶段4：风险态势研判

在本应用研究中，专业委员会将单元格比较阈值确定为0.83，利用Li等(2018)提出的序贯更新方法将风险矩阵的两个维度平分为五个等级，即(VL, 0)、(L, 0)、(M, 0)、(H, 0)和(VH, 0)，并将风险等级的五个等级（缩写为Ⅰ、Ⅱ、Ⅲ、Ⅳ和Ⅴ）分配给4×4风险矩阵中的不同单元。根据下列映射规则可以将综合风险发生可能性 $\tilde{l}$ 和综合风险后果严重性 $\tilde{s}$ 映射到所设计的风险矩阵单元中，以确定城市关键基础设施运行的综合风险态势。

映射规则：如果 $\tilde{l}$ 和 $\tilde{s}$ 大于特定单元格的下限且小于特定单元格的上限，则

（1）如果特定单元格编号为1、2、3、4、5、6、9或13，则风险态势为"Ⅰ：常规状态"；

（2）如果特定单元格编号为7或10，则风险态势为"Ⅱ：警备状态"；

（3）如果特定单元格编号为8、11或14，则风险态势为"Ⅲ：威胁状态"；

（4）如果特定单元格编号为12或15，则风险态势为"Ⅳ：危急状态"；

（5）如果特定单元格为16，则风险态势为"Ⅴ：极端状态"。

图7-4简要地展示了城市关键基础设施运行综合风险态势的研判过程。上述典型应用研究得到的计算结果显示，综合风险发生可能性 $\tilde{l}$ 和综合风险后果严重

(a) 单元格编号为1~16的待设计 4×4风险矩阵

(b) 分配Ⅰ~Ⅴ五个风险等级的 已设计4×4风险矩阵

(c) 城市关键基础设施综合风险态势 在已设计风险矩阵的映射结果

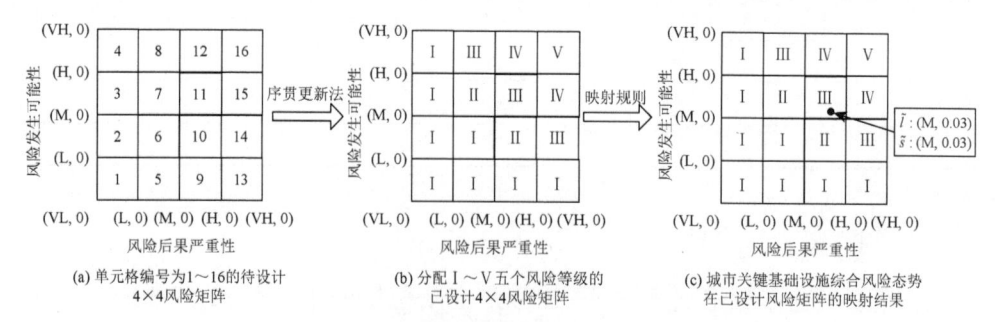

图7-4 样本街区内城市关键基础设施运行综合风险态势研判过程

性 $\tilde{s}$ 被映射到单元格 11 中,则该样本街区的城市关键基础设施综合风险态势可判定为"Ⅲ:威胁状态"。

7.3.3 基于运行风险综合评估结果的分析

所确定的综合风险态势表明该样本街区面临着潜在的重大风险,可能会对城市关键基础设施造成严重破坏。因此,非常有必要实施风险应对方案来避免情况进一步恶化,而科学研判风险因素的影响力和可控性是制定风险应对方案中详细举措的前提。本节首先结合城市关键基础设施运行风险综合评估结果来分析风险因素的影响力和可控性,然后给出相应的应对举措建议供决策者参考,在此基础上,归纳总结了本章所给模型的优越性。

1.风险因素影响力和可控性分析

基于中心度和关系度的计算结果,绘制了城市关键基础设施运行风险因素的因果图(图 7-5)来进行风险因素影响力排序和可控性归类的可视化展示。

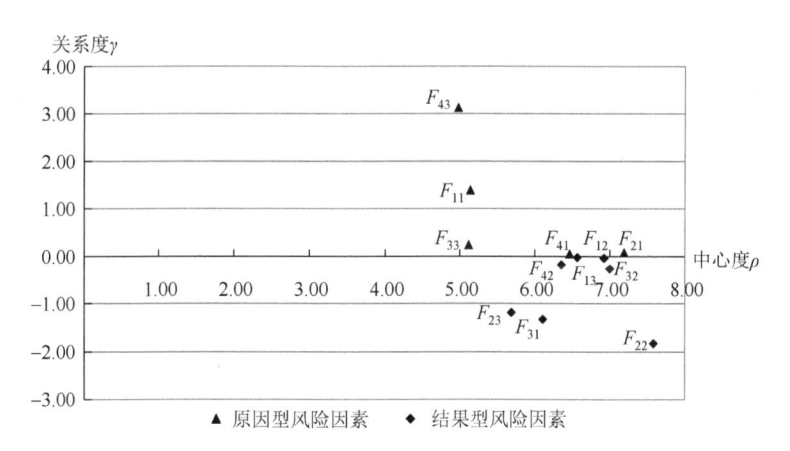

图 7-5 样本街区内城市关键基础设施运行风险因素的因果关系图

从图 7-5 可以看出,这些风险因素的影响力排序为 $F_{22} \succ F_{21} \succ F_{32} \succ F_{12} \succ F_{13} \succ F_{41} \succ F_{42} \succ F_{31} \succ F_{23} \succ F_{11} \succ F_{33} \succ F_{43}$,其有助于识别风险根源并明确应对举措实施优先级。横轴 ρ 之上的风险因素 F_{11}、F_{21}、F_{33}、F_{41} 和 F_{43} 为原因型风险因素,可控性较低;横轴 ρ 之下的风险因素 F_{12}、F_{13}、F_{22}、F_{23}、F_{31}、F_{32}、F_{42} 为结果型风险因素,可以通过针对性的应对举措进行控制。

2.风险应对举措建议

鉴于当前样本街区的城市关键基础设施综合风险态势"Ⅲ:威胁状态"以及

城市关键基础设施各个系统的风险评估结果,首要任务是建立一个以燃气系统和电力系统管理部门人员为核心的风险应对联合工作小组,并辅以供暖和交通系统的管理部门人员。然后,可以基于风险因素的影响力排序和矩阵 $\tilde{L}$、$\tilde{S}$ 来确定城市关键基础设施运行风险的根源所在。"元件异常(F_{22})"和"设计缺陷(F_{21})"的影响力以及风险评估结果均高于其他风险因素,即确定风险因素 F_{22} 和风险因素 F_{21} 为该样本街区城市关键基础设施运行风险的根源所在。

从图7-5可以看出,元件异常(F_{22})为结果型风险因素,设计缺陷(F_{21})为原因型风险因素,并且 F_{22} 的影响力高于 F_{21}。因此,制定针对元件异常(F_{22})的应对举措是风险应对联合工作小组的首要任务,需要着力提升电路变压器、高压断路器等元件的可靠性和继电保护的稳定性,如利用峰值负荷转移、避峰控制和技术负荷转移,以减轻由电力负荷引起的元件故障,同时,优化设置继电保护装置,依托先进的计量元件、变送器和可编程控制系统等实现对电力系统故障的自动监测与处理。面对设计缺陷(F_{21}),一方面,加快缺陷设备的更换与缺陷线路的优化调整以及老旧设备与线路的改造升级,另一方面,加强电力系统相关设施与线路设计标准的规范化和精细化管理。

对于某些原因型风险因素,可以建立若干长效机制以便尽可能减少其影响。例如,"气象灾害(F_{43})"是关系度值最高、最不可控的风险因素,应确保城市关键基础设施各系统运营者与气象部门之间实时信息传送的设备和渠道便捷可用,同时,应定期开展应对气象灾害的科普活动,帮助社会公众获得自救知识和技能。

3. 模型优越性分析

结合上述分析,从以下四个方面总结了所给模型的优越性。

(1)更全面地考虑城市关键基础设施运行风险综合评估问题具有的典型特征。不同于已有研究中仅考虑某些典型特征的局限,所给的风险综合评估四阶段模型涵盖了多系统、多风险因素以及系统关联和风险因素关联叠加的综合考量。

(2)更恰当地给出城市关键基础设施运行风险综合评估过程的阶段划分。所给的风险综合评估四阶段模型将风险评估过程划分为四个阶段,即信息处理、关联分析、风险分析和风险态势确定,并对每个阶段的主要工作进行计算步骤的针对性设计,为城市关键基础设施运行风险综合评估提供了清晰的框架指导和实践参考。

(3)更多元地提供城市关键基础设施运行风险综合评估方法支撑。所给的风险综合评估四阶段模型集成了复杂系统的观点和决策支持过程,其中,利用二元语义模糊表示模型来处理专家判断的不确定性以避免信息损失,将DEMATEL方法扩展到二元语义环境来分析风险因素关联并识别风险根源、诊断风险可控性,采用 Two-Additive Choquet 积分算子分析城市关键基础设施系统关联，并将该方法扩展到二元语义环境来实现关联信息、权重信息和风险评估信息的综合集成，利用风险矩阵来研判城市关键基础设施运行的综合风险态势。多种方法的集成有利于形成解决问题的协同优势。

（4）更直观地展示城市关键基础设施运行风险综合评估结果。在所给的风险综合评估四阶段模型中，从所设计的风险矩阵中可以直观地研判综合风险态势，而从所构建的城市关键基础设施运行风险因素因果图中可以直观地识别风险根源、诊断风险可控性，并为制定有效的风险应对措施提供有价值的补充。

综上，针对城市关键基础设施运行风险综合评估问题涉及的多系统、多风险因素以及系统关联和风险因素关联叠加的典型特征，本章提出了一种由信息处理、关联分析、风险分析和风险态势研判构成的风险综合评估四阶段模型，并通过典型应用研究验证了所给模型的有效性。结果表明，使用该模型可以科学研判城市关键基础设施运行综合风险态势、准确识别风险根源并诊断各风险可控性，从而为有效应对城市关键基础设施运行风险提供重要的决策支撑。

需要强调的是，本章所给模型为城市关键基础设施相关政府管理部门和系统运营部门的决策者开展风险综合评估工作提供了更合适的选择，并有助于城市关键基础设施运行风险综合评估的理论研究，有利于保障城市关键基础设施运行风险综合评估的准确性和风险应对的有效性。在未来的研究中，将进一步探索多源信息（如城市关键基础设施日常运行数据和历史事故数据等）的有效获取与精准处理，并结合若干智能技术（如大数据技术、地理信息系统和物联网技术等）来为基于多源异构数据融合的城市关键基础设施运行风险综合评估方法创新提供必要的支撑。此外，一些运筹类的仿真方法也将用于揭示风险矩阵的应用效果以及某些特定情境下（如"完美风暴"、威胁并存等）后果的扩散蔓延。

第四篇　风险应对研究

　　城市关键基础设施运行过程中一旦遭遇自然灾害（如地质灾害、气象灾害）（Guikema, 2009; Poljanšek et al., 2012; Thacker et al., 2018）、人为破坏（如恐怖袭击、违章操作）（Zoli et al., 2018）、内在隐患（如管线老化、设备失效）（Ntalampiras et al., 2015）等诸多因素风险诱发的风险事件，将可能面临个别设施局部失效并蔓延至多个设施运行中断，导致人员伤亡和巨大的经济损失。当城市关键基础设施运行风险发生时，如何有效应对风险从而最大限度地减少风险损失、避免次生衍生风险的发生？需要哪些归口管理部门、哪些设施运营企业主体开展风险应对的协同联动？在所构建风险应对策略库中已有备选方案的场景下如何选择出最优的风险应对方案？在所构建风险应对策略库中尚无备选方案的场景下如何生成适用的风险应对方案？找到这些问题的答案是有效应对城市关键基础设施运行风险的重要抓手。

　　本篇以"策略库构建—方法探索—应用检验"为主线，聚焦城市关键基础设施运行风险应对策略库构建、面向不同场景下以复杂关联情境为切入点的城市关键基础设施运行风险应对方案选择与城市关键基础设施运行风险应对方案生成开展针对性的研究，为有效应对城市关键基础设施运行风险提供必要的系统性解决方案。

第8章 城市关键基础设施运行风险应对策略库构建研究

风险应对是城市关键基础设施运行风险管理的一个重要环节（Dubaniowski and Heinimann，2020；Mousavian et al.，2018；Yu et al.，2018），风险应对策略是该环节所涉及方案具体落实的主要抓手，其有效性直接关系到对城市关键基础设施运行风险损失严重性以及次生衍生风险发生可能性的防控能力（Stergiopoulos el al.，2015；索玮岚和陈锐，2015；朱悦妮等，2014）。风险应对策略库构建是以复杂关联情境为切入点开展城市关键基础设施运行风险应对研究的重要基础，目前已经引起相关管理部门和设施运营企业的关注，但尚未形成统一的标准与规范。为此，本章针对城市关键基础设施运行风险应对策略库构建问题，首先明确风险应对策略的顶层设计，然后给出风险应对策略库构建的原则与流程，在此基础上，对风险应对策略库的构成及其适用性进行多视角分析。

8.1 风险应对策略的顶层设计

在进行城市关键基础设施运行风险应对策略的顶层设计时，首先要明确利益相关方及其各自的风险管理职责，进而从国际和国内两个视角开展风险应对策略的经验探索，并开展城市关键基础设施运行风险应对策略的体系化设计。

8.1.1 利益相关方及其风险管理职责

结合本书给出的概念界定可知，城市关键基础设施涵盖了燃气、电力、供热和交通等多个系统。现实中，这些系统往往由不同的企业来负责日常生产运营，并由不同的管理部门对其运行安全进行监管。需要注意的是，对于每个系统而言，其运营企业和相应的管理部门均非单一组织模式，而是呈现出层级式的组织架构。以北京市朝阳区作为典型样本区域，该地区的燃气系统由北京市朝阳区燃气公司（隶属于北京市燃气集团有限责任公司）负责日常的生产运营，由北京市朝阳区城市管理委公共事业管理科（归口管理部门为北京市城市管理委员会燃气管理办公室）负责运行安全方面的监管。这些系统的各级运营企业和相应的各级管理部门共同构成了城市关键基础设施运行的利益相关方。与此相对应的，城市关键基础设施运行风险应对环节也会涉及上述多个类型、多个层级的利益相关方。下面将以利益相关方的功能定位为切入点，分别阐述城市关键基础设施运行管理部门和运营企业的风险管理职责。

1. 相关管理部门及其风险管理职责

城市关键基础设施的相关管理部门主要涉及国家层面的相关部委以及地方政府的相关厅局。结合城市关键基础设施的概念界定，分别从国家层面和代表性地方政府层面两个不同的视角对燃气、电力、供热和交通等系统相关管理部门的官方网站进行了部门职责信息的采集，从采集到的文本信息中进一步提取出与风险管理职责相关的信息。

在国家层面，城市关键基础设施相关管理部门主要涉及国家能源局、住房和城乡建设部、交通运输部、国家发展和改革委员会，与风险管理相关的司局及其主要职责如表8-1所示。

表8-1 国家层面城市关键基础设施相关管理部门风险管理职责表

系统	相关管理部门	风险管理职责
燃气系统	国家能源局	• 市场监管司：监管燃气管网设施的公平开放 • 石油天然气司：负责天然气预警，参与运行调节和应急保障；监督管理商业天然气储备
	住房和城乡建设部	• 城市建设司：指导城市燃气监察工作
电力系统	国家能源局	• 电力安全监管司：承担电力安全生产监督管理、可靠性管理和电力应急工作；制定除核安全外的电力运行安全、电力建设工程施工安全的监督管理办法并组织监督实施；依法组织或参与电力生产安全事故调查处理 • 核电司：组织核电厂的核事故应急管理工作 • 区域监管局：负责协调有关跨省、跨区能源监管业务
供热系统	住房和城乡建设部	• 城市建设司：指导城市热力监察工作
交通系统	交通运输部	• 国家铁路局（安全监察司）：研究分析铁路安全形势；制定铁路运输安全监督管理办法并组织实施；组织或参与铁路生产安全事故调查处理 • 中国民用航空局（航空安全办公室）：起草民航安全管理及事故征候调查的法规、规章、政策、标准及安全规划；组织协调民航行业系统安全管理工作；综合协调民航飞行安全、空防安全、航空地面安全工作 • 公路局：负责国家公路网运行监测和应急处置协调工作 • 水运局：负责起草港口安全生产政策和应急预案，组织实施应急处置工作 • 交通运输服务司：负责起草有关道路运输安全生产政策和应急预案，组织实施应急处置工作
城市关键基础设施	国家发展和改革委员会	• 运行局：统筹协调全国电油气运营保障工作，组织电、气的紧急调度和交通运输综合协调；编制应急体系建设规划，承担重要应急物资储备建设，综合协调应急物资保障工作，组织应对有关重大突发性事件

第8章 城市关键基础设施运行风险应对策略库构建研究

在代表性地方政府层面，选择北京市、上海市和广东省三个经济发达、设施完备的省市为代表，这些区域的城市关键基础设施相关管理部门主要涉及国家能源局下设的各个区域监管局、住房和城乡建设部下设的区域管理委员会、国家发展和改革委员会的区域委员会以及所在地的城市管理委员会、交通委员会等，与风险管理相关的委办/厅局及其主要职责分别如表 8-2~表 8-4 所示。需要说明的是，由于我国幅员辽阔，各个地区气候差异显著，北方大多采取集中供暖，而南方未纳入，因此，代表性省份中的上海市和广东省在进行政府相关管理部门职能划分时，并未涉及供热系统的具体管理部门。

表 8-2 北京市城市关键基础设施相关管理部门风险管理职责表

系统	相关管理部门	风险管理职责
燃气系统	国家能源局	• 华北监管局市场监管处：监管北京市燃气管网设施的公平开放
	北京市城市管理委员会	• 燃气管理办公室：组织拟订燃气设施建设运行、安全管理；负责燃气安全宣传和专业培训
电力系统	国家能源局	• 华北监管局市场监管处：监管北京市电网的公平开放 • 华北监管局电力安全监管处：负责北京市除核安全外的电力运行安全，电力建设工程施工安全的监督管理以及电力应急和可靠性管理，依法组织或参与电力事故调查处理
	北京市城市管理委员会	• 电力煤炭管理处：依法对电力行业的规范和技术标准承担相应的监督管理责任；承担北京市电力事故应急指挥部办公室的具体工作
供热系统	北京市城市管理委员会	• 供热管理办公室：监督检查供热行业安全管理工作；拟定供热能源的生产、采购、调配和供需年度平衡计划，并组织实施；组织供热燃煤储备并进行监督检查
交通系统	北京市交通委员会	• 安全监督与应急处：负责北京市交通运输行业安全生产和应急管理工作的统筹协调、监督指导；组织指导有关安全生产和应急管理的体系建设，协助有关部门调查处理交通运输行业重大安全事故；统筹重大突发事件中的运输组织和交通设施保障；指导、协调行业应急管理和处置工作；组织、指导行业应急预案的编制、修订和演练；承担北京市交通安全应急指挥部办公室日常工作
城市关键基础设施	国家能源局	• 华北监管局：负责协调跨省、跨区域能源监管业务
	北京市城市管理委员会	• 能源运行管理处：建立健全热电气常态化联调联供机制；研究能源预警和运行调节的措施建议 • 市政管线管理处：建立地下管线隐患排查治理工作体系，统筹协调地下管线隐患排查工作；会同有关部门拟定地下管线维修养护定额和标准 • 地下综合管廊管理处：负责地下综合管廊运营的监督管理 • 安全应急工作处：负责行业安全监管工作；承担北京市城市公共设施事故应急指挥部办公室的具体工作，拟定安全运行纲要，编制、修订相关应急预案，并负责组织实施和演练；负责相关应急信息的收集、整理、分析、报告和发布；负责相关突发事件应急处置的指挥协调
	北京市发展和改革委员会	• 基础设施处：综合分析基础设施建设发展情况，协调有关重大问题

表 8-3　上海市城市关键基础设施相关管理部门风险管理职责表

系统	相关管理部门	风险管理职责
燃气系统	国家能源局	• 华东监管局市场监管处：监管上海市燃气管网设施的公平开放
	上海市住房和城乡建设管理委员会	• 燃气处：负责上海市燃气日常供应和调度管理，协调燃气生产供应争议；负责上海市燃气运行安全的监督管理；负责监管燃气企业生产经营行为，对燃气行业的服务质量实施监管；编制燃气突发事件应急处置和反恐怖工作预案；参与燃气事故应急处置和事故调查处理
	上海市发展和改革委员会	• 能源处：组织管理上海市天然气等能源储备，负责石油天然气管道保护的监督管理工作
电力系统	国家能源局	• 华东监管局市场监管处：监管上海市电网的公平开放 • 华东监管局电力安全监管处：负责上海市除核安全外的电力运行安全，电力建设工程施工安全的监督管理以及电力应急和可靠性管理，依法组织或参与电力事故调查处理
交通系统	上海市交通委员会	• 安全监管处：负责对上海市交通行业安全工作进行指导、检查、督促和协调；负责起草行业安全生产管理地方性法规规章和委内规范性文件；监督落实安全生产法律法规，建立行业安全生产监管体系 • 轨道交通处：组织编制轨道交通运营安全生产管理制度、行业突发事件应急预案等，并组织实施；承担上海市轨道交通运营安全生产日常监督管理职责，指导行业贯彻落实运营安全生产法律法规，规范完善运营安全生产监督管理制度，定期组织开展运营安全生产专项检查、对既有运营线路进行安全评价、应急预案专项演练和随机暗访抽查；参与行业重大安全事故与突发事件应急处置工作
城市关键基础设施	国家能源局	• 华东监管局：负责协调跨省、跨区域能源监管业务
	上海市发展和改革委员会	• 城市发展处：综合分析基础设施的运行状况，协调有关重大问题

表 8-4　广东省城市关键基础设施相关管理部门风险管理职责表

系统	相关管理部门	风险管理职责
燃气系统	国家能源局	• 南方监管局市场监管处：监管广东省燃气管网设施的公平开放
	广东省住房和城乡建设厅	• 城市建设处：指导城市燃气工作
电力系统	国家能源局	• 南方监管局市场监管处：监管广东省电网的公平开放 • 南方监管局电力安全监管处：负责广东省除核安全外的电力运行安全，电力建设工程施工安全的监督管理以及电力应急和可靠性管理，依法组织或参与电力事故调查处理
交通系统	广东省交通运输厅	• 综合规划处：参与公路、水路有关交通战备工作和救灾等综合管理工作 • 安全监督处（应急办）：组织拟订交通行业安全生产管理规章制度并监督检查执行情况；指导交通行业安全生产的管理工作，监督落实安全生产责任制；组织、指导交通行业安全生产和应急管理的宣传教育工作；按规定组织或参与交通行业安全生产事故的调查处理工作；承担交通行业安全生产事故统计上报工作
	广东省发展和改革委员会	• 基础设施发展处：综合分析交通运输运行状况，协调有关重大问题；协调综合交通和民航发展重大事项
城市关键基础设施	国家能源局	• 南方监管局：负责协调跨省、跨区域能源监管业务
	广东省发展和改革委员会	• 资源节约和环境保护处：协调电气运行保障工作

结合表 8-1~表 8-4 的国家层面和代表性地方政府层面城市关键基础设施相关管理部门风险管理职责表可以看出，一方面，目前仍存在不同部门之间以及同一部门内设机构之间风险管理职责交叉和重叠的问题。例如，在国家层面，国家能源局、住房和城乡建设部、国家发展和改革委员会三个部门均涉及了燃气系统运行监管和保障职责；在国家能源局内设机构中，市场监管司和石油天然气司也同样涉及了燃气系统运行监管和保障职责。另一方面，一些管理部门并非聚焦单一系统的监管，而是侧重多个系统的综合协调。例如，在国家层面，国家发展和改革委员会下设运行局的风险管理职责之一是统筹协调全国电油气运营保障工作，组织电、气的紧急调度和交通运输综合协调，表明其同时兼顾了电力系统、燃气系统和交通系统的监管协调工作。如何多维施策破解管理部门之间以及管理内部的职责交叉与重叠问题，将是进行城市关键基础设施运行风险应对策略顶层设计的核心任务。

2. 设施运营企业及其风险管理职责

在城市关键基础设施所涉及的燃气、电力、供热和交通等系统中，燃气、电力和供热三个系统均属于国家能源体系的范畴。因此，相关的设施运营企业中有些仅聚焦单一系统的能源供应业务，如国家电网有限公司仅聚焦电力系统的电网运营业务，也有些企业同时开展多个系统的能源供应业务，如中国燃气控股有限公司同时开展了燃气、电力和供热系统的能源供应业务。由于个别企业存在系统运营方面的业务交叉，下面将不再从系统层面划分相关设施运营企业，而是从业务覆盖区域的角度遴选出燃气、电力、供热和交通领域若干大型企业，对其主要业务范围及其在城市关键基础设施运行风险管理方面的主要职责进行阐述。

作为目前中国最大的跨区域能源供应服务企业之一，中国燃气控股有限公司已在 29 个省（自治区、直辖市）开展了燃气供应服务，燃气管网总长 30 多万 km，覆盖人口超过 1.5 亿人；同时，作为中国最早开展分布式能源业务的城市燃气集团之一，已在哈尔滨、呼和浩特等 60 多个城区开展了供热业务，并开展了电力综合运维管理业务。公司采取"总部—区域管理中心—全资子公司"的层级式机构设置，其中，总部设置了安全监察部，但其具体职责未对外公布。

作为全国最大的单体城市燃气供应商，北京燃气集团有限责任公司主要从事城市天然气业务，燃气管线长度 2.4 万 km。公司始终把安全生产供应放在首位，坚持"安全是魂、预防在先"的理念，通过将国家北斗精准服务网引入燃气管理全业务链条来提升自身的风险预警与安全管理水平，在 2015 年实现了安全生产标准化二级达标，为目前北京市城镇燃气供应行业最高资质。该公司采取"总部—分公司"的层级式机构设置，其中，总部设置了企业安全部，但其具体职责未对外公布。

国家电网有限公司主要负责北京市、天津市、河北省等26个省（自治区、直辖市）的电网运营，并承担保障电网运行安全、可持续电力供应的使命。公司五大发展理念之首即为"安全"，采取"总部—分部—省公司—直属单位"的层级式机构设置。其中，总部设置了国网安监部，其主要风险管理职责包括：①负责对企业进行全面安全监督管理；②负责监督各级人员、本部门安全生产责任制的落实；监督各项安全生产规章制度、反事故措施和上级有关安全工作指示的贯彻执行，及时反馈在执行中存在的问题并提出完善修改意见；③对电网、设备、设施安全技术状况的监督检查中发现的重大问题和隐患，及时下达安全监督通知书，限期解决，并向主管领导报告；④负责监督生产安全事故应急处理预案及大型反事故演习预案的编制与执行。

中国南方电网有限公司负责广东、广西、云南、贵州、海南、港澳等南方区域的电力供应服务保障，采取"总部—分公司—全资子公司/控股子公司"的层级式机构设置，以"一切事故都可以预防"为企业文化的安全理念。总部下设安全监管部（应急指挥中心），其主要风险管理职责包括：①归口管理全公司的安全监察工作，在公司内部行使安全生产监督管理职能，指导、协调和监督公司各单位和各部门的安全生产管理工作；②协助公司领导对公司系统特大、重大安全生产事故进行调查处理，组织、协调、指导分公司、子公司间一般安全生产事故的调查和处理工作；③归口发布全公司安全生产信息，汇总全公司的各类安全生产事故报告，综合分析和预测全公司安全生产形势，提出预防事故的对策；④负责编制全公司反事故措施的组织措施和安全技术劳动保护措施，配合生产技术部制定反事故措施的技术措施，配合南方电力调度通信中心制定继电保护等二次系统反事故措施的技术措施，汇总下达反事故措施和安全技术劳动保护计划。

作为全国最大的集中供热企业，北京热力集团有限责任公司担负着北京地区的供热服务保障以及热力管网、热力站设备设施的运行和维护维修职责，也拥有亚洲最大的供热管网，供热面积约3.26亿 m^2，目前隶属于北京能源集团有限责任公司。公司已形成了以智能化调度指挥系统为核心的供热生产管理体系，由调度指挥系统、维护检修系统、应急保障系统三部分组成，其中，调度指挥系统的主要功能是统筹管理和指挥供热生产与运行，维护检修系统的主要功能是进行供热设施设备的保养维护、消除安全隐患，应急保障系统的主要功能是应对供热突发事故和节假日、重大活动期间的供热应急值守保障。同时，公司也高度重视安全生产管理工作，建立起了从上到下、全员全过程的安全生产责任制，对设施设备安全实施系统化管理，实现了分类分级有效管控。

中国国家铁路集团有限公司是由中央管理的国有独资公司，以铁路客货运输为主业，负责铁路运输统一调度指挥，统筹安排路网性运力资源配置，保证运输安全。公司口号为"安全优质 兴路强国",内设安全监督管理局,但其具体职责未对外公布。

北京市地铁运营有限公司是国有独资的特大型专门经营城市轨道交通运营线网的专业运营商,以客运服务、维修服务为主营业务,核心价值观之首即为"安全为基础",提出"以人为本创平安 永远追求零风险"的安全理念。公司组织架构并未对外公布。

通过上述分析可以发现,城市关键基础设施运行风险管理目前已经引起了相关设施运营企业的重视,一类企业设置了专门的风险管理部门,并明确了其具体职责来积极应对风险。另一类企业虽然没有在组织架构介绍中明确给出专门的风险管理职责部门,但有些企业通过硬件层面的系统设计与研制以及管理层面的体系健全与完善来软硬兼施实现对城市关键基础设施运行风险的有效应对,还有些企业在企业文化建设方面已表现出较高的风险管理意识。

8.1.2 风险应对策略的国际经验借鉴

本节主要从国际视角探索城市关键基础设施运行风险应对策略的经验。考虑到防灾体系完备性、防灾理念先进性、防灾技术先进性等因素,遴选日本、英国和美国作为代表性国家,对其开展城市关键基础设施运行风险应对策略的经验进行归纳总结,以便凝练出具有借鉴价值的经验参考点。

1. 日本:多发灾害的应对压力推动了举国防范灾害应对体系的建立健全

日本作为地处环太平洋地震带的岛屿国家,地震、海啸、火山喷发等自然灾害频繁发生,对其城市关键基础设施运行安全构成了极大的威胁。日本政府高度重视防灾工作,通过法律法规的持续完善来建立健全举国防范的灾害应对体系。

1)国家层面

被称为"抗灾宪法"的《灾害对策基本法》[①]自昭和三十六年(即 1961 年)颁布以来,结合灾害应对过程中暴露的各种问题不断对各项法规进行修正完善,目前最新版本为平成三十年(即 2018 年)版。该法规涉及了对暴风、龙卷风、暴雨、暴雪、洪水、崖崩、泥石流、地震、海啸、火山喷发、滑坡等异常的自然现象或大规模的火灾或爆炸等各种灾害的基本应对策略,明确了国家、都道府县、市镇村等不同层级政府管理部门在防灾过程中的风险应对职责。同时,日本政府每年定期发布《防灾白皮书》[②],对过去一年所发生灾害的基本情况以及所采取的

---

① https://elaws.e-gov.go.jp/document？lawid＝336AC0000000223[2021-04-25]。
② http://www.bousai.go.jp/kaigirep/hakusho/h23/bousai2011/html/honbun/index.htm[2021-04-25]。

应对策略进行回顾和总结。对于城市关键基础设施所涉及的各个系统，由产业经济省负责电力系统、燃气系统和供热系统的能源供应，总务省在发生电力中断事故时提供应急移动电源车来保障临时电力供应，电力广域运营推进机关负责协调和监督电力传输，国土交通厅负责交通系统的防灾与应急。上述管理部门制定了与自身职能定位相结合的应急计划，并给出了风险等级的划分及相应的风险应对策略。例如，电力广域运营推进机关制定的应急计划将电力事故划分为两个等级；国土交通厅制定的公路应急计划以灾害的规模为依据，将应急体制划分为警戒体制、紧急体制和非常体制三个等级，并给出各等级下应采取的不同应对措施。

2）地方政府层面

以东京都为例，东京都政府、东京都建设局、东京都都市整备局等管理部门制定了一系列区域性的防灾计划来应对不同类型的风险。例如，东京都政府作为中央政府的联络点，接受和处理其他城市灾后恢复的请求，并向其提供必要的指导和支持。东京都建设局以灾害类型以及产生的结果为依据，提出了公路灾害应对的三种方案[①]：一是与建筑行业协会和其他机构达成地震灾害发生后清除道路废墟的协议；二是以《国家政府公共设施重建支出法案》为依据对因暴雨、地震、火山爆发等非正常自然现象破坏的道路修复需求进行及时响应和上报；三是制定《降雪应对计划》来确保降雪后的道路安全。

综上，日本主要是以具体的自然灾害为关注点，已经形成了较为完备的灾害应对体系，城市关键基础设施只是作为潜在的受影响对象来提及，相关的设施管理部门和设施运营企业更多的是充当灾害应对主体的角色。具有借鉴价值的经验参考点主要体现在以下三个方面。

（1）"事前预防—应急响应—灾后恢复"的灾害应对全链条与相关法律法规的制定和完善呈现出高度契合，并要求相关管理部门制定防灾应对策略的详细操作手册。

（2）强化多元主体参与，形成了"国家层面应对策略—地方公共团体应对策略—普通民众应对策略"的多主体协同应对灾害的策略层级体系。

（3）常态防范与灾时防范相结合，以定期组织应急演练、举办防灾海报比赛、设定防灾日等多种形式强化突发事件应对的科普宣传和教育普及，并建成了东京防灾信息网站向公众即时发布灾害预防、疏散命令和灾害实时状态的相关信息。

2. 英国：旨在打造多层分工、上下联动、跨部门协作的城市风险应对体系

英国地理位置较为优越，所面临的自然灾害以风暴潮、洪水等为主，极少发

---

① https://www.kensetsu.metro.tokyo.lg.jp/jigyo/road/kanri/gaiyo/10.html[2021-04-25]。

生地震和火山喷发。作为传统的经济发达体,英国政府在大力推动经济发展的同时,也高度重视社会公共领域各类突发事件的风险防范与应对,并将改善风险管理职能作为政府提高公共管理部门综合业务能力的优先考虑因素。

1)国家层面

2004年11月通过了英国的防灾基本法 The Civil Contingencies Act《民事应急法》[1],对突发事件进行了定义,并将突发事件的应对主体划分为"以当地政府部门、应急管理部门等为主的突发事件应对核心主体"和"以运输部门、健康安全部门为主的突发事件应对协作主体"两类,进而明确了两类主体在突发事件应对过程中各自需要承担的责任以及由两类主体协同组织"地方韧性论坛"来协调地方层面的相关部门。同时,两年组织一次全国范围的国家应急能力调查,以便准确掌握全国风险应对能力的发展水平。关于部门分工,英国内阁国民紧急事务秘书处负责开展国家风险评估,通过政府部门、委员会、大众调查、私人部门和相关非政府部门的参与来进行风险预估、风险确定、风险影响范围和程度以及风险比较,进而明确国家风险的等级归属;内阁办公室应急计划大学负责提供应急方案咨询、应急准备培训和应急演练检测等;内阁办公室与英国红十字会组建"支援部门民事保护论坛"来提供中央政府、应急管理部门、地方当局和志愿者组织的协作框架;内阁办公室在2013年第五版的 Emergency Response and Recovery《应急响应与恢复》[2]中明确了突发事件应对的组织架构,即由黄金级(解决"做什么"的战略部署)、白银级(解决"如何做"的战术安排)和黄铜级(负责现场实施处置任务)组成的多层级指挥小组,并构成一个由黄金协调小组、白银协调小组、黄铜协调小组组成的三层沟通协调系统来完成突发事件应对与恢复过程涉及的多个部门协调工作;能源与气候变化部门负责燃气和电力突发事件的应对,在其发布的 National Emergency Plan:Gas and Electricity《国家应急规划:燃气和电力》[3]中明确了各方的风险应对职责以及应急预案的启动步骤,并给出了风险来源类型和应急响应等级的划分。

2)地方政府层面

以伦敦为例,伦敦政府以伦敦地区韧性项目委员会、伦敦风险顾问小组为辅助,以伦敦韧性小组、伦敦消防和应急规划局为枢纽,以地方韧性论坛、市区韧性论坛为基础构建了一个上下联通、左右衔接的城市风险管理组织体系,各级政府和不同部门以伦敦韧性论坛为平台来建立跨地区、跨部门的合作机制。同时,

---

[1] The Civil Contingencies Act,https://www.legislation.gov.uk/ukpga/2004/36/contents[2021-04-26]。

[2] Emergency Response and Recovery,https://assets.publishing.service.gov.uk/government/uploads/system/uploads/attachment_data/file/253488/Emergency_Response_and_Recovery_5th_edition_October_2013.pdf[2021-04-26]。

[3] National Emergency Plan:Gas and Electricity,https://www.gov.uk/government/publications/national-emergency-plan-gas-and-electricity[2021-04-26]。

伦敦还构建了以全面风险登记为特征的城市风险管理体系，每年定期编制和发布《社区风险登记册》，以"风险＝可能性×后果"为依据利用风险矩阵模型进行风险评估，其中，可能性和后果均被划分为五个等级。在所发布的 London's Emergency Plans《伦敦应急规划》[①]中，给出了适用于任意突发事件的通用应急规划和针对特定风险的特殊应急规划，前者涵盖应对突发事件的战略沟通办法、多部门信息共享及其联络方式、事后恢复管理办法以及志愿者组织的协调能力等信息，后者涵盖了洪水、传染病、供电中断等12种具体风险的应急规划。针对电力系统，在发布的 London Power Supply Disruption Framework《伦敦供电中断框架》[②]中明确了电力突发事件的应急启动和协调以及相关各方的责任，同时还考虑到电力系统突发事件可能对其他城市关键基础设施正常运行的不良影响，强调这些城市关键基础设施的管理部门也要对电力突发事件的应急启动给予响应并启动相应的风险应对工作。

综上，英国以强化多层分工、上下联动、跨部门协作为特征，具有借鉴价值的经验参考点主要体现在以下三个方面。

（1）强化不同层级政府开展风险应对工作的责任分工，有效解决"做什么"的战略部署、"如何做"的战术安排以及现场实施处置任务的工作落实。

（2）强化韧性导向下的城市关键基础设施运行风险应对体系的建立健全，韧性论坛成为各级政府开展突发事件应对的重要平台，也成为上下联动、跨部门协作开展突发事件应对的关键载体。

（3）强化国家层面应急能力调查工作和城市层面风险量化评估工作的定期组织和发布，及时掌握国家风险应对能力的发展水平和城市层面不同风险的等级排序，为国家层面和地方政府层面编制应急预案和应急规划提供前提与基础。

3. 美国：聚焦城市关键基础设施风险防范体系建设

美国领土面积位居全球第四，中东西部位于地震活跃地区，气候类型较为多样，南部地区容易受到大西洋与太平洋气流的影响而引发飓风、洪水、龙卷风、雪灾等灾害，总体来说也是一个灾害多发的国家。美国各级政府高度关注城市关键基础设施防护，已经形成了较为完善的针对性风险防范体系。

1）国家层面

不同总统执政期间陆续出台了不同的城市关键基础设施风险防范法律法规。1979年，以三里岛核电站泄漏事故警示为契机，卡特总统成立了联邦应急管理署，

[①] London's Emergency Plans，https://www.london.gov.uk/what-we-do/fire-and-resilience/london-resilience-partnership/planning-emergencies-capital[2021-04-26]。

[②] London Power Supply Disruption Framework，https://www.london.gov.uk/sites/default/files/london_power_supply_disruption_framework_v3.1_october_2018_-_public_version.pdf[2021-04-26]。

专门负责灾害管理。20世纪80年代，里根总统通过颁布行政命令来要求联邦政府各个部门保护内部的重要资源和设施，形成了美国关键基础设施风险防范体系的雏形。1996年，克林顿总统成立了关键基础设施保护总统顾问委员会，并在1998年发布的第63号总统令 The Clinton Administration's Policy on Critical Infrastructure Protection《克林顿政府对关键基础设施保护的政策》[①]中给出了关键基础设施的界定，涉及通信系统、电力系统等8个部门。小布什总统执政期间对城市关键基础设施运行安全保障给予了高度的关注，具体包括：2002年，成立了国土安全部来保护关键基础设施的运行安全；2003年颁布的 The National Strategy for the Physical Protection of Critical Infrastructures and Key Assets《关键基础设施与重要资产物理防护的国家战略》[②]以及总统国土安全第7号指令 Critical Infrastructure Identification, Prioritization, and Protection《关键基础设施识别、排序与保护》[③]中将关键基础设施的保护范畴由8个部门扩展为13个；2004年，颁布了 National Response Plan《国家应急预案》[④]并构建了涉及资源调度、协同指挥、信息管理三个功能的国家突发事件管理系统；伴随着"邓尼斯""卡特里娜"等飓风灾害的发生，自2005年起改变了"重反恐，轻防灾"的关键基础设施保护战略；2006年，出台了第一个 National Infrastructure Protection Plan《国家基础设施保护规划》[⑤]。2011年，奥巴马总统颁布的第8号总统令 Announcing the National Preparedness Goal《国家防备目标声明》[⑥]给出了全面覆盖预防、减除、保护、响应、恢复等五个方面的应急准备框架及预案。对于城市关键基础设施所涉及的各个系统，由国土安全部、能源部和联邦能源管理委员会负责应对电力系统故障，联邦应急管理署负责联邦与各州以及州与州之间的协调，而美国公共电力协会等行业协会也会参与突发事件应对工作；由联邦交通运输局、联邦航空管理局、联邦公路管理局、联邦铁路管理局等多个机构负责交通设施的运营与安全。

2）地方政府层面

以华盛顿地区为例，州政府设立了韧性华盛顿州次内阁，其职责包括识别妨

---

① The Clinton Administration's Policy on Critical Infrastructure Protection，https://www.ojp.gov/ncjrs/virtual-library/abstracts/white-paper-clinton-administrations-policy-critical-infrastructure[2021-05-12]。

② The National Strategy for the Physical Protection of Critical Infrastructures and Key Assets，http://www.dhs.gov/xlibrary/assets/Physical_Strategy.pdf[2021-05-12]。

③ Critical Infrastructure Identification, Prioritization, and Protection，https://www.dhs.gov/homeland-security-presidential-directive-7[2021-05-12]。

④ National Response Plan，http://www.dhs.gov/xlibrary/assets/NRP_Brochure.pdf[2021-05-12]。

⑤ National Infrastructure Protection Plan，http://www.dhs.gov/xlibrary/assets/NIPP_Plan_noApps.pdf[2021-05-12]。

⑥ Announcing the National Preparedness Goal，https://obamawhitehouse.archives.gov/blog/2011/10/07/ppd-8-announcing-national-preparedness-goal[2021-05-12]。

碍应急准备和应急响应计划的数据与信息缺口，制定州立机构、地方司法管辖区和联邦合作伙伴之间协同降低地震或海啸风险的行动方案，明确改善公共安全与地震准备和响应的国家行动的优先次序并估算费用等。华盛顿州政府每年对该州潜在的风险和灾害进行识别与评估并定期更新结果；每年发布该州预案报告，采用打分法从计划、组织、设备、训练和演习五个方面衡量华盛顿的备灾能力。针对城市关键基础设施，华盛顿州政府制定了详细的应急预案，在综合规划中给出了风险类型的划分、风险可能性和后果严重程度的等级划分、风险等级的划分以及灾害响应级别的划分，并明确了交通、通信、消防等 16 个系统相关部门的应急支援职能；同时，还制定了华盛顿基础设施保护计划，明确了相关各方的定位和协调方法、关键基础设施目录，并设计了一个保护基础设施的循环框架。此外，华盛顿交通运输部发布了 Incident Response Guide：Office Reference《事故响应指南：官方参考》[①]来指导工作人员进行事故处理，成立了事故响应小组来快速处理突发事件。

综上，美国以聚焦城市关键基础设施风险防范体系建设为特征，具有借鉴价值的经验参考点主要体现在以下四个方面。

（1）强化多部门协同合作，以交通系统为例，国家层面由国土安全部、交通部、联邦应急管理署等共同应对突发事件，同时还与美国公共交通协会等非政府组织合作，由其调度可用公共车辆来提供应急运输服务。

（2）关注城市关键基础设施的系统关联，不仅应对突发事件本身，更注重对系统关联引发连锁反应的处理。

（3）强化城市关键基础设施运行的风险识别，国家层面和地方政府层面每年都会组织所面临风险的识别工作，并定期更新结果。

（4）强化应对策略的持续完善，每次大型灾害发生后，美国政府都会出台专门的法案来弥补应急救援中的不足，如 Sandy Recovery Improvement Act of 2013《2013 年桑迪恢复改善法案》等。

8.1.3　风险应对策略的国内经验借鉴

本节分别对我国国家层面和代表性地方政府层面所发布的城市关键基础设施运行风险应对相关管理办法进行详细解读，并根据办法适用对象的不同凝练出具有借鉴价值的经验参考点。

1. 国家层面：已形成较为完备的风险应对体系

在国家层面，国务院、应急管理部等部门陆续出台了城市关键基础设施运行

---

① https://wsdot.wa.gov/Research/Reports/200/225.1.htm[2021-04-28]。

风险应对相关的条例、规划、建议、管理办法等。结合对这些相关文件的详细解读，从适用对象、发布部门、文件名称与实施时间、主要经验参考点等方面进行城市关键基础设施运行风险应对策略的经验探索。具体地，适用于城市关键基础设施的风险应对共性经验借鉴如表 8-5 所示。

表 8-5　国家层面适用于城市关键基础设施的风险应对共性经验借鉴

发布部门	文件名称与实施时间	主要经验参考点
国务院	生产安全事故应急条例 2019-04-01	• 明确应急工作的责任主体层级划分 • 明确应急工作各环节的主要内容 • 明确对应急工作实施效果的追责
	生产安全事故报告和调查处理条例 2007-06-01	• 根据生产安全事故造成的人员伤亡或者直接经济损失，确定事故等级，分为特别重大、重大、较大、一般四级
	国家突发公共事件总体应急预案 2006-01-08	• 明确突发公共事件的四种类型 • 明确各类突发公共事件的四个等级 • 明确全国突发公共事件应急预案体系的层级架构
国务院办公厅	国家突发事件应急体系建设"十三五"规划 2017-07-19	• 明确加强安全生产风险管控和隐患排查治理体系 • 强调提升城乡社区和基础设施抗灾能力 • 明确强化城市公共安全风险管理的主要任务
	关于加快应急产业发展的意见 2014-12-24	• 明确在重要设施设备防护方面，发展社会公共安全防范、重要基础设施安全防护等设备
第十二届全国人民代表大会常务委员会	中华人民共和国安全生产法 2014-12-01	• 明确监管部门、生产单位的职责 • 明确发生安全事故后各主体的责任
第十届全国人民代表大会常务委员会	中华人民共和国突发事件应对法 2007-11-01	• 明确突发事件预警的四个级别 • 明确发生各级预警时，当地政府应当采取的应急策略

适用于燃气、电力和交通系统的风险应对经验借鉴分别如表 8-6～表 8-8 所示。需要说明的是，由于我国只有部分地区采取集中供暖，故国家层面关于供热系统风险应对相关的文件较少。

表 8-6　国家层面适用于燃气系统的风险应对经验借鉴

发布部门	文件名称与实施时间	主要经验参考点
国务院	城镇燃气管理条例 2016-02-06	• 明确应急保障的责任主体及其职责
国家发展和改革委员会	天然气基础设施建设与运营管理办法 2014-04-01	• 明确应急保障的责任主体及其职责 • 明确各责任主体的应对策略

表 8-7 国家层面适用于电力系统的风险应对经验借鉴

发布部门	文件名称与实施时间	主要经验参考点
国家能源局	关于电力系统防范应对低温雨雪冰冻灾害的指导意见 2019-11-20	• 明确责任主体及其职责 • 明确各责任主体的应对策略
	关于电力系统防范应对台风灾害的指导意见 2019-07-09	• 明确应急处置和调查的责任主体及其职责 • 明确各责任主体的应对策略
	关于加强电力企业安全风险预控体系建设的指导意见 2015-01-07	• 明确风险防控的主要任务
	电力安全事件监督管理规定 2015-05-10	• 明确电力企业对电力安全事件的管理职责
	电网安全风险管控办法（试行）2014-03-19	• 明确电网安全风险等级与分级标准 • 明确电网安全风险控制举措
	单一供电城市电力安全事故等级划分标准 2013	• 明确事故等级与分级标准
国务院办公厅	国家大面积停电事件应急预案 2015-11-13	• 明确应对体系的组织架构及其各自职责 • 明确应急响应分级和对应责任主体 • 明确运营单位的预警举措和响应措施
国务院	电力安全事故应急处置和调查处理条例 2011-09-01	• 明确电力安全事故等级及其划分标准 • 明确应急处置和调查的责任主体及其职责 • 明确各责任主体的应对策略
	电力设施保护条例 2011-01-08	• 明确责任主体及其职责 • 明确各责任主体的保护举措

表 8-8 国家层面适用于交通系统的风险应对经验借鉴

发布部门	文件名称与实施时间	主要经验参考点
交通运输部	交通运输安全生产风险管理办法（征求意见稿）2020-06-23	• 明确责任主体及其职责分工 • 明确风险源类型 • 明确风险源等级和分级原则与标准 • 明确风险管控举措
	城市轨道交通运营安全风险分级管控和隐患排查治理管理办法 2019-11-01	• 明确风险分级管控和隐患排查治理的各级主体及其职责 • 明确运营安全风险的五大类型 • 明确运营安全风险的四个等级
	城市轨道交通运营管理规定 2018-07-01	• 明确应急处置的职责分工 • 明确安全运营保障效果的追责
	交通运输突发事件应急管理规定 2012-01-01	• 明确责任主体及其职责分工 • 明确突发事件应对各个环节的主要工作
国务院办公厅	关于保障城市轨道交通安全运行的意见 2018-03-23	• 明确相关部门的职责分工 • 明确运营安全保障举措 • 明确公共安全防范举措 • 明确应急处置举措
	国家城市轨道交通运营突发事件应急预案的通知 2015-05-24	• 明确应对体系的组织架构及其各自职责 • 明确应急响应分级和对应责任主体 • 明确运营单位的预警举措和响应措施

2. 代表性地方政府层面：已形成与城市发展定位相结合的风险应对体系

北京市、上海市和广东省等代表性地方政府在落实国家层面城市关键基础设施运行风险应对相关政策法规的同时，也结合自身的城市发展定位充分发挥表率作用，围绕城市关键基础设施运行风险应对出台了相关的工作细则、指导意见等。结合对这些相关文件的详细解读，从适用对象、发布部门、文件名称与实施时间、主要经验参考点等方面凝练了城市关键基础设施运行风险应对策略的经验借鉴，结果分别如表8-9~表8-11所示。

表8-9 北京市城市关键基础设施运行风险应对的经验借鉴

适用对象	发布部门	文件名称与实施时间	主要经验参考点
燃气系统	北京市人民代表大会常务委员会	北京市燃气管理条例 2021-01-01	• 明确相关部门的职责分工 • 明确各部门的应急预案与事故处置举措
	北京市城市管理委员会	北京市燃气设施安全事故隐患排查治理工作暂行管理办法 2020-06-30	• 明确相关部门的隐患排查职责分工 • 明确相关部门的隐患排查举措
电力系统	北京市城市管理委员会	北京电网供电可靠性管制工作细则（试行）2020-04-09	• 明确供电可靠率监督管理举措 • 明确供电可靠率管理奖惩标准和工作流程
	北京市人民政府	北京地区电力突发事件应急预案（2014年修订）2017-07-15	• 明确北京地区的六类电力安全风险 • 明确电力突发事件响应的四个等级及其划分标准 • 明确责任主体及其职责分工 • 明确电力突发事件预警的三个等级及其划分标准以及各个等级下需要响应的责任主体 • 明确不同责任主体的响应举措
供热系统	北京市城市管理委员会	北京市供热行业生产安全事故隐患排查治理暂行办法 2019-02-18	• 明确相关部门的隐患排查职责分工 • 明确相关部门的隐患排查举措
交通系统	北京市突发事件应急委员会	北京市道路突发事件应急预案（2018年修订）2018-09-19	• 明确应对体系的组织架构及其各自职责 • 明确道路突发事件预警的四个级别及各级预警的发布机构和响应举措 • 明确道路突发事件响应的四个级别和响应举措 • 明确现场指挥调度举措和处置举措
	北京市人民政府	关于进一步加强城市轨道交通控制保护区安全管理工作指导意见 2012-05-21	• 明确相关部门的职责分工 • 明确安全保障机制
	北京市人民政府	北京市城市轨道交通安全运营管理办法 2009-06-26	• 明确相关部门的职责分工 • 明确应急和事故处理举措
城市关键基础设施	北京市人民政府办公厅	关于推进城市安全发展的实施意见 2019-10-16	• 明确安全管理、风险防控和隐患排查的相关责任主体 • 布局城市安全发展领域与关键基础设施相关的重点工程及其责任主体

表 8-10　上海市城市关键基础设施运行风险应对的经验借鉴

适用对象	发布部门	文件名称与实施时间	主要经验参考点
燃气系统	上海市政府应急办	上海市处置燃气事故应急预案（2016版）	• 明确燃气事故的四个等级及划分标准 • 明确风险应对的组织架构及其分工 • 明确燃气事故预警的四个等级及各自符合的情形 • 明确各级预警发布的机构及准备工作 • 明确应急响应的四个等级及应急处置
	上海市政府应急办	上海市石油天然气管道突发事件应急预案（2017版）	• 明确风险应对的组织架构及其分工 • 明确停电事件预警的四个等级及其划分依据 • 明确各责任主体应急响应及应急处置举措
电力系统	上海市政府应急办	上海市大面积停电事件应急预案（2017版）	• 明确风险应对的组织架构及其分工 • 明确停电事件预警的四个等级及其发布满足的条件 • 明确应急响应的四个等级及应急处置
交通系统	上海市人民政府办公厅	上海市处置道路交通事故应急预案（2016版）	• 明确风险应对的组织架构及其分工 • 明确道路交通事故预警的四个等级及划分依据 • 明确应急响应的四个等级及划分标准 • 明确应急处置举措
	上海市人民政府办公厅	上海市轨道交通运营突发事件应急预案 2020-11-23	• 明确轨道交通运营突发事件的四个等级及划分标准 • 明确风险应对的组织架构及其分工 • 明确轨道交通运营突发事件预警的四个等级及各自符合的情形 • 明确各级预警发布的机构及准备工作 • 明确应急响应的四个等级及应急处置
	上海市人民政府办公厅	上海市铁路事故应急预案（2014版）	• 明确铁路事故的四个等级及划分标准 • 明确风险应对的组织架构及其分工 • 明确铁路事故预警的四个等级及各级预警发布的机构 • 明确应急响应的四个等级及应急处置
城市关键基础设施	上海市人民政府	上海市网络与信息安全事件专项应急预案（2014版）	• 明确网络与信息安全事件的类型、分级及划分标准 • 明确风险应对的组织架构及其分工 • 明确网络与信息安全事件的四个等级及各级预警发布的机构 • 明确应急响应的四个等级及应急处置
	上海市人民政府	上海市实施《生产安全事故报告和调查处理条例》的若干规定 2018-07-01	• 明确事故报告适用的情形和程序 • 明确事故调查的责任主体及分工
	上海市应急管理局	进一步加强城市安全风险管控意见（征求意见稿） 2020-12-24	• 明确风险管理的具体任务 • 明确落实风险管理的要求

表 8-11　广东省城市关键基础设施运行风险应对的经验借鉴

适用对象	发布部门	文件名称与实施时间	主要经验参考点
燃气系统	广东省人民政府办公厅	广东省天然气供应突发事件应急预案 2013-06-14	• 明确风险应对的组织架构及其分工 • 明确天然气供应突发事件的四个等级及划分标准 • 明确应急响应的四个等级及各等级下的响应主体

续表

适用对象	发布部门	文件名称与实施时间	主要经验参考点
交通系统	广东省人民政府办公厅	广东省城市轨道交通运营突发事件应急预案 2018-09-04	• 明确风险应对的组织架构及其分工 • 明确运行监测与预警的举措 • 明确应急响应的四个等级及各等级下的响应主体与举措
	广东省人民政府办公厅	广东省处置铁路行车事故应急预案 2014-01-22	• 明确风险应对的组织架构及其分工 • 明确铁路行车事故的四个等级及划分标准 • 明确应急响应的四个等级及各等级下的响应主体与举措

注：《广东省大面积停电事件应急预案》已在 2020 年 12 月 10 日废止，故不再列出

8.1.4 风险应对策略的体系化设计

在明晰利益相关方及其各自风险管理职责以及归纳国内外风险应对策略经验借鉴的基础上，开展城市关键基础设施运行风险应对策略的体系化设计，形成多部门协同、多主体联动、多区域统筹、多环节保障的城市关键基础设施运行风险应对体系，全面保障城市关键基础设施运行安全。

1. 多部门协同

各级政府相关管理部门是城市关键基础设施运行安全的推动者与监督者，所制定的风险应对策略兼顾了前瞻性和引领性，具有较高的宏观指导价值。如前所述，我国城市关键基础设施的相关政府管理部门主要涉及国家能源局、住房和城乡建设部、交通运输部、国家发展和改革委员会以及国家能源局下设的各个区域监管局、住房和城乡建设部下设的区域管理委员会、国家发展和改革委员会的区域委员会以及所在地的城市管理委员会、交通委员会等。系统梳理这些政府管理部门的风险管理职责后发现，目前仍存在管理层级边界不够清晰、职责交叉重叠的问题。

结合第二篇所开展的城市关键基础设施运行机理研究工作可以发现：城市关键基础设施涉及燃气、电力、供热、交通等多个系统，各个系统之间并非完全割裂，而是存在着地理型、功能型、随机型等各种类型的系统关联。已有研究表明，系统关联的存在会使得某一个系统的运行异常引发出其他系统的不良连锁反应，从而对城市关键基础设施运行安全产生不利的影响。现实中，城市关键基础设施各个系统之间关联的存在，也对相关管理部门协同应对风险提出了要求。例如，埋设在某段道路下的燃气管道发生泄漏事故，在燃气公司工作人员寻找泄漏点和修补管道的过程中，需要所在地交通管理部门对该路段交通进行临时管制和疏导，整个风险应对工作必须在燃气管理部门和交通管理部门的共同规划与部署下完成。

为此，需要强化城市关键基础设施相关管理部门之间的常态定期沟通和非常态应急联动，建立健全风险应对的多部门协同机制。

一方面，自下而上重新梳理当前城市关键基础设施相关管理部门的职责，并建立多部门联席会议制度。首先，以市辖区作为最基层的城市关键基础设施运行风险管理单元，对相关基层管理部门的风险应对职能进行清晰的界定和划分，消除管理边界不够清晰、职责交叉重叠的问题；然后，按照行政级别逐层反推，明确基层管理部门直属上级管理部门的风险应对职能，以市委市政府、省委省政府、中共中央国务院为各个层级的最高领导机构，避免同一层级内的多头管理；最后，通过多部门联席会议制度来畅通部门之间常态定期沟通的渠道，相互学习交流风险分析与应对的成功经验。

另一方面，以"软约束+硬平台"相结合的方式强化城市关键基础设施相关管理部门之间的非常态应急联动。首先，由各个层级最高领导机构牵头筹备所在层级内的应急联动中心，并授权其统筹所管辖区域范围内城市关键基础设施相关管理部门所掌握的社会公共资源；然后，应急联动中心与城市关键基础设施相关管理部门签署建立应急联动工作协议，在应急资源储备、应急信息共享、响应不当惩戒等方面形成具有约束力的条款；最后，开发城市关键基础设施运行风险应对平台来实现风险预警信息的快速传递、应急响应信息的实时共享以及各类资源的综合调度与协调配置。

2. 多主体联动

设施运营企业是保障城市关键基础设施运行安全的主力军和风险的直接承受者。由于城市关键基础设施涉及燃气、电力、供热和交通等多个系统，则相应的设施运营企业也并非仅涉及单一公司个体，而是涵盖燃气公司、电力公司等多个运营主体的共同体。城市关键基础设施的运行安全保障，离不开这些运营主体的共同努力。因此，有必要在设施运营企业层面强化多主体联动机制的建立健全，以便形成城市关键基础设施运行风险应对的责任共同体。

（1）各个系统的设施运营企业要严格规范自身生产经营行为，结合自身生产经营业务的特征制定针对性的风险应对方案，积极防范系统运行风险。同时，开展多种形式的系统运行风险应对活动，定期组织生产经营风险应对培训、突发事件风险应对演练、风险应对标兵评选等，提升企业内部全体员工的风险意识。

（2）各个系统的设施运营企业之间要打通线上线下相结合、实时沟通的多元化渠道，如在线交流企业微信群、线下的定期联席会议等，形成学习交流各自所掌握风险分析与应对先进技术的互动氛围。同时，不定期组织设施运营企业的风险应对多主体联合演练，培养多主体联动应对风险的合作意识，形成"1+1＞2"的风险应对合力。

(3)将自上而下的责任重构与自下而上的责任倒逼相结合。一方面,由各个层级内的应急联动中心,起草并安排辖区内各个系统的设施运营企业签订城市关键基础设施运行风险应对的多主体联动共同责任书,将风险应对目标逐项分解,并构建以企业法人为第一责任人的责任体系,监督各个系统设施运营企业落实风险应对的多主体联动责任;另一方面,将城市关键基础设施运行风险多主体联动应对的成效与各个系统设施运营企业的经营业绩年终考核挂钩,并通过税收优惠等奖励和停业整顿等惩罚的方式来倒逼企业履行风险应对的多主体联动责任。

3. 多区域统筹

城市关键基础设施涉及燃气、电力、供热和交通等多个系统,这些系统的管道或线路大多呈现网络化布局的特征,往往会跨越多个不同的辖区。因此,非常有必要强化城市关键基础设施运行风险应对多区域统筹机制的建立健全。

对于单一辖区内的城市关键基础设施运行风险应对,遵循属地管理为主、区域统筹随需而定的原则,主要由城市关键基础设施所在辖区内的应急管理中心来统筹协调相关管理部门和相关系统设施运营企业的各类应急资源共同应对风险。当风险应对所需的应急资源超过上述部门和企业所拥有应急资源的上限时,所在辖区内的应急管理中心需要与相邻辖区的应急管理中心进行及时沟通,由其配合协调相关应急资源进行城市关键基础设施运行风险应对的多区域统筹。

对于跨越多个辖区的城市关键基础设施运行风险应对,遵循上级部门统筹、属地管理配合的原则,由城市关键基础设施所在辖区上一个层级的应急管理中心来统筹协调相关辖区内管理部门和系统设施运营企业的各类应急资源以便共同应对风险,相关辖区内的应急管理中心配合完成各类应急资源的调度和使用。

4. 多环节保障

现实中,城市关键基础设施运行风险应对工作的具体开展过程通常会涉及"事前准备→事中响应→事后归档"等多个环节,在利用多部门协同、多主体联动、多区域统筹来调动各个利益相关方积极性和主动性的基础上,还需要建立健全城市关键基础设施运行风险应对的多环节保障机制,对各个环节进行人、财、物等资源的保障。

在事前准备环节,需要建立健全完备的风险应对策略体系。该体系涵盖了不同类型风险(如地震、海啸、停电、道路交通事故)的不同风险等级(特别重大、重大、较大、一般)下,不同层级管理部门和不同设施运营企业所采取的风险应对策略,即兼顾风险类型、风险等级以及多部门和多主体等要素。

在事中响应环节,需要在风险事件发生后快速启动与风险事件相匹配的应对方案。这一过程涉及了城市关键基础设施运行风险类型的快速识别、城市关键基础设施运行风险等级的精准研判、城市关键基础设施运行风险应对方案选择（面向所构建风险策略库中已有备选方案的场景）、城市关键基础设施运行风险应对方案生成（面向所构建风险策略库中尚无备选方案的场景）等。

在事后归档环节，需要进行过程记录、原因追溯和教训总结。建立城市关键基础设施运行风险应对档案，由专人负责对风险发生的类型、风险等级、各个部门和主体开展风险应对的及时性和有效性、风险事件发生原因的调查经过和结果、责任追究和后续处理、事故反思和教训总结等进行记录，由所在辖区内的应急管理中心负责归档保管。

综上，通过发挥风险应对体系的多部门协同、多主体联动、多区域统筹、多环节保障综合效应，实现城市关键基础设施运行风险应对策略的顶层设计，为保障城市关键基础设施运行安全提供宏观指导。

8.2 风险应对策略库构建原则与流程

在完成风险应对策略顶层设计的基础上，本节重点阐述城市关键基础设施运行风险应对策略库的构建原则与流程。

8.2.1 风险应对策略库的构建原则

城市关键基础设施运行风险应对策略库的构建原则由普适性原则和特定性原则共同构成。其中，普适性原则为一般性原则，适用于城市关键基础设施涉及的各个系统，通常在全面梳理已有研究文献的基础上归纳总结得出；特定性原则是针对城市关键基础设施各个系统的风险应对需求量身定制的原则，需要结合各个系统所面临潜在风险的典型特征以及利益相关方的风险管理职责来进行设计。在构建城市关键基础设施运行风险应对策略库时，应同时遵循普适性原则和特定性原则，以确保所构建风险应对策略库的科学性和有效性。

1. 普适性原则

城市关键基础设施运行风险应对策略库构建的普适性原则主要包括可操作性、科学性、全面性等原则。

（1）可操作性原则。城市关键基础设施运行风险应对策略库的构建，最先关注的就是可操作性原则，风险应对策略库如果不能应用于实际操作，就失去了构建的意义。为了保障城市关键基础设施运行风险应对策略库的可操作性，应认真解读城市关键基础设施运行相关管理部门和设施运营企业的风险管理职责及其发布/制定的相关管理办法，从中提取出具有可操作性的风险应对策略来指导现实问题的解决。

（2）科学性原则。城市关键基础设施运行风险应对策略库的科学性原则主要体现在两个方面：一是风险应对策略自身必须具有科学性，能够与城市关键基础设施运行风险的典型特征相匹配；二是各个风险应对策略之间的逻辑关系必须具有科学性，能够在适用的应用对象、适用的风险类型、适用的风险等级等方面有所体现。

（3）全面性原则。全面性原则是指城市关键基础设施运行风险应对策略库的构建，必须全面地考虑与城市关键基础设施运行相关的各个风险因素和各种可能发生的风险应对情景。在深度剖析风险因素和风险应对情景的基础上，全面地选取风险应对策略，不仅要反映城市关键基础设施运行风险应对策略所对应具体应用对象的边界，还要能够反映城市关键基础设施运行所涉及风险类型的差异。

2. 特定性原则

城市关键基础设施运行风险应对策略库构建的特定性原则主要包括主体差异性、风险差异性和动态调整性等原则。

（1）主体差异性原则。主体差异性原则是指城市关键基础设施运行风险应对策略库的构建，首先需要考虑所选取的风险应对策略与城市关键基础设施所涉及各个系统的运行特征相匹配，体现出各个系统的相关管理部门以及设施运营企业在风险应对策略方面的差异。

（2）风险差异性原则。城市关键基础设施运行风险应对策略库的风险差异性原则体现在两个方面：一是指选取的风险应对策略需要与城市关键基础设施运行所涉及风险的类型相匹配，体现出面向不同类型风险所采取的差异化风险应对策略；二是指选取的风险应对策略需要与城市关键基础设施运行所涉及风险的等级相匹配，体现出面向不同等级风险所采取的差异化风险应对策略。

（3）动态调整性原则。城市关键基础设施运行风险应对策略库的动态调整性原则体现在两个方面：一是指选取的风险应对策略需要适应城市关键基础设施运行风险动态变化可能导致的各种后果，能够动态地反映风险应对策略与城市关键基础设施运行风险等级差异的匹配；二是由于城市关键基础设施运行风险的复杂多变和利益相关方风险应对体系的不断完善，可能会滋生新的风险，有些风险也可能消亡不再出现，城市关键基础设施运行风险应对策略库的构建不是一蹴而就的，而是可以动态地增加或剔除部分风险应对策略，但并不会导致整个风险应对策略库的结构性变化。

8.2.2 风险应对策略库的构建流程

在可操作性、科学性、全面性等普适性原则和主体差异性、风险差异性和动态调整性等特定性原则的共同指导下，以"风险应对策略信息采集→风险应对策略特征提取→风险应对策略情景构建→风险应对策略规则定义→风险应对策略整合"为主线,进行城市关键基础设施运行风险应对策略库的构建,具体流程如图 8-1 所示。各个流程的主要工作描述如下。

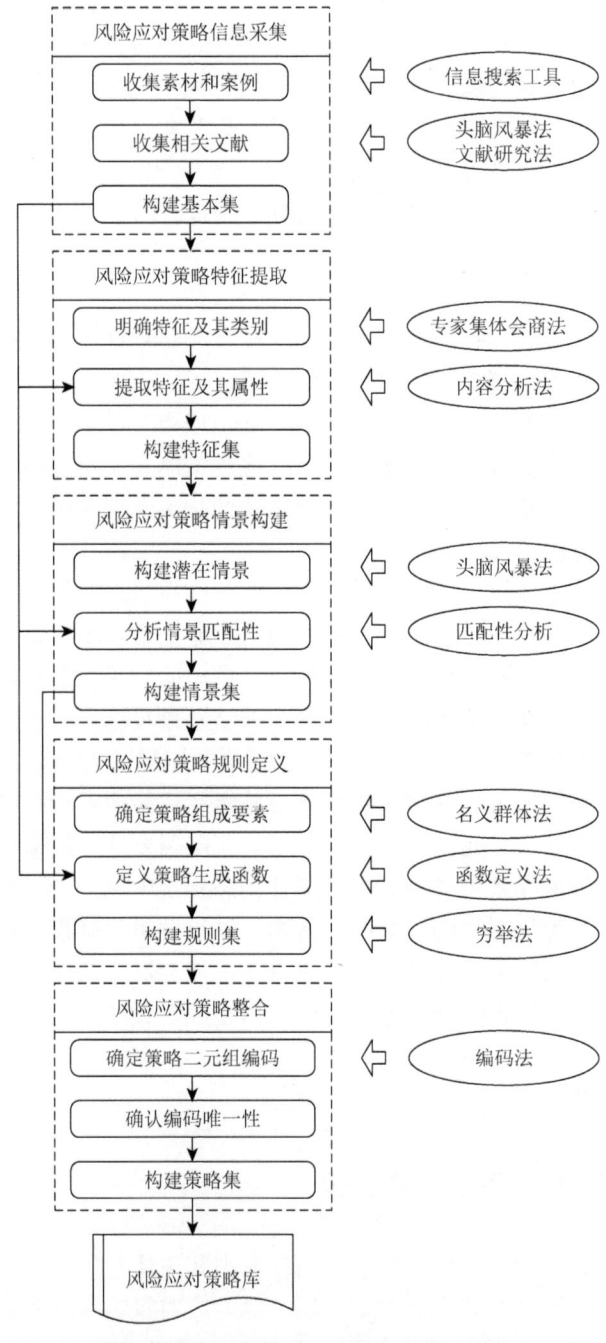

图 8-1　城市关键基础设施运行风险应对策略库的构建流程

1) 风险应对策略信息采集

首先以主流搜索引擎、城市关键基础设施相关管理部门的官网、城市关键基础设施相关运营企业的官网等为检索源，进行风险应对策略相关素材和典型案例的收集。然后，以中国知网全文数据库和 Web of Science 数据库为检索源，通过头脑风暴法设定"设施+风险""燃气+风险""电力+风险""供热+风险""交通+风险""infrastructure+risk""infrastructure+disaster"等作为主题组合检索词，设定 1990~2020 年为时间区间进行相关中英文文献检索及文献追溯。最后，将采集到的相关素材、案例和文献进行汇总，作为基本集为后续流程提供必要的工作基础和前提。

2) 风险应对策略特征提取

首先，利用专家集体会商法明确能够标识城市关键基础设施运行风险应对策略的主要特征及其类型；其次，对基本集中涉及的素材、案例和文献进行内容分析，从中提取出与风险应对策略主要特征相匹配的各类特征及其属性；最后，将提取出的各类特征及其属性进行分类汇总，形成城市关键基础设施运行风险应对策略特征集。

3) 风险应对策略情景构建

首先，通过头脑风暴法对提取出的风险应对策略特征集中不同类型的特征进行随机组合，构建城市关键基础设施运行风险的若干个潜在情景；其次，将构建的每一个城市关键基础设施运行风险潜在情景与基本集进行匹配性分析，并将匹配性分析结果作为验证潜在情景客观存在性的依据；最后，剔除与基本集不存在匹配性的潜在情景，并将经验证与基本集存在匹配性的潜在情景进行汇总，形成城市关键基础设施运行风险应对策略情景集。

4) 风险应对策略规则定义

首先，通过名义群体法确定城市关键基础设施运行风险应对策略的组成要素，从实施主体和实施举措两个方面给出风险应对策略的二元组表达式；其次，选取所形成风险应对策略情景集中的任意一个情景，提取该情景所涉及的特征类型及其属性，作为规则执行的条件，在基本集中搜索与该情景相匹配的实施主体及其所采取的实施举措，实现匹配的风险应对策略二元组将成为规则执行的结果，则可将上述过程定义为风险应对策略生成的 If-Then 函数形式；最后，采用穷举法类推风险应对策略库情景集中的其他情景，并对其相应的风险策略生成规则进行汇总，形成城市关键基础设施运行风险应对策略规则集。

5) 风险应对策略整合

将风险应对策略规则集中每一条规则执行后得到的风险应对策略二元组进行编码，并进行相同二元组的合并处理以保证编码的唯一性，然后进行风险应对策略的整合集成，形成城市关键基础设施运行风险应对策略集，进而完成城市关键基础设施运行风险应对策略库的构建。

8.3 风险应对策略库的构成及其适用性分析

本节重点阐述所构建城市关键基础设施运行风险应对策略库的主要构成要素，并从应用对象、风险类型、风险等级等视角对风险应对策略库的适用性进行详细分析。

8.3.1 风险应对策略库的主要构成要素

基于图 8-1 所示的流程进行城市关键基础设施运行风险应对策略库的构建。所构建的风险应对策略库包括五个方面的主要构成要素。

1）风险应对策略基本集

风险应对策略基本集是城市关键基础设施运行风险应对策略库中最为基本的底层构成要素，可记为 Ω，主要包括通过信息采集得到的风险应对策略相关素材、典型案例和相关中英文文献。基本集是风险应对策略特征提取、风险应对策略情景构建、风险应对策略规则定义等流程的工作基础。

2）风险应对策略特征集

风险应对策略特征集是标识城市关键基础设施运行风险应对策略库中各个策略的关键标签，可记为 C。在所构建的风险应对策略库中，特征集 C 由三个群组构成，即 $C = C^1 \cup C^2 \cup C^3$，其中，$C^1$、$C^2$ 和 C^3 分别表示应用对象群组、风险类型群组和风险等级群组，假定三个群组分别由 m 个、k 个和 g 个元素构成，具体构成元素将结合从基本集中提取的特征及其属性来确定。

3）风险应对策略情景集

风险应对策略情景集刻画了城市关键基础设施运行风险应对策略库中各个策略的应用情景，可记为 S。假设情景集 S 由有限的 n 个元素构成，则有 $S = \{S_1, S_2, \cdots, S_n\}$，每个元素对应于特征集中三个不同群组内被选定元素的一种组合。假定从应用对象群组 C^1 中选定应用对象 C_p^1，$p \in \{1, 2, \cdots, m\}$，从风险类型群组 C^2 中选定风险 C_q^2，$q \in \{1, 2, \cdots, k\}$，从风险等级群组 C^3 中选定风险等级 C_l^3，$l \in \{1, 2, \cdots, g\}$，若将上述三个不同群组内被选定元素形成的组合记为 $\langle C_p^1, C_q^2, C_l^3 \rangle$，将相对应的情景记为 S_i，则有 $S_i = \langle C_p^1, C_q^2, C_l^3 \rangle$，$i \in \{1, 2, \cdots, n\}$，$p \in \{1, 2, \cdots, m\}$，$q \in \{1, 2, \cdots, k\}$，$l \in \{1, 2, \cdots, g\}$，即应用对象 C_p^1 发生了风险 C_q^2 且经评定风险等级为 C_l^3 级是城市关键基础运行风险应对策略的应用情景之一。

4）风险应对策略规则集

风险应对策略规则集是城市关键基础设施运行风险应对策略库中情景集与风

险应对策略集的联系纽带，可记为 R。规则集 R 中的每个元素对应于情景集中某个情景与风险应对策略集中某个策略的 If-Then 函数关系。显然，n 个情景需要 n 个规则来生成唯一的风险应对策略，即规则集的构成元素同样为 n 个，有 $R = \{R_1, R_2, \cdots, R_n\}$。假设某个特定情景为 S_i，如果 $S_i = (C_p^1, C_q^2, C_l^3)$，基本集中与该情景匹配的风险应对策略记为 A_i，则情景集与风险应对策略集之间的规则 R_i 可定义为 If $S_i = (C_p^1, C_q^2, C_l^3)$，Then $R_i(S_i) = A_i$，其中，$i \in \{1, 2, \cdots, n\}$，$p \in \{1, 2, \cdots, m\}$，$q \in \{1, 2, \cdots, k\}$，$l \in \{1, 2, \cdots, g\}$。

5）风险应对策略集

风险应对策略集是城市关键基础设施运行风险应对策略库的核心构成要素，集合中的每个风险应对策略由应对主体和应对举措构成的若干个二元组来表示，描述了应对主体（既包括不同层级的相关管理部门，也包括各个系统的设施运营企业）针对城市关键基础设施运行风险所采取的具体应对举措。结合规则集的描述可知，风险应对策略集由 n 个风险应对策略构成，则有 $A = \{A_1, A_2, \cdots, A_n\}$。不失一般性，本书所构建风险应对策略库中的各个风险应对策略不存在内容重叠交叉，即 $A_i \cap A_j = \varnothing$，$i, j = 1, 2, \cdots, n$。

8.3.2 风险应对策略库的适用性分析

下面将从应用对象、风险类型、风险等级等视角对风险应对策略库的适用性进行详细分析。

1. 应用对象适用性分析

结合第二篇对城市关键基础设施的概念内涵界定可知，其涉及了燃气系统、电力系统、供热系统和交通系统，这也是风险应对策略库构建流程中风险应对策略信息采集环节的重要依据。显然，通过对信息采集环节形成的基本集进行特征提取而确定的应用对象群组 C^1 将由四个元素构成，即 $C^1 = \{C_1^1, C_2^1, C_3^1, C_4^1\}$，其中，$C_1^1$、$C_2^1$、$C_3^1$ 和 C_4^1 分别对应城市关键基础设施涉及的燃气系统、电力系统、供热系统和交通系统。根据风险应对策略规则定义原理可知，当前构建的风险应对策略库仅适用于上述群组中单一系统的风险应对工作。

然而在现实中的某个特定时间内，上述应用对象中的某个系统可能处于风险状态，也可能有多个系统同时处于风险状态。这就表明，应用对象群组中的元素可能单独出现，也可能以组合的形式出现，以表示多个系统同时处于风险状态。例如，单独出现应用对象 C_1^1 表示燃气系统处于风险状态，而组合形式 $C_1^1 \cup C_2^1 \cup C_3^1$ 则表示燃气系统、电力系统和供热系统同时处于风险状态。因此，未来需要探索新的风险应对策略来处理多个系统同时面临风险时的应对工作。

2. 风险类型适用性分析

结合对信息采集环节形成的基本集进行特征提取后发现，得出的风险类型特征属性主要有暴雨/雪、台风、雷电、冰雹、大风、浓雾、霾、高温、寒潮、地震、地面塌陷、滑坡、泥石流、海啸、风暴潮、外力破坏、设备老旧/管线老化、安全事故、有害程序攻击、网络攻击、信息破坏等，也就是说城市关键基础设施运行过程中会遇到上述类型的风险。以这些风险的衍生机理为归类依据，可将上述风险划分为气象灾害、地质灾害、海洋灾害、运营事故、网络与信息安全攻击五大类，则风险类型群组 C^2 将由五个元素构成，即 $C^2 = \{C_1^2, C_2^2, C_3^2, C_4^2, C_5^2\}$，其中，$C_1^2$、$C_2^2$、$C_3^2$、$C_4^2$ 和 C_5^2 分别对应气象灾害、地质灾害、海洋灾害、运营事故、网络与信息安全攻击。根据风险应对策略规则定义原理可知，当前构建的风险应对策略库仅适用于上述群组中单一类型风险的风险应对工作。

与应用对象群组相似的是，在现实中的某个特定时间内，风险类型群组中的元素可能单独出现，也可能以组合的形式出现，表示多个风险同时发生、交互作用。例如，单独使用风险类型 C_2^2 表示发生地质灾害（如地震），而 $C_2^2 \cup C_3^2$ 表示地质灾害和海洋灾害同时发生（如3·11日本特大地震和大海啸）。因此，未来需要探索新的风险应对策略来处理单一系同时面临多种类型风险以及多个系统同时面临多种类型风险时的应对工作。

3. 风险等级适用性分析

结合对信息采集环节形成的基本集进行特征提取后发现，风险等级特征属性主要有Ⅰ级（特别重大）、Ⅱ级（重大）、Ⅲ级（较大）和Ⅳ级（一般），并分别采用红色、橙色、黄色和蓝色表示。由此，风险等级群组 C^3 将由四个元素构成，即 $C^3 = \{C_1^3, C_2^3, C_3^3, C_4^3\}$，其中，$C_1^3$、$C_2^3$、$C_3^3$ 和 C_4^3 分别对应Ⅰ级、Ⅱ级、Ⅲ级和Ⅳ级。通常情况下，各等级划分的依据主要涉及人员伤亡数量、直接经济损失金额、服务中断时间与影响范围等量化指标，根据相关政策文件明确不同等级的分级阈值。根据风险应对策略规则定义原理可知，当前构建的风险应对策略库适用于上述群组中任意一个风险等级的风险应对工作。

与前两个群组不同的是，风险等级群组中的元素在某一个特定时间内仅会单独出现，也就是说某一个特定时间内的风险等级是唯一的，不会有多个风险等级同时出现的情况。但是，风险等级的评定并不是一成不变的，其会随着风险态势的动态变化而调整。当风险加剧导致失控呈现出恶化态势时，风险等级会出现级别跃升；当风险得到有效控制呈现出利好态势时，风险等级会逐步下降。此外，当前构建的风险应对策略库中的风险等级仅适用于评定单一系统发生单一类型风险的情景,当多个系统同时面临风险甚至多个系统同时面临多种类型风险时,如何评定风险等级将需要未来进行探索。

综上,针对城市关键基础设施运行风险应对策略库构建问题,本章主要开展了三个方面的研究工作。

(1) 完成了城市关键基础设施运行风险应对策略的顶层设计。首先,分别从国家层面和代表性地方政府层面阐述了燃气、电力、供热和交通等系统相关管理部门的风险管理职责,以及相关设施运营企业的风险管理职责;其次,梳理了日本、英国、美国等代表性国家以及我国国家层面和代表性地方政府层面的城市关键基础设施运行风险应对策略,凝练出具有借鉴价值的经验参考点;最后,以"多部门协同、多主体联动、多区域统筹、多环节保障"为核心完成了城市关键基础设施运行风险应对策略的体系化设计。

(2) 明确了城市关键基础设施运行风险应对策略库的构建原则与流程。首先,分别给出了城市关键基础设施运行风险应对策略库构建的可操作性、科学性、全面性等普适性原则以及主体差异性、风险差异性和动态调整性等特定性原则的内涵说明;其次,以"风险应对策略信息采集→风险应对策略特征提取→风险应对策略情景构建→风险应对策略规则定义→风险应对策略整合"为主线,给出了城市关键基础设施运行风险应对策略库构建流程的详细描述。

(3) 分析了城市关键基础设施运行风险应对策略库的主要构成要素及其适用性。首先,阐述了城市关键基础设施运行风险应对策略库的主要构成要素,包括风险应对策略基本集、风险应对策略特征集、风险应对策略情景集、风险应对策略规则集、风险应对策略集,并给出了各个集合的符号与构成说明;最后,分别从应用对象、风险类型、风险等级等视角给出了城市关键基础设施运行风险应对策略库适用性的详细描述。

第9章 城市关键基础设施运行风险应对方案选择研究

面对所构建风险应对策略库中已有备选方案的场景，城市关键基础设施运行风险应对的关键是如何从备选方案中选择出最优的风险应对方案。风险应对方案选择研究对于利益相关方快速响应城市关键基础设施运行风险，进而最大限度地减少风险损失、规避次生衍生风险的发生具有重要的意义。本章将针对以复杂关联情境为切入点的城市关键基础设施运行风险应对方案选择问题，提出一种考虑关联性特征匹配的风险应对方案选择方法，并对所提方法开展典型应用研究，以验证所提方法的有效性和可行性。

9.1 城市关键基础设施运行风险应对方案选择问题的研究背景

以燃气、电力、供热、交通等系统为代表的城市关键基础设施是支撑社会经济发展和维系城市正常运转的"生命线"工程，其运行安全性与社会生产的稳定性以及公众生活的便利性密切相关（Misuri et al., 2018; Suo et al., 2019; 刘晓等, 2009; 朱悦妮等, 2014）。近年来，国内外城市关键基础设施运行过程中遭遇的风险事件频频发生（如2017年7月贵州晴隆县因持续强降雨导致边坡下陷侧滑挤断管道而引发的燃气管道泄漏燃爆、2018年11月郑州因管网老旧引发的供热管道爆裂、2021年2月美国得州暴风雪侵袭引发的大停电、2021年2月缅甸全国大罢工引发的交通瘫痪），促使各级政府相关管理部门意识到加强城市关键基础设施运行风险管理的重要性和迫切性（Esposito et al., 2020; Shortridge and Camp, 2019; Suo et al., 2021）。一些地方政府相关管理部门已经尝试通过构建风险应对策略库来逐步健全城市关键基础设施运行风险应对体系。

风险应对是城市关键基础设施运行风险管理的关键环节，也是一个复杂的系统工程问题（Stergiopoulos el al., 2015; Yu et al., 2018; 索玮岚和陈锐, 2015）。一方面，城市关键基础设施各系统在空间布局上毗邻交织、在功能实现上交互依赖（Heracleous et al., 2017; Rinaldi et al., 2001; 金成浩等, 2019; 索玮岚和陈锐, 2013），这种系统关联性导致风险应对方案往往需要多个相关部门协同实施；

另一方面，城市关键基础设施运行环境具有高风险性和明显的风险传导效应（Benoit，2004；Dueñas-Osorio and Vemuru，2009；Rehak et al.，2018；周方等，2018），最优的风险应对方案不仅要能够最大限度地降低风险事件对城市关键基础设施运行造成的直接损失，还要有效规避风险传导效应引发的次生衍生风险及其带来的间接损失。因此，如何通过合理的方法从所构建风险应对策略库的已有备选方案中选择出最优的风险应对方案是城市关键基础设施运行风险管理领域的一个重要研究工作。

目前，城市关键基础设施运行风险应对方案选择的定量研究尚处于探索阶段。一些学者在开展城市关键基础设施运行风险分析的过程中涉及了风险应对方案选择的定性描述。例如，Kjølle 等（2012）基于历史数据和专家判断确定了城市关键基础设施运行风险事件的频率和概率、受影响的人数等，并结合风险评估结果定性识别出最优的风险应对方案；Litman（2018）对交通系统风险应对方案进行了定性分析，讨论了提高交通系统运行安全性的新范式；Zemite 等（2018）通过系统恢复分析明确了拉脱维亚燃气系统遭遇供应中断风险时的风险应对方案。另有一些学者开展了城市关键基础设施运行风险应对方案选择的量化模型研究。例如，Zhang 和 Ramirez-Marquez（2013）针对城市关键基础设施运行过程中面临的恶意攻击，构建了不完全信息下的两阶段博弈模型来确定最优应对策略；Bjarnadottir 等（2014）针对电力系统运行过程中面临的飓风风险，提出了全生命周期成本分析方法来确定最优应对策略；徐海铭等（2014）通过影响矩阵将多系统耦合多层级分布的城市关键基础设施网络抽象为"节点—关系"图，以最大化网络总服务能力为优化目标，建立了基于预算总资金约束的城市关键基础设施应急保护数学模型，并设计了模型求解的遗传算法；Young 等（2016）针对城市关键基础设施运行过程中面临的网络风险，构建了融入保险的优化模型来确定最优应对策略；Zhao 等（2020）针对电力燃气综合系统运行过程中面临的网络攻击，提出了两阶段分布式鲁棒优化模型来确定虚假数据侵入攻击下最优的风险应对策略。

需要指出的是，面对所构建风险应对策略库中已有备选方案的场景，城市关键基础设施运行风险应对方案选择问题难以直接应用上述方法来解决，其特殊性表现在以下两个方面：①由于系统关联性和风险传导效应，城市关键基础设施运行风险事件的特征指标之间也存在一定的关联性，并有关联类型和强弱的差异。例如，特征指标"系统设施受损程度"和"次生衍生风险发生的可能性"之间就存在较强的互补型关联，即设施严重受损会明显提高次生衍生风险发生的可能性。②由于风险事件的突发性及其后果的不确定性和模糊性，往往难以用精确的信息来刻画城市关键基础设施运行风险事件的特征指标（Ouyang，2014）。例如，通常使用"不低于10万元"来描述直接经济损失，使用"较低"来描述次生衍生风险发生的可能性。鉴于此，在所构建风险应对策略库中已有备选方案的场景下，针对以复杂关联情境为切入点的城市关键基础设施运行风险应对方案选择问题所涉及的特征指标关联性和信息形式多样性的特点，给出一种考虑关联性特征匹配的混合型决策方法，通过衡量风险事件与应对方案在各个关联性特征指标的匹配程度以及综合匹配程度，进行风险应对方案的初筛和优选。

9.2 考虑关联性特征匹配的风险应对方案选择方法

在所构建风险应对策略库中已有备选方案的场景下，结合以复杂关联情境为切入点的城市关键基础设施运行风险应对方案选择问题的典型特点，本节给出一种考虑关联性特征匹配的混合型决策方法。首先，给出风险应对方案选择的问题描述；最后，给出风险应对方案选择方法的原理与步骤。

9.2.1 风险应对方案选择的问题描述

为便于分析涉及特征指标关联性和信息形式多样性的城市关键基础设施运行风险应对方案选择问题，采用如下符号描述该问题所涉及的集合和量。

R：城市关键基础设施运行风险事件。

$A=\{A_1, A_2, \cdots, A_m\}$：城市关键基础设施运行风险应对方案集合（$m \geq 2$），假设该集合中的风险应对方案均来源于已构建的风险应对策略库，其中，A_k 为第 k 个应对方案，$k \in M$，$M=\{1,2,\cdots,m\}$。

$C=\{C_1, C_2, \cdots, C_n\}$：风险事件的特征指标集合，其中，$C_i$ 为第 i 个特征指标，$i \in \{1,2,\cdots,n\}$。记 $C^I=\{C_1, C_2, \cdots, C_p\}$ 和 $C^F=\{C_{p+1}, C_{p+2}, \cdots, C_n\}$ 分别表示指标值为区间数和语言短语形式信息的特征指标子集合，$1 \leq p < n$ 且满足 $C^I \bigcup C^F = C$。记 Ω_1 和 Ω_2 分别为子集合 C^I 和 C^F 的下标集合，$\Omega_1=\{1,2,\cdots,p\}$，$\Omega_2=\{p+1, p+2, \cdots, n\}$，且满足 $\Omega_1 \bigcup \Omega_2 = \{1,2,\cdots,n\}$；

$W=(w_1, w_2, \cdots, w_n)$：风险事件特征指标的权重向量，其中，$w_i$ 为特征指标 C_i 的权重，且满足 $\sum_{i=1}^{n} w_i = 1$，$0 < w_i < 1$，$i=1,2,\cdots,n$。指标权重向量 W 通常由组织者直接给出或通过层次分析法得到。

$D=[d_{ij}]_{m \times m}$：风险事件特征指标关联矩阵，其中，d_{ij} 为特征指标 C_i 和 C_j 之间的关联指数（$i \neq j$），$d_{ij} \in [-100, 100]$，$i, j = 1, 2, \cdots, n$。该指数由风险应对专家小组协商后给出，用来反映特征指标之间关联的类型和强弱，$d_{ij} \in [-100, 0)$ 表示特征指标 C_i 和 C_j 之间存在冗余型关联，即特征指标之间呈现出相互制约的状态，而且 d_{ij} 越接近 -100 表示冗余型关联越强；$d_{ij}=0$ 表示特征指标 C_i 和 C_j 之间为零型关联，即两个特征指标相互独立；$d_{ij} \in (0, 100)$ 表示特征指标 C_i 和 C_j 之间存在互补型关联，即特征指标之间呈现出相互催化的状态，而且 d_{ij} 越接近 100 表示互补型关联越强，$i, j = 1, 2, \cdots, n$（$i \neq j$）。这里不考虑风险事件特征指标自身的关联，有 $d_{ii} = "-"$，$i = 1, 2, \cdots, n$。

$S = \{S_0, S_1, \cdots, S_g\}$：语言短语评价集合，其中，$S_q$ 为第 q 个语言短语，$q \in \{0, 1, \cdots, g\}$。

$Y = (y_1, y_2, \cdots, y_n)$：风险事件特征指标决策向量，其中，$y_i$ 为风险事件 R 在特征指标 C_i 的指标值，$i = 1, 2, \cdots, n$。该指标值由相关工作人员进行现场信息采集后给出或由风险应对专家小组根据经验判定并协商后给出，其可能为区间数或语言短语形式的信息。

$X = [x_{ki}]_{m \times n}$：应对方案特征指标决策矩阵，其中，$x_{ki}$ 为应对方案 A_k 在特征指标 C_i 的指标值，$k \in M$，$i = 1, 2, \cdots, n$。该指标值通常依据权威机构颁布的相关法规或管理标准而定，其也可能为区间数或语言短语形式的信息。

在所构建风险应对策略库中已有备选方案的场景下，本章要解决的以复杂关联情境为切入点的城市关键基础设施运行风险应对方案选择问题，是根据已知的特征指标权重 w_i、特征指标关联指数 d_{ij}、风险事件特征指标值 y_i 和应对方案特征指标值 x_{ki}，从应对方案集合 A 中选择出城市关键基础设施运行风险事件 R 的最优应对方案。

9.2.2 风险应对方案选择方法的原理与步骤

为解决上述问题，本章提出一种考虑关联性特征匹配的混合型决策方法，其基本原理与主要步骤描述如下。

首先，定义城市关键基础设施运行风险事件 R 的实际域、设定域和公共域，其中，实际域侧重反映风险事件 R 在特征指标 C_i 的真实表现，记为 $\varTheta_i$；设定域侧重反映应对方案 A_k 在特征指标 C_i 的预期承载力表现，记为 $\varXi_{ki}$；公共域则表明应对方案 A_k 在特征指标 C_i 下应对风险事件 R 的可控力表现，其为实际域与设定域面积交织的区域，记为 $\varTheta_i \cap \varXi_{ki}$，$k \in M$，$i = 1, 2, \cdots, n$。

其次，将风险事件特征指标值 y_i 和应对方案特征指标值 x_{ki} 分别映射为实际域和设定域，并通过测算两者的面积交织部分来确定公共域。

（1）当特征指标 $C_i \in C^I$ 时，风险事件特征指标值 y_i 的区间数形式表示为 $\hat{y}_i = [y_i^L, y_i^U]$，其中，$y_i^L, y_i^U \in \mathbb{N}$ 且 $y_i^L \leqslant y_i^U$，$\mathbb{N}$ 为实数域，$i \in \varOmega_1$；应对方案特征指标值 x_{ki} 的区间数形式表示为 $\hat{x}_{ki} = [x_{ki}^L, x_{ki}^U]$，其中，$x_{ki}^L, x_{ki}^U \in \mathbb{N}$ 且 $x_{ki}^L \leqslant x_{ki}^U$，$\mathbb{N}$ 为实数域，$k \in M$，$i \in \varOmega_1$。图 9-1 展示了区间数形式特征指标值对应的实际域、设定域和公共域。

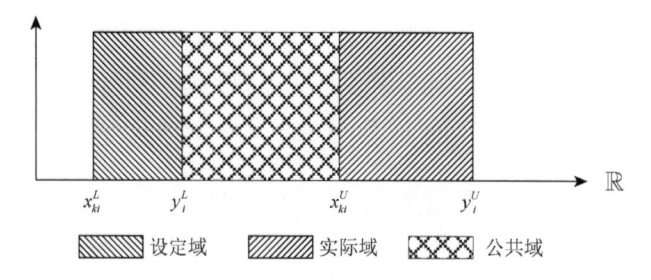

图 9-1 区间数形式特征指标值对应的实际域、设定域和公共域

（2）当特征指标 $C_i \in C^F$ 时，若对应的特征指标值为语言短语 S_q，则可以通过下列转换公式转化为三角模糊数形式的 $\tilde{S}_q$。

$$\tilde{S}_q = (S_q^1, S_q^2, S_q^3) = \left(\max\left\{\frac{q-1}{g}, 0\right\}, \frac{q}{g}, \min\left\{\frac{q+1}{g}, 1\right\} \right), q \in \{0,1,\cdots,g\} \quad (9\text{-}1)$$

依据式（9-1），可以分别将语言短语形式的风险事件特征指标值 y_i 和应对方案特征指标值 x_{ki} 转换为三角模糊数形式的 $\tilde{y}_i$ 和 $\tilde{x}_{ki}$，其中，$\tilde{y}_i = (y_i^1, y_i^2, y_i^3)$，$\tilde{x}_{ki} = (x_{ki}^1, x_{ki}^2, x_{ki}^3)$，相应的隶属度函数分别记为 $\mu_i^Y(z)$ 和 $\mu_{ki}^X(z)$，$k \in M$，$i \in \Omega_2$。图 9-2 展示了语言短语形式特征指标值对应的实际域、设定域和公共域，其中，ϕ 为设定域与实际域的边界线交点在横轴上的映射。

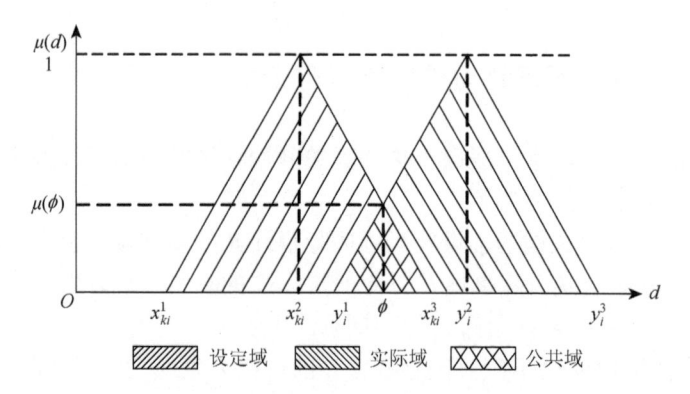

图 9-2 语言短语形式特征指标值对应的实际域、设定域和公共域

然后，定义反映风险事件 R 与应对方案 A_k 在特征指标 C_i 下匹配程度的信息量为 f_{ki}，根据经典的公理设计方法（Suh，2001），f_{ki} 可表示为

$$f_{ki} = \log_2\left(\frac{\text{实际域}}{\text{公共域}}\right) = \log_2\left(\frac{\Theta_i}{\Theta_i \cap \Xi_{ki}}\right) \quad (9\text{-}2)$$

其中，$k \in M$，$i \in \Omega_1 \bigcup \Omega_2$。

考虑到不同信息形式特征指标值对应实际域与公共域存在表现形式上的差异，将经典的公理设计方法（Suh，2001）扩展到混合型决策环境，并分别给出不同信息形式特征指标下 f_{ki} 的计算公式，$k \in M$，$i \in \Omega_1 \cup \Omega_2$。

（1）当特征指标 $C_i \in C^I$ 时，有

$$f_{ki} = \begin{cases} 0, & y_k^U \leq x_{ki}^L, k \in M, i \in \Omega_1 \\ \infty, & y_i^L \geq x_{ki}^U, k \in M, i \in \Omega_1 \\ \log_2\left(\dfrac{y_i^U - y_i^L}{x_{ki}^U - y_k^L}\right), & 其他, k \in M, i \in \Omega_1 \end{cases} \quad (9\text{-}3)$$

（2）当特征指标 $C_i \in C^F$ 时，有

$$f_{ki} = \begin{cases} 0, & y_i^U \leq x_{ki}^L, k \in M, i \in \Omega_2 \\ \infty, & y_i^L \geq x_{ki}^U, k \in M, i \in \Omega_2 \\ \log_2\left(\dfrac{\mu(\phi)(y_i^3 - y_i^1)}{x_{ki}^3 - y_i^1}\right), & 其他, k \in M, i \in \Omega_2 \end{cases} \quad (9\text{-}4)$$

其中

$$\mu(\phi) = \dfrac{x_{ki}^3 - \phi}{x_{ki}^3 - x_{ki}^1} \quad (9\text{-}5)$$

$$\phi = \dfrac{x_{ki}^3 y_i^2 - x_{ki}^2 y_i^1}{x_{ki}^3 - x_{ki}^2 + y_i^2 - y_i^1} \quad (9\text{-}6)$$

其中，$k \in M$，$i \in \Omega_2$。

进一步，以公理设计方法中的信息公理（Suh，2001）为依据进行风险应对方案的初筛。由信息公理可知，f_{ki} 值越小表明风险事件 R 与应对方案 A_k 在特征指标 C_i 的匹配程度越高，$k \in M$，$i = 1, 2, \cdots, n$。特别地，$f_{ki} = \infty$ 表示在特征指标 C_i 下风险事件 R 造成的后果已远远超出应对方案 A_k 所能承载的范围，该应对方案将会被淘汰；$f_{ki} = 0$ 表示在特征指标 C_i 下风险事件 R 完全处于应对方案 A_k 可承载的范围内，$k \in M$，$i = 1, 2, \cdots, n$。

在此基础上，采用 Two-Additive Choquet 积分算子（Grabisch，1997）将风险事件 R 与初筛后剩余应对方案 A_k 在特征指标 C_i 的信息量 f_{ki} 与相应的特征指标权重 w_i、特征指标关联指数 d_{ij} 进行综合集结，得到风险事件与初筛后剩余应对方案的信息总量 f_k，其计算公式为

$$f_k = \sum_{i=1}^{n}\left(w_i - \frac{1}{2}\sum_{j=1}^{n}\frac{|d_{ij}|}{100}\right)f_{ki} + \sum_{i=1}^{n}\sum_{j=i+1}^{n}\left(\frac{d_{ij}}{100}\times\min\{f_{ki},f_{kj}\}\right)$$
$$+ \sum_{i=1}^{n}\sum_{j=1}^{i-1}\left(\frac{|d_{ij}|}{100}\times\max\{f_{ki},f_{kj}\}\right) \quad (9\text{-}7)$$

其中，$w_i - \frac{1}{2}\sum_{j=1}^{n}\frac{|d_{ij}|}{100} > 0$，$k \in M'$，$M'$ 为初筛后剩余应对方案的下标集合，$i=1,2,\cdots,n$。信息总量反映了风险事件与应对方案的综合匹配程度，其值越小表明风险事件与该应对方案的匹配程度越高。相关部门决策者可以根据 f_k 的大小对初筛后剩余应对方案进行排序，进而选择出最优的应对方案，$k \in M'$。

综上，给出考虑关联性特征匹配的城市关键基础设施运行风险应对方案选择方法的主要步骤。

步骤 1：定义城市关键基础设施运行风险事件 R 的实际域、设定域和公共域。

步骤 2：将风险事件特征指标值 y_i 和应对方案特征指标值 x_{ki} 分别映射为实际域和设定域，并通过测算两者的面积交织来确定公共域。

步骤 3：依据式（9-2）~式（9-6）计算风险事件 R 与应对方案 A_k 在特征指标 C_i 下匹配程度的信息量 f_{ki}。

步骤 4：根据公理设计方法中的信息公理进行风险应对方案的初筛。

步骤 5：依据式（9-7）计算风险事件与初筛后剩余应对方案的信息总量 f_k，并据此选择最优的应对方案。

9.3 城市关键基础设施运行风险应对方案选择的典型应用研究

本节将以某样本区域为例开展城市关键基础设施运行风险应对方案选择的典型应用研究，以验证所提出方案选择方法的可行性和有效性。

9.3.1 风险应对方案选择过程与主要结果

D 市位于某西部大省内，当地政府结合当前城市防灾减灾工作的部署出台了城市关键基础设施运行风险管理的相关规定并构建了风险应对策略库，重点关注风险事件在人员伤亡、直接经济损失、住户影响范围等六个方面的危害。某样本区域位于 D 市老旧城区内，建设标准不高、设施设备相对落后。假设某日该样本区域内燃气管道泄漏并导致爆炸的风险事件记为 R，在所构建的风险应对策略库的基础上，结合不同等级的危害形成了五种风险应对方案，具体如表 9-1 所示。

第 9 章 城市关键基础设施运行风险应对方案选择研究

表 9-1 城市关键基础设施运行风险应对方案及其应对策略

应对方案	应对策略
方案一（A_1）	由风险事件致损的城市关键基础设施运营企业牵头，全面调动企业内部资源来应对风险
方案二（A_2）	城市关键基础设施相关运营企业成立联合专项工作小组，风险事件发生地附近的相关救援部门协同应对风险
方案三（A_3）	在区政府指导下成立风险应对小组，辖区内相关救援部门综合调配、协同参与风险应对
方案四（A_4）	在市政府指导下成立风险应对多部门联调联动小组，市内相关救援部门综合调配、协同参与风险应对
方案五（A_5）	上报省政府，调动省内相邻城市相关救援部门综合调配、协同参与风险应对

将风险应对方案集合记为 $A = \{A_1, A_2, \cdots, A_5\}$，风险事件特征指标集合记为 $C = \{C_1, C_2, \cdots, C_6\}$，即 C_1：人员伤亡（单位：人），C_2：直接经济损失（单位：万元），C_3：住户影响范围（单位：户），C_4：燃气系统设施受损程度，C_5：对城市关键基础设施其他系统运行的影响，C_6：次生衍生风险发生的可能性，特征指标权重向量为 $W = (0.21, 0.18, 0.19, 0.15, 0.12, 0.15)$，语言短语评价集合为 $S = \{S_0\text{:L(低)}, S_1\text{:M(一般)}, S_2\text{:H(高)}, S_3\text{:VH(很高)}, S_4\text{:DH(极高)}\}$，各应对方案在特征指标集合的具体信息可根据相关规定确定（表 9-2）。

表 9-2 风险应对方案特征指标信息

应对方案	C_1	C_2	C_3	C_4	C_5	C_6
方案一（A_1）	[0, 2]	[0, 5]	[0, 100]	L	L	L
方案二（A_2）	[3, 5]	[5, 20]	[100, 1 000]	M	M	M
方案三（A_3）	[6, 10]	[20, 50]	[1 000, 5 000]	H	H	H
方案四（A_4）	[11, 30]	[50, 100]	[5 000, 10 000]	VH	VH	VH
方案五（A_5）	[31, +∞)	[100, +∞)	[10 000, +∞)	DH	DH	DH

风险应对专家小组给出了风险事件特征指标的关联系数（表 9-3），同时，在事故发生后，结合工作人员的现场信息采集和专家小组的协商获取了如表 9-4 所示的风险事件特征指标信息。

表 9-3 风险事件特征指标关联指数

特征指标	C_1	C_2	C_3	C_4	C_5	C_6
C_1	—	0.15	0.1	0.05	0.05	0
C_2	0.15	—	0.1	−0.03	−0.02	0.03

续表

特征指标	C_1	C_2	C_3	C_4	C_5	C_6
C_3	0.1	0.1	—	0	0	0
C_4	0.05	−0.03	0	—	0.08	0.06
C_5	0.03	−0.02	0	0.08	—	0.04
C_6	0	0.05	0	0.06	0.04	—

表 9-4 风险事件特征指标信息

特征指标	C_1	C_2	C_3	C_4	C_5	C_6
R	[4, 6]	[45, 60]	[850, 1250]	M	H	VH

利用所提出的方法进行样本区域内城市关键基础设施运行风险应对方案的选择。首先，将表 9-2 和表 9-4 的风险应对方案特征指标信息和风险事件特征指标信息分别映射为设定域和实际域，并通过测算两者的面积交织来确定公共域。然后，根据式（9-2）～式（9-6）分别计算风险事件与风险应对方案在各个特征指标的信息量，结果如表 9-5 所示。

表 9-5 风险事件与风险应对方案在各个特征指标的信息量

应对方案	特征指标					
	C_1	C_2	C_3	C_4	C_5	C_6
方案一（A_1）	∞	∞	∞	2	∞	∞
方案二（A_2）	1	∞	1.42	0	2	∞
方案三（A_3）	0	1.58	0.68	2	0	2
方案四（A_4）	0	0.58	0	0	2	0
方案五（A_5）	0	0	0	0	0	2

从计算结果可以看出，风险事件在个别特征指标上的表现已超出风险应对方案 A_1 和 A_2 所能承载的范围，上述两个方案将被淘汰。在此基础上，结合表 9-3 的风险事件特征指标关联系数，依据式（9-7）计算风险事件与剩余风险应对方案的信息总量，结果为：$f_3 = 0.64$，$f_4 = 0.14$，$f_5 = 0.15$。由此，可以判定剩余风险应对方案的排序为：$A_4 \succ A_5 \succ A_3$，则 A_4 为该风险事件的最优风险应对方案。

9.3.2 风险应对方案选择方法的比对分析

通过方法比对的计算实验来进一步验证本章所给方法的有效性。面对所构建风险应对策略库中已有备选方案的场景下以复杂关联情境为切入点的城市关键基础设施运行风险应对方案选择问题，假定不考虑城市关键基础设施运行风险事件特征指标的关联性，即所有特征指标之间均呈现为零型关联，此时特征指标关联系数 $d_{ij}=0$，$i\neq j$，$i,j\in\{1,2,\cdots,n\}$，则计算风险事件与初筛后剩余应对方案的信息总量时采用的 Two-Additive Choquet 积分算子将退化为经典的加权平均算子。该计算实验中风险事件与初筛后剩余应对方案的信息总量记为 f'_k，其计算公式为

$$f'_k = \sum_{i=1}^{n} w_i f_{ki} \tag{9-8}$$

其中，$k \in M'$，M' 为初筛后剩余应对方案的下标集合。

依据式（9-8）计算风险事件与剩余风险应对方案的信息总量，结果为：$f'_3 = 1.01$，$f'_4 = 0.34$，$f'_5 = 0.30$。由此，可以判定剩余风险应对方案的排序为：$A_5 \succ A_4 \succ A_3$，显然 A_5 为该风险事件的最优风险应对方案。

通过结果比对不难发现，两种方法得到的最优风险应对方案截然不同。如果不考虑风险事件特征指标的关联性，需要启动最高等级的风险应对方案 A_5，而如果考虑风险事件特征指标的关联性，则仅需要启动次高等级的风险应对方案 A_4 就可以达到最优应对效果。通过不同方法得到结果的比对分析，验证了考虑城市关键基础设施运行风险事件特征指标关联的必要性，而采用本章所给的方法不仅能够对考虑关联性特征前提下的城市关键基础设施运行风险应对方案选择做出快速响应，所得到的结果在解决当前问题的同时也能够避免过度调动风险应对资源、影响资源使用效率的最优化。

综上，在所构建风险应对策略库中已有备选方案的场景下，城市关键基础设施运行风险应对方案选择的快捷与高效对于提升城市关键基础设施运行风险应对能力具有至关重要的作用。针对该问题涉及特征指标关联性以及信息形式多样性的典型特征，提出了一种考虑关联性特征匹配的混合型决策方法。该方法通过有效扩展公理设计方法以及合理引入 Two-Additive Choquet 积分算子，分别计算出反映城市关键基础设施运行风险事件与风险应对方案在各个特征指标下匹配程度的信息量和反映综合匹配结果的信息总量，以此进行风险应对方案的初筛和优选。所提出的方法具有简单易操作、实用性强等特点，能够为相关部门快速响应城市关键基础设施运行风险、最大限度地降低风险损失和危害提供有效的决策支持。

本章所开展的城市关键基础设施运行风险应对方案选择研究仍是聚焦单一风险事件下的应对方案选择，仅在风险事件特征指标的遴选方面涉及了与系统关联和风险关联具有一定相关性的指标且考虑了特征指标之间的关联性，但未对系统关联和风险关联进行量化并直接引入城市关键基础设施运行风险应对方案选择过程。因此，多风险事件叠加下的城市关键基础设施多系统运行风险应对方案选择研究将是未来重点开展的工作。

第10章 城市关键基础设施运行风险应对方案生成研究

第 9 章重点讨论了面对所构建风险应对策略库中已有备选方案的场景时，如何开展城市关键基础设施运行风险应对方案选择工作。本章则是在所构建风险应对策略库中尚无备选方案的场景下，针对以复杂关联情境为切入点的城市关键基础设施运行风险应对方案生成问题，提出一种复杂关联情境驱动的风险应对方案生成方法，并对所提方法开展典型应用研究，以验证所提方法的有效性和可行性。

10.1 城市关键基础设施运行风险应对方案生成问题的研究背景

开展城市关键基础设施运行风险应对研究的重要性和迫切性已经在第 9 章进行了详细论述。虽然目前已有一些国家部委和地方政府管理部门陆续出台了城市关键基础设施运行风险应对相关的政策文件，以这些文件为基础根据图 8-1 所示的流程能够构建出城市关键基础设施运行风险应对策略库，但分析结果已表明按照流程构建出的风险应对策略库在适用性方面还存在一些短板。特别是现实中，由于复杂关联情境对城市关键基础设施运行的影响，可能出现多个系统同时遭受风险、单一系统同时遭受多种类型风险甚至多个系统同时遭受多种类型风险的极端情况，当前政策文件中提及的风险应对策略大多仅适用于单一系统发生单一类型风险的情况，所构建的风险应对策略库无法提供能够直接应用于上述极端情况的风险应对备选方案。此时，如何以复杂关联情境为切入点，以所构建风险应对策略库为依托，结合城市关键基础设施运行风险的典型特征，生成适用于多系统多风险的应对方案就显得尤为重要。

现有的城市关键基础设施运行风险应对方案研究大多聚焦已有风险应对备选方案前提下的方案选择研究，关于尚无风险应对备选方案前提下的方案生成研究则较为少见，Yu 和 Li(2018)针对城市关键基础设施运行过程中面临的级联灾害，提出了基于 CBR 的方法来生成适用的风险应对方案。近年来，应急决策领域中的应急方案生成方法研究已经吸引了一些国内外学者的关注，相关的研究成果为本章所开展的城市关键基础设施运行风险应对方案生成研究提供了重要的方法借鉴。比较有代表性的研究成果包括：Fan 等（2014）针对燃气爆炸应急方案生成问题，提出了一种适用于 CBR 中案例检索的混合相似度测度方法；李永海等（2014）针对缺乏有效应急预案的一类突发事件应急响应问题，提出了一种基于相似历史案例分析的突发事件应急方案生成方法；封超等（2016）针对突发事件应急方案生成问题，在 CBR 理论的基础上，将基本遗传法和粒子群优化算法引入属性特征权重，提出了一种考虑属性特征权重影响的方法；刘昭阁等（2018）针对乳品安全事件应对问题，首先基于案例情景相似度算法生成风险交流策略清单，然后结合案例的策略效果数据和概率分配函数进行策略清单约简，最后从策略完备性与应对事件窗出发完成多案例策略组合与生成；Han 等（2019）针对突发事件应急方案生成问题，提出了一种基于知识单元 C4.5 决策树的断言推理方法；Rebeeh 等（2019）针对工业城市石化火灾的应急响应问题，提出了将位置危险指数和响应时间优化模型相结合的应急响应管理系统来进行事故条件下的响应方案设计；谭睿璞等（2020）针对突发事件应急决策中信息表述为精确数、区间数、语言术语、直觉模糊数、中智数、梯形模糊中智数的特点，提出了一种异质信息环境下基于 CBR 的应急决策方法。

CBR 及其扩展方法在上述应急方案生成方法研究中得到了较为广泛的应用，能够在单一突发事件发生时结合其特征属性生成应急方案来实现快速响应。但是，如何解决以复杂关联情境为切入点的城市关键基础设施运行风险应对方案生成问题是一个复杂的系统工程，需要着重考虑以下几个方面：一是以所构建风险应对策略库为依托，最终生成的风险应对方案中所涉及的具体策略均来自风险应对策略库；二是结合城市关键基础设施运行风险的典型特征，即涉及多个系统、多种类型风险且需要综合考虑系统关联和风险关联的影响；三是将复杂关联情境的量化分析引入风险应对方案生成过程，为面临多种类型风险同时发生的城市关键基础设施多个系统提供适用的风险应对方案。通过对已有研究的梳理可以发现，CBR 方法能够为解决城市关键基础设施运行风险应对方案生成问题提供一个可借鉴的思路。

鉴于此，在所构建风险应对策略库中尚无备选方案的场景下，结合以复杂关联情境为切入点的城市关键基础设施运行风险应对方案生成问题的典型特点，本节借鉴 CBR 方法的模型框架给出一种复杂关联情境驱动的风险应对方案生成方法。该方法涉及风险应对真实情景表示、风险应对策略检索、风险应对策略重用、风险应对策略修正和风险应对方案生成五个阶段，通过复杂关联情境量化分析、检索规则设计、预期应用效果判定、修正规则设计以及风险应对策略整合处理，最终生成适用于复杂关联情境的城市关键基础设施运行风险应对方案。

10.2 复杂关联情境驱动的风险应对方案生成方法

首先,将 CBR 方法作为预备知识进行简单说明;其次,给出风险应对方案生成问题的相关符号定义与描述;最后,给出复杂关联情境驱动的风险应对方案生成方法的原理与步骤。

10.2.1 CBR 方法的预备知识

关于 CBR 方法的说明将从方法的提出及其扩展、方法的基本原理、方法的典型应用三个方面阐述。

1. CBR 方法的提出及其扩展

关于 CBR 方法的提出可追溯至美国耶鲁大学 Schank 和 Abelson(1977)联合发表的专著 *Scripts, Plans, Goals, and Understanding: An Inquiry into Human Knowledge Structures*,在该书中提出了"脚本"知识表示方法,成为 CBR 方法的雏形。随后,Schank(1983)在 *Dynamic Memory: A Theory of Reminding and Learning in Computers and People* 中首次给出了 CBR 方法的认知模型和框架,为 CBR 方法的发展奠定了重要的理论基础。而后,在 Schank 所给出的以记忆组织包(memory organization packets,MOP)为核心的动态记忆理论的基础上,美国佐治亚理工学院 Kolodner(1983)开发了第一个真正意义上的基于案例的专家系统,即问答式专家系统(CYRUS),为 CBR 方法的发展奠定了系统研究基础。此后,CBR 方法的相关研究逐步得到了国内外学者的关注。李永海和樊治平(2017)在《复杂决策问题的解决方法与应用研究:一种基于相似案例分析的方法》中,将 CBR 方法的发展划分为三个阶段,并对各个阶段的典型特征进行了分析,具体如表 10-1 所示。

表 10-1 CBR 方法发展阶段划分及各阶段典型特征分析

发展阶段	阶段产出	研究范围	研究侧重点
简单应用阶段 (1984~1993 年)	涌现出一些基于 CBR 方法的应用系统	主要集中在美国	• 主要通过简单的 K 邻近算法实现案例检索 • 除案例检索之外的其他环节均需要人来参与完成 • 推理机制也相对比较简单
快速发展阶段 (1994~2003 年)	多次召开以 CBR 为主题的国际学术会议	扩大到欧洲和亚洲等地区	• 研究集中在案例表示和 CBR 方法 • 应用领域日趋广泛 • 数据挖掘和不确定性理论在 CBR 方法研究中开始得到应用

续表

发展阶段	阶段产出	研究范围	研究侧重点
理论完善阶段（2004年至今）	日趋完善的CBR理论体系	扩大到更为广阔的地区	• 研究集中在案例数据模型和逻辑框架 • 多技术融合成为主流趋势 • 案例的维护开始得到重视

关于CBR方法的扩展研究主要聚焦在以下两个方面。

一是CBR自身的方法创新，根据侧重点的不同又可以细分为两类。一类侧重通过对模型框架的细化来完善其应用过程。代表性的成果有：Aamodt 和 Plaza（1994）提出的 R4 模型，将 CBR 的应用过程细化为案例检索（retrieve）、案例重用（reuse）、案例修正（revise）和案例存储（retain）；Finnie 和 Sun（2003）在 R4 模型的基础上提出了 R5 模型，将案例重新划分（repartition）作为 CBR 应用的第一个环节，强调要先对潜在的现实问题和求解方案进行分类。需要指出的是，R4模型和R5模型相对应的4个或5个应用过程均形成了可循环的链条。另一类侧重通过对信息表现形式的多样化来扩展其应用环境。代表性的研究成果有：林杰等（2000）、Faez等（2009）将CBR方法扩展到模糊数环境；孙洁和李辉（2009）将CBR方法扩展到灰色信息环境；Fan等（2014）将CBR方法扩展到清晰符号、清晰数、区间数、模糊语言变量和随机变量等五种信息形式同时存在的混合信息环境；李鹏等（2015）将CBR方法扩展到直觉模糊数环境；谭睿璞等（2020）将CBR方法扩展到精确数、区间数、语言术语、直觉模糊数、中智数、梯形模糊中智数等六种信息形式同时存在的异质信息环境。

二是CBR与其他方法的融合创新。目前已有国内外学者将CBR方法与遗传算法、数据包络分析、神经网络、机器学习、深度学习等方法进行融合创新来解决不同领域的研究问题。代表性的研究成果主要有：Chang等（2006）将CBR方法与遗传算法进行融合创新来解决批发商退货预测问题；Juan（2009）将CBR方法与数据包络分析进行融合创新来解决房屋翻新承包商选择和绩效改进问题；韩敏和沈力华（2012）将CBR方法与模糊C均值和神经网络融合创新来对CBR方法进行改进；张春晓等（2014）将CBR方法与遗传算法、内省学习和群决策思想融合创新来对CBR分类方法进行改进；龚健等（2015）将CBR方法与元胞自动机融合创新来模拟农村居民点变化；吴登生等（2015）将CBR方法与粒子群算法和支持向量回归机模型融合创新来解决软件成本组合估算问题；吴彦伟等（2015）将CBR方法与Web2.0和文本挖掘技术融合创新来对传统CBR系统进行改进；封超等（2016）将CBR方法与基本遗传算法和粒子群优化算法融合创新来解决突发事件应急方案生成问题；Yeow等（2014）将CBR方法与机器学习融合创新来解决法医尸检问题；Lee等（2020）将CBR方法与发明问题解决理论

（teoriya resheniya izobreatatelskikh zadatch，TRIZ）融合创新来进行定制化、以知识为中心的服务设计；Corbat 等（2021）将 CBR 方法与深度学习融合创新来解决医学图像分割问题。

2. CBR 方法的基本原理

作为人工智能领域一种新颖的问题解决范式，CBR 方法以类比推理为主要思想，通过模仿人类思考和推理过程来将过去所发生的案例与当前需要解决的问题相联系，以获得解决新问题的方案（Aamodt and Plaza，1994）。现实中，当人们遇到一个新问题时，首先会对问题特征进行分析，然后会基于个人经验寻找与该问题特征相类似的历史问题，并根据历史问题的解决方案来推理出当前新问题的解决方案。

由此可以看出，CBR 方法本质上是一种基于历史经验判断的人工智能方法，其依托的前提假设为（李永海和樊治平，2017）：①世界是规则的，这就意味着相似的问题通常有着相似的解决方案；②事物是会重复出现的，这就意味着人们通常会遇到重复出现的（相似的）问题或事物。CBR 方法的主要原理是：将新问题定义为目标案例，根据个人经验在案例库中进行检索并提取出与目标案例相似的历史案例，然后对历史案例解决方案进行相应的调整，以此得到适用于目标案例问题的解决方案。

此外，需要强调的是，CBR 方法起源于人类的认知心理活动，但又高于认知心理活动（李永海和樊治平，2017）。这主要表现在如下两个方面：一是 CBR 方法侧重于模拟人类的思维方式，也就是说当人类遇到新问题时，会倾向于回忆过去是否遇到过相似的问题？采取了什么解决方案？解决效果怎么样？结合解决相似问题得到的经验信息去拟定适用新问题的解决方案。二是 CBR 能够将不同情况下的经验信息有效集成并整合在案例库中，进而为决策者提供多个具有参考价值的推理结果，以避免经验主义的弊端。

3. CBR 方法的典型应用

CBR 方法自提出以来，已在应急决策、可靠性分析、预测、评价、信息系统、分类等多个领域得到了广泛的应用。由于应急决策领域的 CBR 方法应用已经在10.1 节的研究问题背景中做了说明，这里重点对 CBR 方法在可靠性分析、预测、评价、信息系统、分类等其他领域的典型应用进行详细阐述。

在可靠性分析领域，严军等（2009）将最近邻算法与 CBR 方法集成后用于汽车故障诊断；董磊等（2012）将基于模型的故障诊断方法和 CBR 方法集成后用于故障诊断；Saraiva 等（2016）将规则推理方法和 CBR 方法集成后用于胃肠道肿瘤早期诊断；Silva 等（2020）将人工免疫系统和 CBR 方法集成后用于故障检测和诊断。

在预测领域，杜云艳等（2009）将 CBR 方法应用于土地利用变化预测；韩江洪等（2009）将 CBR 方法应用于纺纱质量预测；郑康宁等（2011）将高斯指标引入 CBR 方法并应用于物流外包企业风险预测；Sartori 等（2016）将 CBR 方法应用于破产预测；张涛等（2020）将心理学和知识领域的情境引入 CBR 方法并应用于电视节目播前收视率预测；Shao 等（2021）将 CBR 方法扩展到直觉模糊数环境并应用于救灾需求预测。

在评价领域，杜晓明和于永利（1999）将 CBR 方法应用于多准则综合评价，扩展了传统数学模型的求解方式；付玉等（2005）将 CBR 方法应用于供应链风险评估；Lee 等（2012）将多 Agent 认知图推理机制引入 CBR 方法并应用于销售机会评价；Hassanien 等（2016）将 CBR 方法应用于水污染评价；Deng and Li（2020）将 CBR 方法应用于地质灾害风险评估；Hadj-Mabrouk（2020）将 CBR 方法应用于铁路运输关键软件安全评价。

在信息系统领域，于跃海等（2002）将 CBR 方法与模糊推理和缺省推理等方法综合应用于医院重症监护室应急诊断系统的研发；柳炳祥和盛昭瀚（2003）将 CBR 方法应用于企业欺诈危机预警系统设计；黄继鸿等（2003）将 CBR 方法和遗传算法综合应用于企业财务危机智能预警支持系统的研发；路云等（2005）将 CBR 方法应用于企业经营支持模型设计；Louati 等（2019）将 CBR 方法应用于免疫记忆启发的交叉口短流控制系统研究。

在分类领域，黎夏等（2004）将 CBR 方法和模糊数学相结合，综合应用于土地利用分类；Begum 等（2014）将 CBR 方法与多尺度熵分析相结合，综合应用于轮式装载机作业人员生理信号分类；Gomez-Vallejo 等（2016）将 CBR 方法应用于医院感染检测分类；Bentaiba-Lagrid 等（2020）将 CBR 方法应用于医疗领域的监督分类；Corrales 等（2020）将 CBR 方法应用于推荐数据清洗算法来完成分类和回归任务。

10.2.2　风险应对方案生成问题的相关符号定义与描述

为便于分析以复杂关联情境为切入点的城市关键基础设施运行风险应对方案生成问题，定义如下的相关符号来描述该问题所涉及的集合和量。

$A = \{A_1, A_2, \cdots, A_n\}$：城市关键基础设施运行风险应对策略集，其中，$A_i$ 为第 i 个风险应对策略，$i = 1, 2, \cdots, n$。不失一般性，风险应对策略集内各个策略不存在重叠交叉，则有 $A_i \cap A_j = \varnothing$，$A_i, A_j \in A$，$i, j = 1, 2, \cdots, n$。

$C = \{C^1, C^2, C^3\}$：城市关键基础设施运行风险应对策略特征集，C 由三个群组构成，即 $C = C^1 \cup C^2 \cup C^3$，其中，$C^1$、$C^2$ 和 C^3 分别表示应用对象群组、风险类型群组和风险等级群组。

$C^1 = \{C_1^1, C_2^1, C_3^1, C_4^1\}$：城市关键基础设施运行风险应对策略的应用对象群组，其中，C_1^1、C_2^1、C_3^1 和 C_4^1 分别对应城市关键基础设施涉及的燃气系统、电力系统、供热系统和交通系统，这里假设各系统的重要性均等。

$C^2=\{C_1^2,C_2^2,C_3^2,C_4^2,C_5^2\}$：城市关键基础设施运行风险类型群组，其中，$C_1^2$、$C_2^2$、$C_3^2$、$C_4^2$ 和 C_5^2 分别对应气象灾害、地质灾害、海洋灾害、运营事故、网络与信息安全攻击，这里假设各风险类型的重要性均等。

$C^3=\{C_1^3,C_2^3,C_3^3,C_4^3\}$：城市关键基础设施运行风险等级群组，其中，$C_1^3$、$C_2^3$、$C_3^3$ 和 C_4^3 分别对应Ⅰ级（特别重大）、Ⅱ级（重大）、Ⅲ级（较大）和Ⅳ级（一般）。

$S=\{S_1,S_2,\cdots,S_n\}$：城市关键基础设施运行风险应对策略的历史情景集，类似于 CBR 方法所涉及的历史案例集，其中，S_i 为第 i 个风险应对策略情景。需要说明的是，根据 8.3 节给出的城市关键基础设施运行风险应对策略库的构成及其适用性分析可知，任意一个风险应对策略情景均通过规则库中的某个特定规则被指派给唯一一个与其相匹配的风险应对策略，而且任意一个风险应对策略对应于 C^1、C^2 和 C^3 三个不同群组内被选定元素的一种组合。

S^*：城市关键基础设施运行风险应对的真实情景，其涉及的应用对象 C^{1*}、风险类型 C^{2*} 和风险等级 C^{3*} 均是非事先设定的，可能涉及某个特定风险等级下多个应用对象和多种风险类型的组合，通常根据城市关键基础设施运行风险应对工作的现场信息采集和专家综合研判而定。

$F=\{F_1,F_2,\cdots,F_h\}$：城市关键基础设施运行风险特征指标集，其中，F_b 为第 b 个风险特征指标，$b\in\{1,2,\cdots,h\}$。风险特征指标主要刻画城市关键基础设施运行风险造成的不良后果和危害，通常涉及人员死亡数量、经济损失金额、服务中断时间和影响范围等。不同风险等级在上述风险特征指标存在差异化的阈值设定。例如，2007 年 3 月 28 日国务院第 172 次常务会议通过的《生产安全事故报告和调查处理条例》[1]规定：死亡人数达到 30 人以上对应的事故风险等级为Ⅰ级（特别重大），死亡人数在 10 人以上 30 人以下对应的事故风险等级为Ⅱ级（重大），死亡人数在 3 人以上 10 人以下对应的事故风险等级为Ⅲ级（较大），死亡人数在 3 人以下对应的事故风险等级为Ⅳ级（一般）。

$X_p^q=[x_{plb}^q]_{4\times h}$：应用对象特定类型风险等级量化矩阵，其中，$x_{plb}^q$ 反映了应用对象 C_p^1 面临风险类型 C_q^2 时对应风险等级 C_l^3 在风险特征指标 F_b 的表现，$p\in\{1,2,\cdots,4\}$，$q\in\{1,2,\cdots,5\}$，$l\in\{1,2,\cdots,4\}$，$b\in\{1,2,\cdots,h\}$。相应的指标值通常可以根据城市关键基础设施运行风险应对的相关管理文件来确定，其大多表现为区间数的形式，即 $x_{plb}^q=[\underline{x}_{plb}^q,\overline{x}_{plb}^q]$，$p\in\{1,2,\cdots,4\}$，$q\in\{1,2,\cdots,5\}$，$l\in\{1,2,\cdots,4\}$，$b\in\{1,2,\cdots,h\}$。例如，《上海市轨道交通运营突发事件应急预案（2020

---

[1]《生产安全事故报告和调查处理条例》，http://www.gov.cn/zhengce/2020-12/27/content_5573638.htm [2021-06-24]。

版)》①强调了一般运营突发事件的认定条件之一是"连续中断行车 2 小时以上 6 小时以下",则交通系统 C_4^1 面临风险类型为运营事故的 C_4^2 时对应Ⅳ级风险 C_4^3 在风险特征指标"服务中断时间"的表现可记为区间数[2,6])。

$Y_p^* = [y_{pqb}^*]_{5 \times h}$:真实情景下应用对象风险特征判定矩阵,其中,$y_{pqb}^*$ 反映了真实情景所涉及的应用对象 C^{1*} 面临风险类型 C^{2*} 时在风险特征指标 F_b 的表现,$p \in \{1, 2, \cdots, 4\}$,$q \in \{1, 2, \cdots, 5\}$,$b \in \{1, 2, \cdots, h\}$。通常情况下,需要结合风险应对工作现场信息采集确定真实情景下应用对象的风险特征判定信息,应用对象在某些风险特征指标可能表现为清晰数形式,如电力系统的人员死亡数量为 3 人;关于某些风险特征指标的表现可能很难在短时间内测算出精确值,此时大多表现为区间数形式,如电力系统的经济损失金额估算在 350 万~400 万元。这里将真实情景下应用对象风险特征判定信息定义为 $y_{pqb}^* = [\underline{y}_{pqb}^*, \overline{y}_{pqb}^*]$,当其表现为清晰数形式时,有 $\underline{y}_{pqb}^* = \overline{y}_{pqb}^*$,当其表现为区间数形式时,有 $\underline{y}_{pqb}^* < \overline{y}_{pqb}^*$,$p \in \{1, 2, \cdots, 4\}$,$q \in \{1, 2, \cdots, 5\}$,$b \in \{1, 2, \cdots, h\}$。需要说明的是,若应用对象 C_p^1 不属于真实情景所涉及的应用对象 C^{1*},即在真实情景中该应用对象并未面临风险,则此时判定矩阵 Y_p^* 为零矩阵,记 $Y_p^* = O$,$p \in \{1, 2, \cdots, 4\}$;若风险类型 C_q^2 不属于真实情景所涉及的风险类型 C^{2*},即应用对象 C^{1*} 并未面临风险类型 C_q^2,则相应的矩阵元素为 0,记 $y_{pqb}^* = 0$,$p \in \{1, 2, \cdots, 4\}$,$q \in \{1, 2, \cdots, 5\}$,$b \in \{1, 2, \cdots, h\}$。

$Z^1 = [z_{pt}^1]_{4 \times 4}$:应用对象关联矩阵,其中,$z_{pt}^1$ 反映了应用对象 C_p^1 与 C_t^1 之间关联对城市关键基础设施运行风险的影响效应及其强度,$p, t \in \{1, 2, \cdots, 4\}$。这里,由城市关键基础设施运行风险应对工作小组(以下简称"工作小组")组织领域专家采用 –100~100 分来刻画应用对象关联的影响效应及其强度,–100~ –1 分表明应用对象关联会加剧风险,分数越低则加剧效应越强,0 分表明无影响,1~100 分表明应用对象关联会缓解风险,分数越高则缓解效应越强。不失一般性,这里假设应用对象关联对城市关键基础设施运行风险的影响效应仅会对应加剧效应、无影响或缓解效应之中的一种,且不考虑应用对象自身关联对城市关键基础设施运行风险的影响,则有 $z_{pp}^1 = 0$,$p \in \{1, 2, \cdots, 4\}$。

$Z^2 = [z_{qv}^2]_{5 \times 5}$:风险类型关联矩阵,其中,$z_{qv}^2$ 反映了风险类型 C_q^2 与 C_v^2 之间关联对城市关键基础设施运行风险的影响效应及其强度,$q, v \in \{1, 2, \cdots, 5\}$。这里,同样由工作小组组织领域专家采用 –100~100 分来刻画风险类型关联的影响效应及其强度,–100~ –1 分表明风险类型关联会加剧风险,分数越低则加剧效应越强,0 分表明无影响,1~100 分表明风险类型关联会缓解风险,分数越高则缓解效应越强。同样假设风险类型关联对城市关键基础设施运行风险的影响效应仅会对应

---

① 《上海市轨道交通运营突发事件应急预案(2020 版)》,https://www.shanghai.gov.cn/nw32024/20210106/26fbde07d6f54db7b2463cb211baebfe.html[2021-09-28]。

加剧效应、无影响或缓解效应之中的一种,且不考虑风险类型自身关联对城市关键基础设施运行风险的影响,则有 $z_{qq}^2 = 0$,$q \in \{1, 2, \cdots, 5\}$。

基于上面的符号说明,本章要解决的问题是根据已知的应用对象特定类型风险等级量化矩阵 X_p^q、真实情景下应用对象风险特征判定矩阵 Y_p^*、应用对象关联矩阵 Z^1 和风险类型关联矩阵 Z^2,$p \in \{1, 2, \cdots, 4\}$,$q \in \{1, 2, \cdots, 5\}$,如何从城市关键基础设施运行风险应对策略集 A 中迅速提取出有效应对城市关键基础设施运行风险的针对性策略,进而生成城市关键基础设施运行风险应对方案,为防止无备选方案应对风险事件而导致后果持续恶化提供必要的方案支持。

10.2.3 风险应对方案生成方法的原理与流程

为解决上述问题,本章提出一种复杂关联情境驱动的城市关键基础设施运行风险应对方案生成方法。该方法以 CBR 方法的模型框架为依托,首先,以复杂关联情境为切入点来刻画城市关键基础设施运行风险应对的真实情景,明确情景所涉及的多个应用对象、多种类型风险,并融合复杂关联情境量化分析结果测算综合风险等级;其次,以城市关键基础设施运行风险应对策略特征的条件匹配为立足点,设计风险应对策略情景的检索规则,得到相似历史风险应对策略情景集,进而提取与检索到的相似历史风险应对策略情景相匹配的风险应对策略;再次,将提取的风险应对策略应用于城市关键基础设施运行风险应对真实情景,并进行预期应用效果的判定;然后,设计风险应对策略修正规则,通过预期应用效果与应用效果阈值的比对分析,对提取的风险应对策略进行删除、整合与增加等差异化处理;最后,基于对修正后风险应对策略的整合处理,生成适用于城市关键基础设施运行风险应对真实情景的方案。综上,将城市关键基础设施运行风险应对方案生成流程划分为风险应对真实情景表示、风险应对策略检索、风险应对策略重用、风险应对策略修正和风险应对方案生成五个阶段(图 10-1)。

(1) 风险应对真实情景表示。针对本章所构建的以复杂关联情境为切入点的城市关键基础设施运行风险应对真实情景,可以将该真实情景表达为由应用对象、风险类型和综合风险等级构成的三元组形式,即 $S^* = \langle C^{1*}, C^{2*}, C^{3*} \rangle$。考虑到复杂关联情境的影响,三元组表达式中的应用对象 C^{1*}、风险类型 C^{2*} 将分别表达为多个应用对象、多种类型风险的集合,即以复杂关联情境为切入点的城市关键基础设施运行风险应对真实情景会同时涉及多个应用对象和多种类型风险,C^{1*} 和 C^{2*} 通常可根据城市关键基础设施运行风险应对工作现场采集到的信息来确定。而三元组表达式中的综合风险等级 C^{3*} 则需要融合复杂关联情境的量化分析,结合现场采集到的信息并兼顾专家对应用对象关联影响和风险类型关联影响的研判来进行测算。

第10章 城市关键基础设施运行风险应对方案生成研究

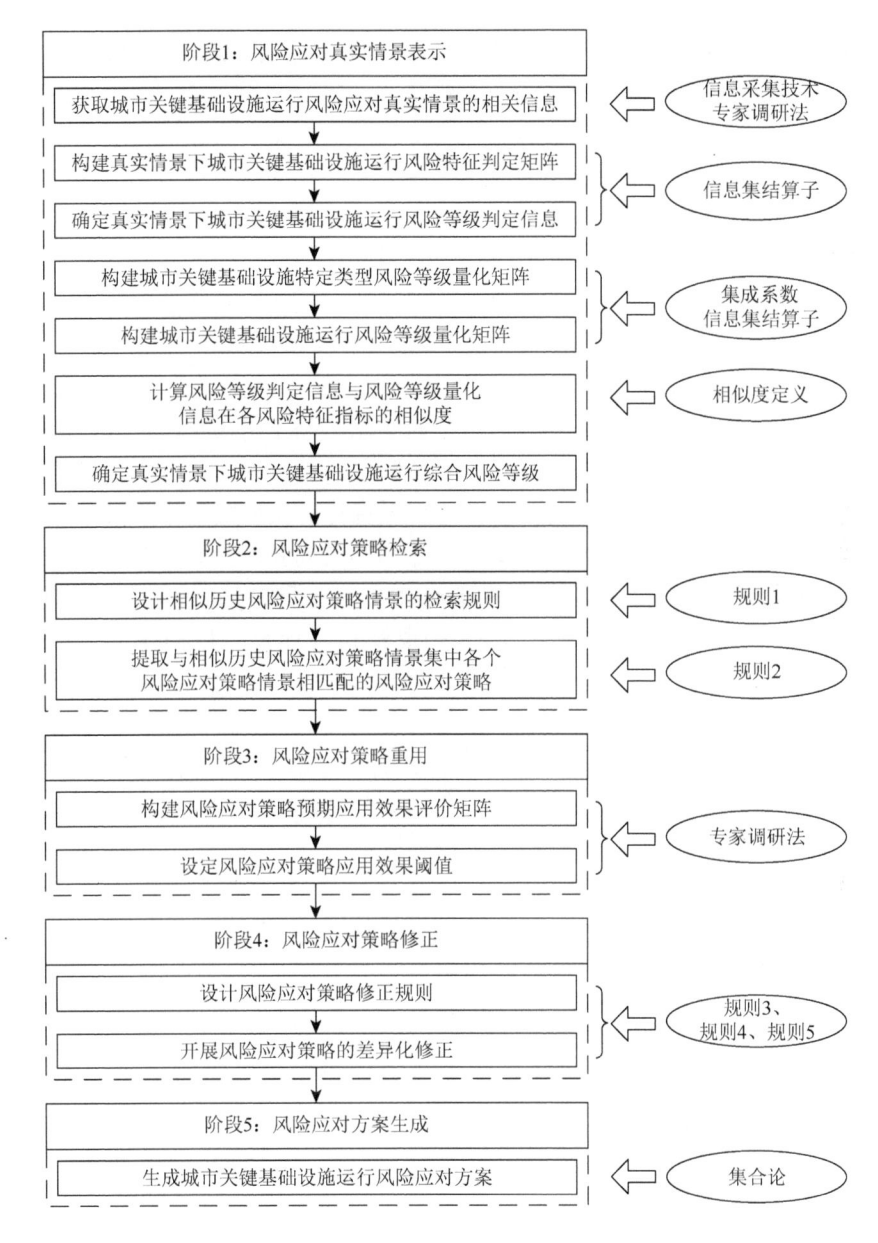

图 10-1 城市关键基础设施运行风险应对方案生成流程图

（2）风险应对策略检索。城市关键基础设施运行风险应对策略情景集 S 由 n 个风险应对策略情景构成，任意一个风险应对策略情景 S_i 可以表达为 C^1、C^2 和 C^3 三个不同群组内被选定元素组成的三元组形式，$i=1,2,\cdots,n$。将相似历史风险应对策略情景集定义为 S'，显然有 $S' \subset S$。为提高风险应对策略检索的准确度，确保检索出的风险应对策略与城市关键基础设施运行风险应对的真实情景最为相近，以城市关键基础设施运行风险应对策略特征（即应用对象、风险类型和风险等级）的条件匹配为立足点，设计相似历史风险应对策略情景的检索规则。当任意风险应对策略情景 S_i 中的应用对象属于集合 C^{1*}、风险类型属于集合 C^{2*} 且风险等级与 C^{3*} 一致时，认为该情景 S_i 为相似历史风险应对策略情景，并将其纳入集合 S'，$i=1,2,\cdots,n$。

（3）风险应对策略重用。依托风险应对策略库构建时使用的风险应对策略规则集 R，提取出与检索得到的相似历史风险应对策略情景集 S' 中各个风险应对策略情景相匹配的风险应对策略，形成与相似历史风险应对策略情景集 S' 相匹配的风险应对策略集 A'。将集合 A' 中的风险应对策略应用于城市关键基础设施运行风险应对的真实情景，由领域专家判定各个风险应对策略在人员死亡数量、经济损失金额、服务中断时间与影响范围等风险特征指标的预期应用效果。

（4）风险应对策略修正。结合集合 A' 中风险应对策略的预期应用效果，设计风险应对策略修正规则。将风险应对策略 A'_e 在城市关键基础设施运行风险特征指标 F_b 的预期应用效果 w_{eb} 与应用效果阈值 θ_b 进行比对，根据修正规则来进行风险应对策略的删除、整合与增加等差异化处理，$e \in \{1,2,\cdots,d\}$，$d \leqslant n$，$b \in \{1,2,\cdots,h\}$。

（5）风险应对方案生成。将修正后的风险应对策略 $A^*_1, A^*_2, \cdots, A^*_u$ 整合为集合 A^*，有 $A^* \subset A$，进而生成多应对主体、多应对举措构成的城市关键基础设施运行风险应对方案，$u \leqslant d$。

10.2.4 风险应对方案生成方法的具体步骤

基于图10-1，明确所提出复杂关联情境驱动的城市关键基础设施运行风险应对方案生成方法的具体步骤，描述如下。

步骤1：获取城市关键基础设施运行风险应对真实情景的相关信息。

成立工作小组，结合现场采集到的信息，确定应用对象 C^{1*} 和风险类型 C^{2*} 的构成，其中，C^{1*} 和 C^{2*} 分别为城市关键基础设施运行风险应对策略应用对象群组 C^1 的子集和城市关键基础设施运行风险类型群组 C^2 的子集，并构建真实情景下应用对象风险特征判定矩阵 Y^*_p，$p \in \{1,2,\cdots,4\}$。同时，由工作小组组织领域专家对应用对象关联和风险类型关联进行综合判定，分别构建应用对象关联矩阵 Z^1 和风险类型关联矩阵 Z^2，并结合相关管理文件构建应用对象特定类型风险等级量化矩阵 X^q_p，$p \in \{1,2,\cdots,4\}$，$q \in \{1,2,\cdots,5\}$。

步骤2：构建真实情景下城市关键基础设施运行风险特征判定矩阵。

基于所构建的真实情景下应用对象风险特征判定矩阵 Y^*_p 和应用对象关联矩

阵 Z^1，结合风险特征指标的属性进行应用对象层面的风险集成，$p \in \{1, 2, \cdots, 4\}$。这里将对城市关键基础设施运行风险特征指标集 F 中的指标 F_b 进行属性归类，划分依据为该风险特征指标是否受到关联效应影响以及是否具有累加集成效应，$b \in \{1, 2, \cdots, h\}$。将不受关联效应影响的风险特征指标下标集合记为 Ω_1，进一步细分为具有累加集成效应的下标集合 Ω_{11} 和不具有累加集成效应的下标集合 Ω_{12}，有 $\Omega_{11} \cap \Omega_{12} = \varnothing$，$\Omega_{11} \cup \Omega_{12} = \Omega_1$；而受关联效应影响的风险特征指标下标集合记为 Ω_2，进一步细分为具有累加集成效应的下标集合 Ω_{21} 和不具有累加集成效应的下标集合 Ω_{22}，有 $\Omega_{21} \cap \Omega_{22} = \varnothing$，$\Omega_{21} \cup \Omega_{22} = \Omega_2$，且有 $\Omega_1 \cap \Omega_2 = \varnothing$，$\Omega_1 \cup \Omega_2 = \{1, 2, \cdots, h\}$。

根据各风险特征指标的属性归类，分别利用求和算子、Two-Additive Choquet 积分算子（Grabisch，1997）等信息集结算子，获取真实情景下城市关键基础设施运行风险特征判定信息 $y_{qb}^* = [\underline{y}_{qb}^*, \overline{y}_{qb}^*]$，$q \in \{1, 2, \cdots, 5\}$，$b \in \{1, 2, \cdots, h\}$。

（1）当 $b \in \Omega_{11}$ 时，有

$$\underline{y}_{qb}^* = \sum_{p=1}^{4} \underline{y}_{pqb}^*, \quad q = 1, 2, \cdots, 5, \quad b = 1, 2, \cdots, h \tag{10-1}$$

$$\overline{y}_{qb}^* = \sum_{p=1}^{4} \overline{y}_{pqb}^*, \quad q = 1, 2, \cdots, 5, \quad b = 1, 2, \cdots, h \tag{10-2}$$

（2）当 $b \in \Omega_{12}$ 时，有

$$\underline{y}_{qb}^* = \max_{1 \leqslant p \leqslant 4} \{\underline{y}_{pqb}^*\}, \quad q = 1, 2, \cdots, 5, \quad b = 1, 2, \cdots, h \tag{10-3}$$

$$\overline{y}_{qb}^* = \max_{1 \leqslant p \leqslant 4} \{\overline{y}_{pqb}^*\}, \quad q = 1, 2, \cdots, 5, \quad b = 1, 2, \cdots, h \tag{10-4}$$

（3）当 $b \in \Omega_{21}$ 时，有

$$\begin{aligned} \underline{y}_{qb}^* &= \sum_{p=1}^{4} \underline{y}_{pqb}^* - \sum_{p=1}^{4} \sum_{t=p+1}^{4} \left(\frac{z_{pt}^1}{100 + |-100|} \times \min\{\underline{y}_{pqb}^*, \underline{y}_{tqb}^*\} \right) \\ &+ \sum_{p=1}^{4} \sum_{t=1}^{p-1} \left(\frac{|z_{pt}^1|}{100 + |-100|} \times \max\{\underline{y}_{pqb}^*, \underline{y}_{tqb}^*\} \right) \end{aligned} \tag{10-5}$$

$$\begin{aligned} \overline{y}_{qb}^* &= \sum_{p=1}^{4} \overline{y}_{pqb}^* - \sum_{p=1}^{4} \sum_{t=p+1}^{4} \left(\frac{z_{pt}^1}{100 + |-100|} \times \min\{\overline{y}_{pqb}^*, \overline{y}_{tqb}^*\} \right) \\ &+ \sum_{p=1}^{4} \sum_{t=1}^{p-1} \left(\frac{|z_{pt}^1|}{100 + |-100|} \times \max\{\overline{y}_{pqb}^*, \overline{y}_{tqb}^*\} \right) \end{aligned} \tag{10-6}$$

其中，$q = 1, 2, \cdots, 5$，$b = 1, 2, \cdots, h$。

（4）当 $b \in \Omega_{22}$ 时，有

$$\underline{y}_{qb}^* = \sum_{p=1}^{4}\left(\frac{1}{4} - \frac{1}{2}\sum_{p=1}^{4}\frac{|z_{pt}^1|}{100+|-100|}\right)\underline{y}_{pqb}^*$$

$$+ \sum_{p=1}^{4}\sum_{t=p+1}^{4}\left(\frac{z_{pt}^1}{100+|-100|} \times \min\{\underline{y}_{pqb}^*, \underline{y}_{tqb}^*\}\right) \quad (10\text{-}7)$$

$$+ \sum_{p=1}^{4}\sum_{t=1}^{p-1}\left(\frac{|z_{pt}^1|}{100+|-100|} \times \max\{\underline{y}_{pqb}^*, \underline{y}_{tqb}^*\}\right)$$

$$\overline{y}_{qb}^* = \sum_{p=1}^{4}\left(\frac{1}{4} - \frac{1}{2}\sum_{p=1}^{4}\frac{|z_{pt}^1|}{100+|-100|}\right)\overline{y}_{pqb}^*$$

$$+ \sum_{p=1}^{4}\sum_{t=p+1}^{4}\left(\frac{z_{pt}^1}{100+|-100|} \times \min\{\overline{y}_{pqb}^*, \overline{y}_{tqb}^*\}\right) \quad (10\text{-}8)$$

$$+ \sum_{p=1}^{4}\sum_{t=1}^{p-1}\left(\frac{|z_{pt}^1|}{100+|-100|} \times \max\{\overline{y}_{pqb}^*, \overline{y}_{tqb}^*\}\right),$$

其中, $\frac{1}{4} - \frac{1}{2}\sum_{p=1}^{4}\frac{|z_{pt}^1|}{100+|-100|} > 0$, $p, t = 1, 2, \cdots, 4$, $q = 1, 2, \cdots, 5$, $b = 1, 2, \cdots, h$。

步骤3：确定真实情景下城市关键基础设施运行风险等级判定信息。

基于所构建的真实情景下城市关键基础设施运行风险特征判定矩阵 Y^* 和风险类型关联矩阵 Z^2，结合风险特征指标的属性进行风险类型层面的风险集成。同样地，根据各风险特征指标的属性归类，分别利用求和算子、Two-Additive Choquet积分算子（Grabisch，1997）等信息集结算子，获取真实情景下城市关键基础设施运行风险等级判定信息 $y_b^* = [\underline{y}_b^*, \overline{y}_b^*]$, $b \in \{1, 2, \cdots, h\}$。

（1）当 $b \in \Omega_{11}$ 时，有

$$\underline{y}_b^* = \sum_{q=1}^{5}\underline{y}_{qb}^*, \quad b = 1, 2, \cdots, h \quad (10\text{-}9)$$

$$\overline{y}_b^* = \sum_{q=1}^{5}\overline{y}_{qb}^*, \quad b = 1, 2, \cdots, h \quad (10\text{-}10)$$

（2）当 $b \in \Omega_{12}$ 时，有

$$\underline{y}_b^* = \max_{1 \leq q \leq 5}\{\underline{y}_{qb}^*\}, \quad b = 1, 2, \cdots, h \quad (10\text{-}11)$$

$$\overline{y}_b^* = \max_{1 \leq q \leq 5}\{\overline{y}_{qb}^*\}, \quad b = 1, 2, \cdots, h \quad (10\text{-}12)$$

（3）当 $b \in \Omega_{21}$ 时，有

$$\underline{y}_b^* = \sum_{q=1}^{5} \underline{y}_{qb}^* - \sum_{q=1}^{5} \sum_{v=q+1}^{5} \left(\frac{z_{qv}^2}{100+|-100|} \times \min\{\underline{y}_{qb}^*, \underline{y}_{vb}^*\} \right)$$
$$+ \sum_{q=1}^{5} \sum_{v=1}^{q-1} \left(\frac{|z_{qv}^2|}{100+|-100|} \times \max\{\underline{y}_{qb}^*, \underline{y}_{vb}^*\} \right) \quad (10\text{-}13)$$

$$\overline{y}_b^* = \sum_{q=1}^{5} \overline{y}_{qb}^* - \sum_{q=1}^{5} \sum_{v=q+1}^{5} \left(\frac{z_{qv}^2}{100+|-100|} \times \min\{\overline{y}_{qb}^*, \overline{y}_{vb}^*\} \right)$$
$$+ \sum_{q=1}^{5} \sum_{v=1}^{q-1} \left(\frac{|z_{qv}^2|}{100+|-100|} \times \max\{\overline{y}_{qb}^*, \overline{y}_{vb}^*\} \right) \quad (10\text{-}14)$$

其中，$b = 1, 2, \cdots, h$。

（4）当 $b \in \Omega_{22}$ 时，有

$$\underline{y}_b^* = \sum_{q=1}^{5} \left(\frac{1}{5} - \frac{1}{2} \sum_{q=1}^{5} \frac{|z_{qv}^2|}{100+|-100|} \right) \underline{y}_{qb}^*$$
$$+ \sum_{q=1}^{5} \sum_{v=q+1}^{5} \left(\frac{z_{qv}^2}{100+|-100|} \times \min\{\underline{y}_{qb}^*, \underline{y}_{vb}^*\} \right) \quad (10\text{-}15)$$
$$+ \sum_{q=1}^{5} \sum_{v=1}^{q-1} \left(\frac{|z_{qv}^2|}{100+|-100|} \times \max\{\underline{y}_{qb}^*, \underline{y}_{vb}^*\} \right)$$

$$\overline{y}_b^* = \sum_{q=1}^{5} \left(\frac{1}{5} - \frac{1}{2} \sum_{q=1}^{5} \frac{|z_{qv}^2|}{100+|-100|} \right) \overline{y}_{qb}^*$$
$$+ \sum_{q=1}^{5} \sum_{v=q+1}^{5} \left(\frac{z_{qv}^2}{100+|-100|} \times \min\{\overline{y}_{qb}^*, \overline{y}_{vb}^*\} \right) \quad (10\text{-}16)$$
$$+ \sum_{q=1}^{5} \sum_{v=1}^{q-1} \left(\frac{|z_{qv}^2|}{100+|-100|} \times \max\{\overline{y}_{qb}^*, \overline{y}_{vb}^*\} \right)$$

其中，$\frac{1}{5} - \frac{1}{2} \sum_{q=1}^{5} \frac{|z_{qv}^2|}{100+|-100|} > 0$，$q, v = 1, 2, \cdots, 5$，$b = 1, 2, \cdots, h$。

步骤 4：构建城市关键基础设施特定类型风险等级量化矩阵。

基于所构建的真实情景下应用对象风险特征判定矩阵 Y_p^* 和应用对象特定类型风险等级量化矩阵 X_p^q，进行应用对象层面的特定类型风险等级量化集成，$p = 1, 2, \cdots, 4$，$q = 1, 2, \cdots, 5$。设定应用对象层面的集成系数 α_p，α_p 为一个 0-1 变量，其定义如下：

$$\alpha_p = \begin{cases} 1, & Y_p^* \neq O \\ 0, & Y_p^* = O \end{cases} \quad (10\text{-}17)$$

其中，$p=1,2,\cdots,4$。当应用对象 C_p^1 属于真实情景所涉及的应用对象 C^{1*}，即 $Y_p^* \neq O$ 时，有 $\alpha_p = 1$，该应用对象相应的特定类型风险等级量化信息 x_{plb}^q 将参与量化集成；当应用对象 C_p^1 不属于真实情景所涉及的应用对象 C^{1*}，即 $Y_p^* = O$ 时，有 $\alpha_p = 0$，该应用对象相应的特定类型风险等级量化信息 x_{plb}^q 将不参与量化集成，$p=1,2,\cdots,4$，$q=1,2,\cdots,5$，$l=1,2,\cdots,4$，$b=1,2,\cdots,h$。

需要说明的是，应用对象层面的特定类型风险等级量化集成不同于真实情景下应用对象层面的信息集成，这里不再考虑风险特征指标是否受到关联效应影响以及是否具有累加集成效应，以免提高特定类型风险等级量化信息的边界。同时，在信息集成时，还需要考虑对于任意风险特征指标来说，其在不同风险等级下量化信息的边界应保持连续但不能出现交叉。为此，按照风险等级由低到高的顺序来获取城市关键基础设施特定类型风险等级量化信息 $x_{lb}^q = [\underline{x}_{lb}^q, \overline{x}_{lb}^q]$，$q=1,2,\cdots,5$，$l=1,2,\cdots,4$，$b=1,2,\cdots,h$。

（1）当风险等级为 C_4^3，即 $l=4$ 时，有

$$\underline{x}_{4b}^q = \min_{1 \leq p \leq 4} \alpha_p \underline{x}_{p4b}^q, \quad q=1,2,\cdots,5, \quad b=1,2,\cdots,h \tag{10-18}$$

$$\overline{x}_{4b}^q = \min_{1 \leq p \leq 4} \alpha_p \overline{x}_{p4b}^q, \quad q=1,2,\cdots,5, \quad b=1,2,\cdots,h \tag{10-19}$$

（2）当风险等级为 C_3^3，即 $l=3$ 时，有

$$\underline{x}_{3b}^q = \overline{x}_{4b}^q, \quad q=1,2,\cdots,5, \quad b=1,2,\cdots,h \tag{10-20}$$

$$\overline{x}_{3b}^q = \min_{1 \leq p \leq 4} \alpha_p \overline{x}_{p3b}^q, \quad q=1,2,\cdots,5, \quad b=1,2,\cdots,h \tag{10-21}$$

（3）当风险等级为 C_2^3，即 $l=2$ 时，有

$$\underline{x}_{2b}^q = \overline{x}_{3b}^q, \quad q=1,2,\cdots,5, \quad b=1,2,\cdots,h \tag{10-22}$$

$$\overline{x}_{2b}^q = \min_{1 \leq p \leq 4} \alpha_p \overline{x}_{p2b}^q, \quad q=1,2,\cdots,5, \quad b=1,2,\cdots,h \tag{10-23}$$

（4）当风险等级为 C_1^3，即 $l=1$ 时，有

$$\underline{x}_{1b}^q = \overline{x}_{2b}^q, \quad q=1,2,\cdots,5, \quad b=1,2,\cdots,h \tag{10-24}$$

$$\overline{x}_{1b}^q = \min_{1 \leq p \leq 4} \alpha_p \overline{x}_{p1b}^q, \quad q=1,2,\cdots,5, \quad b=1,2,\cdots,h \tag{10-25}$$

步骤 5：构建城市关键基础设施运行风险等级量化矩阵。

基于所构建的真实情景下应用对象风险特征判定矩阵 Y_p^* 和城市关键基础设施特定类型风险等级量化矩阵 X^q，进行风险类型层面的风险等级量化集成，$p=1,2,\cdots,4$，$q=1,2,\cdots,5$。设定风险类型层面的集成系数 β_q，β_q 为一个 0-1 变量，其定义如下：

$$\beta_q = \begin{cases} 1, & y_{pqb}^* \neq 0 \\ 0, & y_{pqb}^* = 0 \end{cases} \tag{10-26}$$

其中，$p=1,2,\cdots,4$，$q=1,2,\cdots,5$，$b=1,2,\cdots,h$。当风险类型 C_q^2 属于真实情景

所涉及的风险类型 C^{2*}，即 $y^*_{pqb} \neq 0$ 时，有 $\beta_q = 1$，该风险类型相应的风险等级量化信息 x^q_{lb} 将参与量化集成；当风险类型 C^2_q 不属于真实情景所涉及的风险类型 C^{2*}，即 $y^*_{pqb} = 0$ 时，有 $\beta_q = 0$，该风险类型相应的风险等级量化信息 x^q_{lb} 将不参与量化集成，$p = 1, 2, \cdots, 4$，$q = 1, 2, \cdots, 5$，$l = 1, 2, \cdots, 4$，$b = 1, 2, \cdots, h$。

需要说明的是，风险类型层面的风险等级量化集成同样不同于真实情景下风险类型层面的信息集成，这里也不再考虑风险特征指标是否受到关联效应影响以及是否具有累加集成效应，以免提高风险等级量化信息的边界。同时，在信息集成时，也同样需要考虑对于任意风险特征指标来说，其在不同风险等级下量化信息的边界应保持连续但不能出现交叉。为此，按照风险等级由低到高的顺序来获取城市关键基础设施运行风险等级量化信息 $x_{lb} = [\underline{x}_{lb}, \overline{x}_{lb}]$，$l = 1, 2, \cdots, 4$，$b = 1, 2, \cdots, h$。

（1）当风险等级为 C^3_4，即 $l = 4$ 时，有

$$\underline{x}_{4b} = \min_{1 \leq q \leq 5} \beta_q \underline{x}^q_{4b}, \ b = 1, 2, \cdots, h \qquad (10\text{-}27)$$

$$\overline{x}_{4b} = \min_{1 \leq q \leq 5} \beta_q \overline{x}^q_{4b}, \ b = 1, 2, \cdots, h \qquad (10\text{-}28)$$

（2）当风险等级为 C^3_3，即 $l = 3$ 时，有

$$\underline{x}_{3b} = \overline{x}_{4b}, \ b = 1, 2, \cdots, h \qquad (10\text{-}29)$$

$$\overline{x}_{3b} = \min_{1 \leq q \leq 5} \beta_q \overline{x}^q_{3b}, \ b = 1, 2, \cdots, h \qquad (10\text{-}30)$$

（3）当风险等级为 C^3_2，即 $l = 2$ 时，有

$$\underline{x}_{2b} = \overline{x}_{3b}, \ b = 1, 2, \cdots, h \qquad (10\text{-}31)$$

$$\overline{x}_{2b} = \min_{1 \leq q \leq 5} \beta_q \overline{x}^q_{2b}, \ b = 1, 2, \cdots, h \qquad (10\text{-}32)$$

（4）当风险等级为 C^3_1，即 $l = 1$ 时，有

$$\underline{x}_{1b} = \overline{x}_{2b}, \ b = 1, 2, \cdots, h \qquad (10\text{-}33)$$

$$\overline{x}_{1b} = \min_{1 \leq q \leq 5} \beta_q \overline{x}^q_{1b}, \ b = 1, 2, \cdots, h \qquad (10\text{-}34)$$

步骤 6：计算风险等级判定信息与风险等级量化信息在各风险特征指标的相似度。

将测算得到的真实情景下城市关键基础设施运行风险等级判定信息 y^*_b 与所构建城市关键基础设施运行风险等级量化信息 x_{lb} 进行比对分析，并根据 Fan 等（2014）给出的相似度定义，进一步确定两者在风险特征指标 F_b 的相似度 $\text{sim}_b(y^*_b, x_{lb})$，其计算公式为

$$\text{sim}_b(y^*_b, x_{lb}) = \exp\left[-\frac{\sqrt{(\underline{y}^*_b - \underline{x}_{lb})^2 + (\overline{y}^*_b - \overline{x}_{lb})^2}}{\max_b\left\{\sqrt{(\underline{y}^*_b - \underline{x}_{lb})^2 + (\overline{y}^*_b - \overline{x}_{lb})^2}\right\}}\right] \qquad (10\text{-}35)$$

其中，$b=1,2,\cdots,h$，$l=1,2,\cdots,4$。

步骤 7：确定真实情景下城市关键基础设施运行综合风险等级。

由工作小组组织领域专家协商确定相似度阈值 λ_b，且有 $0<\lambda_b<1$，则当 $\mathrm{sim}_b(y_b^*, x_{lb}) \geqslant \lambda_b$ 时，得出城市关键基础设施在风险特征指标 F_b 对应的风险等级 $C_b^* = C_l^3$，$b=1,2,\cdots,h$，$l \in \{1,2,\cdots,4\}$。进一步，按照风险就高原则进行综合风险等级的确定。根据相关管理文件可知，城市关键基础设施运行风险等级越低危害越高，即危害排序为Ⅰ级＞Ⅱ级＞Ⅲ级＞Ⅳ级，则真实情景下城市关键基础设施运行综合风险等级 C^{3*} 的计算公式为

$$C^{3*} = \min_{1 \leqslant b \leqslant h} \{C_b^*\} \tag{10-36}$$

步骤 8：设计相似历史风险应对策略情景的检索规则。

将城市关键基础设施运行风险应对策略历史情景集 S 中的任意风险应对情景 S_i 记为 $\langle C_p^1, C_q^2, C_l^3 \rangle$，其中，$C_p^1 \in C^1$，$C_q^2 \in C^2$，$C_l^3 \in C^3$，$i \in \{1,2,\cdots,n\}$，$p \in \{1,2,\cdots,4\}$，$q \in \{1,2,\cdots,5\}$，$l \in \{1,2,\cdots,4\}$。以城市关键基础设施运行风险应对策略特征的条件匹配为立足点，给出相似历史风险应对策略情景的检索规则设计，如规则 1 所示。

规则 1：当 $S_i = \langle C_p^1, C_q^2, C_l^3 \rangle$ 时，若 $C_p^1 \in C^{1*}$，$C_q^2 \in C^{2*}$ 和 $C_l^3 = C^{3*}$ 同时成立，则认为情景 S_i 为真实情景的相似历史风险应对策略情景，并将其计入集合 S'，$i \in \{1,2,\cdots,n\}$，$p \in \{1,2,\cdots,4\}$，$q \in \{1,2,\cdots,5\}$，$l \in \{1,2,\cdots,4\}$。

显然，有 $S' \subset S$，记 $S' = \{S_1', S_2', \cdots, S_d'\}$，其中，$S_e'$ 为第 e 个相似历史风险应对策略情景，其表达式为 $S_e' = \langle C_m^1, C_k^2, C^{3*} \rangle$，$e \in \{1,2,\cdots,d\}$，$d \leqslant n$，$C_m^1 \in C^{1*}$，$C_k^2 \in C^{2*}$，$m \in \{1,2,\cdots,4\}$，$k \in \{1,2,\cdots,5\}$。

步骤 9：提取与相似历史风险应对策略情景集 S' 中各个风险应对策略情景相匹配的风险应对策略。

依托风险应对策略库构建时使用的风险应对策略规则集 R，给出风险应对策略的提取规则，如规则 2 所示。

规则 2：当 $S_e' = \langle C_m^1, C_k^2, C^{3*} \rangle$ 时，若有 $S_e' = S_g$ 成立，则有 $R_g(S_e') = A_g = A_e'$，其中，$e \in \{1,2,\cdots,d\}$，$m \in \{1,2,\cdots,4\}$，$k \in \{1,2,\cdots,5\}$，$g \in \{1,2,\cdots,n\}$。

由此形成与相似历史风险应对策略情景集 S' 相匹配的风险应对策略集 A'，有 $A' = \{A_1', A_2', \cdots, A_d'\}$。

步骤 10：构建风险应对策略预期应用效果评价矩阵。

由工作小组组织领域专家采用 0～100 分打分法对所提取风险应对策略 A_e' 在城市关键基础设施运行风险特征指标 F_b 的预期应用效果进行评价，记为 w_{eb}，则可构建风险应对策略预期应用效果评价矩阵 $W = [w_{eb}]_{d \times h}$，其中，$w_{eb} \in [0,100]$，$e=1,2,\cdots,d$，$b=1,2,\cdots,h$。

步骤 11：设定风险应对策略应用效果阈值。

由工作小组组织领域专家协商确定应用效果阈值 θ_b，$0<\theta_b<100$，$b=1,2,\cdots,h$。

步骤 12：设计风险应对策略修正规则。

将风险应对策略 A'_e 在城市关键基础设施运行风险特征指标 F_b 的预期应用效果 w_{eb} 与应用效果阈值 θ_b 进行比对，并结合比对结果设计差异化的修正规则，如规则 3～规则 5 所示。

规则 3：对于任意风险应对策略 A'_e，若有 $w_{eb}<\theta_b$，则将该策略从风险应对策略集 A' 中删除，$e=1,2,\cdots,d$，$b=1,2,\cdots,h$。

规则 4：对于任意风险应对策略 A'_e，若有 $w_{eb} \geqslant \theta_b$，则按照预期应用效果最优原则，对每个风险特征指标下应对主体相同而应对举措不同的多个风险应对策略进行整合，确保每个应对主体仅对应唯一且最优的应对举措。

规则 5：若风险应对策略集 A' 中所有风险应对策略在每个风险特征指标的预期应用效果均低于相应阈值，则需征求领域专家意见，增加新的风险应对策略到集合 A'。

步骤 13：开展风险应对策略的差异化修正。

基于规则 3～规则 5，对风险应对策略 A'_e 开展删除、整合与增加等差异化修正处理，$e=1,2,\cdots,d$。

步骤 14：生成城市关键基础设施运行风险应对方案。

将修正后的风险应对策略 $A^*_1,A^*_2,\cdots,A^*_u$ 合并为集合 A^*，从而生成多应对主体、多应对举措构成的城市关键基础设施运行风险应对方案。

10.3 城市关键基础设施运行风险应对方案生成的典型应用研究

本节将基于某案例开展城市关键基础设施运行风险应对方案生成的典型应用研究，以验证所提出方案生成方法的可行性和有效性。

10.3.1 风险应对方案生成的应用背景描述

B 市是我国的超大城市之一，人口密度较大，呈现暖温带半湿润半干旱季风气候，夏季高温多雨，7 月、8 月常有大雨。某年 7 月 B 市遭遇冷暖气流交汇引发的强降雨，呈现出累计雨量大、瞬时雨势强、影响范围广的特点，全市 90%以上的行政区域降雨量都在 100mm 以上，平均降雨达到 190.3mm。11 个气象站点观测到的雨量突破了建站以来的历史极值，最大降雨量地区为 460mm，达到特大暴雨量级。在降雨影响下，局部地区还发生了洪水（导致人员溺亡）、龙卷风（导致高空坠物伤人）、泥石流、山体塌方等关联灾害。

这场降雨及关联灾害引发的风险事件对 B 市交通系统、电力系统等城市关键基础设施运行和居民日常生活产生了重大影响。一方面，本次风险事件导致 B 市交通系统大范围瘫痪，多条运行地铁线路的站口因漏雨或进水临时封闭、个别线路发生故障停运，多条道路因积水断路，航班出现大面积取消和延误，部分旅客列车晚点甚至停驶、断运，给居民出行带来严重不便；另一方面，该风险事件还导致 B 市 1 条 110kV 站因水淹而停运，25 条 10kV 架空线路发生永久性故障，电网 10kV 线路共发生 76 起永久性故障，电网 35kV 线路发生 1 起永久性故障，局部区域毁损电力设施 450km，多地居民家中出现停电。

在降雨过程中，B 市气象局多次发布预警，先后启动四级至二级应急响应，也向市委、市政府、市防汛办、市交管局等相关部门多次发布重要天气报告、观测站雨量表及全市雨量分布图，相关部门也启动了相应的应急联动举措，积极应对和处置降雨带来的各种影响。但该次风险事件仍造成 79 人死亡、160.2 万人受灾和高达 116.4 亿元的经济损失，给 B 市敲响了强化城市关键基础设施运行风险防范意识、提升城市关键基础设施运行风险应对能力的警钟。

在本节的典型应用中，将上述风险事件作为城市关键基础设施运行风险应对方案真实情景，并依托所提出城市关键基础设施运行风险应对方案生成方法，生成适用于上述风险事件的风险应对方案。

10.3.2 风险应对方案生成过程描述

按照 10.2.4 节给出的风险应对方案生成方法的具体步骤，给出案例所涉及风险事件中城市关键基础设施运行风险应对方案生成过程的详细描述。

步骤 1：获取城市关键基础设施运行风险应对真实情景的相关信息。

结合案例背景信息可以发现，该风险事件中城市关键基础设施运行风险应对真实情景所涉及的应用对象为电力系统 C_2^1 和交通系统 C_4^1，所涉及的风险类型为气象灾害 C_1^2、地质灾害 C_2^2 和运营事故 C_4^2。基于已有研究文献和领域专家会商，确定了城市关键基础设施运行风险特征指标集 F 的构成，具体指标及其描述如表 10-2 所示。

表 10-2 城市关键基础设施运行风险特征指标及其描述

风险特征指标	指标描述
人员死亡数量（F_1）	城市关键基础设施运行风险导致的人员死亡数量（单位：人）
经济损失金额（F_2）	城市关键基础设施运行风险造成的经济损失金额（单位：万元）

风险特征指标	指标描述
服务中断时间（F_3）	城市关键基础设施运行风险发生导致服务中断的时间（单位：时）
影响范围（F_4）	受城市关键基础设施运行风险影响的人员数量（单位：万人）
影响程度（F_5）	受城市关键基础设施运行风险影响的人员数量占该区域全部人员数量的比重或受损城市关键基础设施占该区域全部设施的比重（单位：%）

基于采集到的相关信息，获取真实情景下应用对象风险特征判定信息。由于真实情景涉及的应用对象为电力系统 C_2^1 和交通系统 C_4^1，则根据真实情景下应用对象风险特征判定矩阵 Y_p^* 的定义可知，有 $Y_1^* = Y_3^* = O$。同时，由于真实情景涉及的风险类型为气象灾害 C_1^2、地质灾害 C_2^2 和运营事故 C_4^2，则根据上述定义，有 $y_{23b}^* = y_{25b}^* = y_{43b}^* = y_{45b}^* = 0$，$b \in \{1, 2, \cdots, 5\}$。

需要说明的是，案例所涉及风险事件发生后，B 市防汛抗旱指挥部门分两次向全社会公布了 70 位罹难者（尚有 9 位待确认）的死亡原因，本章以此为据来确定电力系统 C_2^1 和交通系统 C_4^1 在风险特征指标 F_1 的判定信息。经过领域专家商讨后达成以下共识：将高空坠物、房屋倒塌归因于龙卷风，纳入交通系统气象灾害；将落水溺亡归因于暴雨，纳入交通系统气象灾害；将雷击纳入交通系统气象灾害；将泥石流纳入交通系统地质灾害；将驾车溺亡归因于路面积水，纳入交通系统运营事故；将创伤性休克身亡、突发疾病致死纳入交通系统运营事故；将触电、高压电击纳入电力系统运营事故。其余 9 名未确认身份罹难者死因假定为落水溺亡，纳入交通系统气象灾害。由于电力系统 C_2^1 和交通系统 C_4^1 在其他风险特征指标的表现并没有公开的统计数据来刻画，本章将结合相关新闻报道，由领域专家结合经验判断进行估算。结合上述说明，得出电力系统 C_2^1 和交通系统 C_4^1 两个应用对象的风险特征判定信息，分别如表 10-3 和表 10-4 所示。

表 10-3　电力系统 C_2^1 的风险特征判定信息

风险类型	风险特征指标				
	F_1	F_2	F_3	F_4	F_5
C_1^2	6	[300, 500]	[24, 28]	[0.6, 1.8]	[0.25%, 0.75%]
C_2^2	0	0	0	0	0
C_3^2	0	0	0	0	0
C_4^2	0	[50, 80]	[144, 168]	[0.0011, 0.0033]	[0.001%, 0.004%]
C_5^2	0	0	0	0	0

表 10-4 交通系统 C_4^1 的风险特征判定信息

风险类型	风险特征指标				
	F_1	F_2	F_3	F_4	F_5
C_1^2	59	[2000, 5000]	[24, 50]	[300, 800]	[48%, 60%]
C_2^2	1	[150, 400]	[72, 168]	[80, 100]	[60%, 80%]
C_3^2	0	0	0	0	0
C_4^2	13	[800, 1000]	[36, 72]	[150, 260]	[50%, 75%]
C_5^2	0	0	0	0	0

通过领域专家调研，获取应用对象关联信息和风险类型关联信息，分别如表 10-5 和表 10-6 所示。

表 10-5 应用对象关联信息

应用对象	C_1^1	C_2^1	C_3^1	C_4^1
C_1^1	0	−10	10	−60
C_2^1	−10	0	−10	−20
C_3^1	10	−10	0	10
C_4^1	−60	−20	10	0

表 10-6 风险类型关联信息

风险类型	C_1^2	C_2^2	C_3^2	C_4^2	C_5^2
C_1^2	0	−30	−25	−15	5
C_2^2	−30	0	−15	−20	8
C_3^2	−25	−15	0	−20	10
C_4^2	−15	−20	20	0	−18
C_5^2	5	8	10	−18	0

基于《B 市交通行业安全迎汛应急预案（2010 年修订）》《B 市大面积停电事件应急预案（2014 年修订）》《B 市大面积停电事件应急预案（2017 年修订）》《B 市道路突发事件应急预案（2018 年修订）》《B 市防汛应急预案（2019 年修订）》《B 市突发事件总体应急预案（2021 年修订）》等相关管理文件，获取应用对象特定

类型风险等级量化信息。考虑到本案例风险事件所涉及的应用对象和风险类型，这里重点对电力系统 C_2^1 和交通系统 C_4^1 面临气象灾害 C_1^2、地质灾害 C_2^2 和运营事故 C_4^2 三类风险时对应不同风险等级的风险特征指标表现进行量化分析，所获取的量化信息分别如表 10-7 和表 10-8 所示，而未涉及风险类型的相应风险特征指标量化信息用"/"表示。

表 10-7 电力系统 C_2^1 面临不同类型风险时对应不同风险等级的风险特征判定信息

风险等级	风险类型	风险特征指标				
		F_1	F_2	F_3	F_4	F_5
C_1^3	C_1^2	[30, +∞)	[10000, +∞)	[24, +∞)	[150, 450]	[60%, 100%]
	C_2^2	[30, +∞)	[10000, +∞)	[24, +∞)	[150, 450]	[60%, 100%]
	C_3^2	/	/	/	/	/
	C_4^2	[30, +∞)	[10000, +∞)	[24, +∞)	[150, 450]	[60%, 100%]
	C_5^2	/	/	/	/	/
C_2^3	C_1^2	[10, 30)	[5000, 10000)	[12, 24)	[70, 150)	[30%, 60%)
	C_2^2	[10, 30)	[5000, 10000)	[12, 24)	[70, 150)	[30%, 60%)
	C_3^2	/	/	/	/	/
	C_4^2	[10, 30)	[5000, 10000)	[12, 24)	[70, 150)	[30%, 60%)
	C_5^2	/	/	/	/	/
C_3^3	C_1^2	[3, 10)	[1000, 5000)	[3, 12)	[5, 70)	[15%, 30%)
	C_2^2	[3, 10)	[1000, 5000)	[3, 12)	[5, 70)	[15%, 30%)
	C_3^2	/	/	/	/	/
	C_4^2	[3, 10)	[1000, 5000)	[3, 12)	[5, 70)	[15%, 30%)
	C_5^2	/	/	/	/	/
C_4^3	C_1^2	[0, 3)	[100, 1000)	[0, 3)	[0, 5)	[10%, 15%)
	C_2^2	[0, 3)	[100, 1000)	[0, 3)	[0, 5)	[10%, 15%)
	C_3^2	/	/	/	/	/
	C_4^2	[0, 3)	[100, 1000)	[0, 3)	[0, 5)	[10%, 15%)
	C_5^2	/	/	/	/	/

表 10-8　交通系统 C_4^1 面临不同类型风险时对应不同风险等级的风险特征判定信息

风险等级	风险类型	风险特征指标				
		F_1	F_2	F_3	F_4	F_5
C_1^3	C_1^2	[30, +∞)	[10000, +∞)	[24, +∞)	[0.1, +∞)	[8.75%, +∞)
	C_2^2	[30, +∞)	[10000, +∞)	[24, +∞)	[0.1, +∞)	[8.75%, +∞)
	C_3^2	/	/	/	/	/
	C_4^2	[30, +∞)	[10000, +∞)	[6, +∞)	[0.3, +∞)	[1%, +∞)
	C_5^2	/	/	/	/	/
C_2^3	C_1^2	[10, 30)	[5000, 10000)	[6, 24)	[0.05, 0.1)	[6.25%, 8.75%)
	C_2^2	[10, 30)	[5000, 10000)	[6, 24)	[0.05, 0.1)	[6.25%, 8.75%)
	C_3^2	/	/	/	/	/
	C_4^2	[10, 30)	[5000, 10000)	[3, 6)	[0.1, 0.3)	[0.5%, 1%)
	C_5^2	/	/	/	/	/
C_3^3	C_1^2	[3, 10)	[500, 5000)	[2, 6)	[0.01, 0.05)	[3.33%, 6.25%)
	C_2^2	[3, 10)	[500, 5000)	[2, 6)	[0.01, 0.05)	[3.33%, 6.25%)
	C_3^2	/	/	/	/	/
	C_4^2	[3, 10)	[1000, 5000)	[0.5, 3)	[0.05, 0.1)	[0.01%, 0.5%)
	C_5^2	/	/	/	/	/
C_4^3	C_1^2	[0, 3)	[0, 500)	[0.25, 2)	[0, 0.01)	[0, 3.33%)
	C_2^2	[0, 3)	[0, 500)	[0.25, 2)	[0, 0.01)	[0, 3.33%)
	C_3^2	/	/	/	/	/
	C_4^2	[0, 3)	[0, 1000)	[0, 0.5)	[0, 0.05)	[0, 0.01%)
	C_5^2	/	/	/	/	/

步骤 2：构建真实情景下城市关键基础设施运行风险特征判定矩阵。

在本案例中，经领域专家讨论后确定，不受关联效应影响的风险特征指标为：人员死亡数量（F_1）和服务中断时间（F_3），且前者不具有累加集成效应而后者具有累加集成效应，则相对应的下标集合可表示为 $\Omega_{11} = \{3\}$ 和 $\Omega_{12} = \{1\}$；受关联效应影响的风险特征指标为：经济损失金额（F_2）、影响范围（F_4）、影响程度（F_5），其中，经济损失金额（F_2）和影响范围（F_4）具有累加集成效应，相对应的下标集合可表示为 $\Omega_{21} = \{2,4\}$，而影响程度（F_5）不具有累加集成效应，相对应的下标集合可表示为 $\Omega_{22} = \{5\}$。依据式（10-1）～式（10-8），可构建如下所示的真实情景下城市关键基础设施运行风险特征判定矩阵 Y^*：

$$Y^* = \begin{bmatrix} 65 & [2530,6050] & [24,36] & [330.66,881.98] & [20.50\%,25.95\%] \\ 1 & [165,440] & [48,72] & [88,110] & [25.50\%,34.00\%] \\ 0 & 0 & 0 & 0 & 0 \\ 13 & [935,1180] & [36,48] & [165,286] & [21.25\%,31.88\%] \\ 0 & 0 & 0 & 0 & 0 \end{bmatrix}$$

步骤3：确定真实情景下城市关键基础设施运行风险等级判定信息。

依据式（10-9）～式（10-16），获取真实情景下城市关键基础设施运行风险等级判定信息，即 $y_1^* = 79$，$y_2^* = [4799.03, 10173.02)$，$y_3^* = [48, 72)$，$y_4^* = [753.84, 1677.87)$，$y_5^* = [17.56\%, 24.22\%)$。

步骤4：构建城市关键基础设施特定类型风险等级量化矩阵。

依据式（10-17）设定应用对象层面的集成系数，有 $\alpha_1 = \alpha_3 = 0$ 和 $\alpha_2 = \alpha_4 = 1$。再依据式（10-18）～式（10-25），获取城市关键基础设施特定类型风险等级量化信息，如表10-9所示。

表10-9　城市关键基础设施面临不同类型风险时对应不同风险等级的风险特征判定信息

风险等级	风险类型	风险特征指标				
		F_1	F_2	F_3	F_4	F_5
C_1^3	C_1^2	$[30, +\infty)$	$[10000, +\infty)$	$[24, +\infty)$	$[0.1, +\infty)$	$[8.75\%, +\infty)$
	C_2^2	$[30, +\infty)$	$[10000, +\infty)$	$[24, +\infty)$	$[0.1, +\infty)$	$[8.75\%, +\infty)$
	C_3^2	/	/	/	/	/
	C_4^2	$[30, +\infty)$	$[10000, +\infty)$	$[6, +\infty)$	$[0.3, +\infty)$	$[1\%, +\infty)$
	C_5^2	/	/	/	/	/
C_2^3	C_1^2	$[10, 30)$	$[5000, 10000)$	$[6, 24)$	$[0.05, 0.1)$	$[6.25\%, 8.75\%)$
	C_2^2	$[10, 30)$	$[5000, 10000)$	$[6, 24)$	$[0.05, 0.1)$	$[6.25\%, 8.75\%)$
	C_3^2	/	/	/	/	/
	C_4^2	$[10, 30)$	$[5000, 10000)$	$[3, 6)$	$[0.1, 0.3)$	$[0.5\%, 1\%)$
	C_5^2	/	/	/	/	/

续表

风险等级	风险类型	风险特征指标				
		F_1	F_2	F_3	F_4	F_5
C_3^3	C_1^2	[3, 10)	[500, 5000)	[2, 6)	[0.01, 0.05)	[3.33%, 6.25%)
	C_2^2	[3, 10)	[500, 5000)	[2, 6)	[0.01, 0.05)	[3.33%, 6.25%)
	C_3^2	/	/	/	/	/
	C_4^2	[3, 10)	[1000, 5000)	[0.5, 3)	[0.05, 0.1)	[0.01%, 0.5%)
	C_5^2	/	/	/	/	/
C_4^3	C_1^2	[0, 3)	[0, 500)	[0, 2)	[0, 0.01)	[0, 3.33%)
	C_2^2	[0, 3)	[0, 500)	[0, 2)	[0, 0.01)	[0, 3.33%)
	C_3^2	/	/	/	/	/
	C_4^2	[0, 3)	[0, 1000)	[0, 0.5)	[0, 0.05)	[0, 0.01%)
	C_5^2	/	/	/	/	/

步骤5：构建城市关键基础设施运行风险等级量化矩阵。

依据式（10-26）设定风险类型层面的集成系数，有 $\beta_1 = \beta_2 = \beta_4 = 1$ 和 $\beta_3 = \beta_5 = 0$。再利用式（10-27）～式（10-34），获取城市关键基础设施运行风险等级量化信息，如表10-10所示。

表 10-10 城市关键基础设施运行风险对应不同风险等级的风险特征判定信息

风险等级	风险特征指标				
	F_1	F_2	F_3	F_4	F_5
C_1^3	[30, 60)	[10000, 20000)	[6, 24)	[0.1, 450)	[1%, 8.75%)
C_2^3	[10, 30)	[5000, 10000)	[3, 6)	[0.05, 0.1)	[0.5%, 1%)
C_3^3	[3, 10)	[500, 5000)	[0.5, 3)	[0.01, 0.05)	[0.01%, 0.5%)
C_4^3	[0, 3)	[0, 500)	[0, 0.5)	[0, 0.01)	[0, 0.01%)

需要说明的是，由于相关管理文件中最高风险等级对应的个别风险特征指标只设定了下限而未设定上限，如死亡人员数量达到30人以上为"Ⅰ级（特别重大）"，表10-7～表10-9出现了个别风险特征指标值上限为 $+\infty$ 的情况。为便于

进行后续相关测算工作,经领域专家商议后给出了这些风险特征指标相应上限的设定,并对表 10-10 相应内容进行了调整。

步骤 6:计算风险等级判定信息与风险等级量化信息在各风险特征指标的相似度。

利用式(10-35),计算风险等级判定信息与风险等级量化信息在各风险特征指标的相似度,如表 10-11 所示。

表 10-11 风险等级判定信息与风险等级量化信息在各风险特征指标的相似度计算结果

风险等级	风险特征指标				
	F_1	F_2	F_3	F_4	F_5
C_1^3	0.62	0.37	0.48	0.46	0.47
C_2^3	0.46	0.98	0.40	0.37	0.38
C_3^3	0.39	0.55	0.38	0.37	0.37
C_4^3	0.37	0.38	0.37	0.37	0.37

步骤 7:确定真实情景下城市关键基础设施运行综合风险等级。

由工作小组组织领域专家协商确定相似度阈值 λ_b,有 $\lambda_b = 0.4$, $b = 1, 2, \cdots, 5$。根据设定的判断规则可得出, $C_1^* = C_3^* = C_4^* = C_5^* = C_1^3$, $C_2^* = C_2^3$。利用式(10-36),可以确定真实情景下城市关键基础设施运行综合风险等级,即 $C^{3*} = C_1^3$。

步骤 8:设计相似历史风险应对策略情景的检索规则。

根据所设计的规则 1,对真实情景的相似历史风险应对策略情景进行检索,得到 6 个相似历史风险应对策略情景,即 $S_1' = \langle C_2^1, C_1^2, C_1^3 \rangle$, $S_2' = \langle C_1^1, C_2^2, C_1^3 \rangle$, $S_3' = \langle C_2^1, C_4^2, C_1^3 \rangle$, $S_4' = \langle C_4^1, C_2^2, C_1^3 \rangle$, $S_5' = \langle C_4^1, C_2^2, C_1^3 \rangle$, $S_6' = \langle C_4^1, C_4^2, C_1^3 \rangle$,由此形成相似历史风险应对策略情景集 S'。

步骤 9:提取与相似历史风险应对策略情景集 S' 中各个风险应对策略情景相匹配的风险应对策略。

根据所设计的规则 2,进行风险应对策略的提取,形成与相似历史风险应对策略情景集 S' 相匹配的风险应对策略集 A'。根据 8.3.3 节给出的风险应对策略库构成要素分析可知,每个风险应对策略由应对主体和应对举措构成的若干个二元组来表示,描述了应对主体(既包括不同层级的相关管理部门,也包括各个系统的设施运营企业)针对城市关键基础设施运行风险所采取的具体应对举措。确定风险应对策略集 A' 中各个风险应对策略所涉及应对主体与应对举措的相关描述,具体如表 10-12 所示。

表 10-12　被提取风险应对策略的应对主体及其相应的应对举措

应对策略	应对主体	应对举措
A'_1	• 市级电力事故应急指挥部 • 电网企业 • 运输管理局	• 及时组织专家对事故影响范围、影响程度、发展趋势及恢复进度进行评估 • 抢修受损电网设备设施，向重要用户及重要设施提供支援 • 保障应急救援车辆优先通行
A'_2	• 电网企业 • 运输管理局	• 抢修受损电网设备设施，为临时安置点提供应急保电、供电服务 • 保障应急响应所需人员、物资、装备、器材等的运输
A'_3	• 电力调度机构 • 发电企业	• 合理安排运行方式，控制停电范围 • 保证设备安全，抢修受损设备，做好发电机组并网运行准备
A'_4	• 路政局 • 运输管理局 • 交通运营企业	• 组织应急力量迅速营救遇险人员，控制和切断危害链 • 抢修被损坏的公共交通基础设施，保持交通畅通 • 及时清除影响道路交通的故障车辆
A'_5	• 路政局 • 运输管理局	• 组织疏散、撤离和安置周边群众，发布必要的绕行线路提示 • 保障应急物资运输任务的车辆运行
A'_6	• 公安交管部门 • 交通运营企业 • 电网企业	• 及时对现场实施交通管制，根据需要组织开设应急救援绿色通道 • 抢修故障设施，及时发布停运通告，避免人员聚集 • 对事故造成有人身触电安全隐患的区域实施局部断电

步骤 10：构建风险应对策略预期应用效果评价矩阵。

由工作小组组织领域专家对风险应对策略的预期应用效果进行评价打分，构建评价矩阵如下：

$$W = \begin{bmatrix} 78 & 88 & 76 & 81 & 83 \\ 78 & 79 & 82 & 79 & 82 \\ 72 & 68 & 74 & 82 & 65 \\ 82 & 86 & 78 & 84 & 79 \\ 77 & 84 & 79 & 85 & 81 \\ 81 & 82 & 76 & 78 & 83 \end{bmatrix}$$

步骤 11：设定风险应对策略应用效果阈值。

由工作小组组织领域专家协商确定应用效果阈值 θ_b，即 $\theta_b = 75$，$b = 1, 2, \cdots, 5$。

步骤 12：设计风险应对策略修正规则。

通过将风险应对策略 A'_e 在城市关键基础设施运行风险特征指标 F_b 的预期应用效果 w_{eb} 与应用效果阈值 θ_b 进行比对，明确用于修正风险应对策略的规则 3～规则 5，$e = 1, 2, \cdots, 6$，$b = 1, 2, \cdots, 5$。

步骤 13：开展风险应对策略的差异化修正。

基于规则 3～规则 5，删除了风险应对策略 A' 中的 A'_3，将策略 A'_1 和 A'_2 进行了整合，策略 A'_4 和 A'_5 进行了整合，并未进行风险策略的新增。

步骤14：生成城市关键基础设施运行风险应对方案。

将整合后的策略 A_1' 和 A_2' 记为 A_1^*，整合后的策略 A_4' 和 A_5' 记为 A_2^*，A_6' 则记为 A_3^*，最终生成多应对主体、多应对举措构成的城市关键基础设施运行风险应对方案 A^*。

10.3.3 风险应对方案生成结果分析

依托本章所提出的复杂关联情境驱动的风险应对方案生成方法，在所构建风险应对策略库中尚无备选方案的场景下，生成适用于案例所涉及风险事件的城市关键基础设施运行风险应对方案，该方案由三个风险应对策略构成，具体如下。

（1）风险应对策略 A_1^*。该策略中涉及三类应对主体，分别为：市级电力事故应急指挥部、电网企业和运输管理局。其中，市级电力事故应急指挥部的应对举措为及时组织专家对事故影响范围、影响程度、发展趋势及恢复进度进行评估；电网企业的应对举措为抢修受损电网设备设施，向重要用户及重要设施提供支援，并为临时安置点提供应急保电、供电服务；运输管理局的应对举措为保障应急响应所需人员、物资、装备、器材等相关救援车辆优先通行和畅通运输。

（2）风险应对策略 A_2^*。该策略中涉及三类应对主体，分别为：路政局、运输管理局和交通运营企业。其中，路政局的应对举措为组织应急力量迅速营救遇险人员，组织疏散、撤离和安置周边群众，发布必要的绕行线路提示，控制和切断危害链；运输管理局的应对举措为抢修受到损坏的公共交通基础设施，保持交通畅通，保障应急物资运输任务的车辆运行；交通运营企业的应对举措为及时清除影响道路交通的故障车辆。

（3）风险应对策略 A_3^*。该策略中涉及三类应对主体，分别为：公安交管部门、交通运营企业和电网企业。其中，公安交管部门的应对举措为及时对现场实施交通管制，根据需要组织开设应急救援绿色通道；交通运营企业的应对举措为抢修故障设施，及时发布停运通告，避免人员聚集；电网企业的应对举措为对事故造成有人身触电安全隐患的区域实施局部断电。

通过上述风险应对方案不难看出，城市关键基础设施运行风险应对并非依赖单一应对主体来完成，而是由受损基础设施的管理部门和运营部门以及与该设施存在关联关系的其他设施相对应的管理部门和运营部门相互配合，形成多部门协同的联合体来共同应对气象灾害、地质灾害、运营事故等多种类型风险叠加的复杂风险场景，避免风险失控造成更大的损失。

综上，在所构建风险应对策略库中尚无备选方案的场景下，如何迅速提取有效应对城市关键基础设施运行风险的针对性策略，进而生成城市关键基础设施运行风险应对方案，对于防止风险事件由于无备选方案应对而导致持续恶化具有至关重要的作用。针对该问题涉及多系统、多风险因素以及系统关联和风险关联叠加的典型特征，提出了一种复杂关联情境驱动的风险应对方案生成方法。该方法涉及风险应对真实情景表示、风险应对策略检索、风险应对策略重用、风险应对策略修正和风险应对方案生成五个阶段，结合现场采集信息、专家研判信息、管理文件信息等多源信息，将"复杂关联情境量化分析、检索规则设计、预期应用效果判定、修正规则设计、风险应对策略整合处理"集为一体，最终生成适用于复杂关联情境的城市关键基础设施运行风险应对方案。所提出的方法具有逻辑清晰、多源信息融合利用的优点，能够为相关部门准确研判城市关键基础设施运行风险真实情景、快速生成与情景相匹配的风险应对方案提供有效的决策支持。

本章关于城市关键基础设施运行风险应对方案生成的研究仍停留在静态视角，但由于风险事件具有动态变化的特性，风险应对方案的生成并不是一蹴而就的，应该根据风险事件的态势变化进行适时调整。因此，基于动态模拟的城市关键基础设施运行风险应对方案调整方法研究将是未来重点开展的工作。

第五篇　总结与展望

　　本篇以"研究工作总结—贡献局限凝练—未来工作展望"为主线，对本书所开展研究工作以及得到的研究发现进行总结，进一步凝练本书的主要贡献与局限，并展望未来可深入开展的研究工作。

第 11 章　总结与展望

本章将围绕本书所开展的主要研究工作及得到的研究发现、主要贡献与局限、未来工作展望三个方面进行阐述。

1. 主要研究工作与研究发现

本书主要开展了四个方面的研究工作：一是凝练了以复杂关联情境为切入点开展城市关键基础设施运行风险研究的基本理念，并研判了国际视野下城市关键基础设施运行风险相关研究的整体发展态势；二是解析了城市关键基础设施运行的复杂关联情境，并开展了以复杂关联情境为切入点的城市关键基础设施系统关联测度研究；三是开展了以复杂关联情境为切入点的城市关键基础设施运行风险因素识别研究、运行风险概率评估研究和运行风险综合评估研究；四是构建了城市关键基础设施运行风险应对策略库，并针对所构建风险应对策略库中已有备选方案和尚无备选方案两种不同场景，分别开展了以复杂关联情境为切入点的城市关键基础设施运行风险应对方案选择研究和应对方案生成研究。

基于上述研究工作，得出如下主要研究发现。

（1）国际视野下城市关键基础设施运行风险相关研究文献的整体发展态势呈现出规模发展趋势良好、结构交叉融合明显、合作潜能有待激发、布局引导清晰明确的特点，自 2005 年起城市关键基础设施运行风险相关研究进入快速发展期，"气候变化"等近年来呈现上升发展状态的研究热点应予以重点关注，气候变化对城市关键基础设施运行风险研究带来的新挑战也需要进一步的深入研究和思考。本书通过利用文献计量和图谱分析对相关研究文献进行量化分析和图形展示得出了上述研究发现，这不仅印证了以城市关键基础设施运行风险为主题开展相关研究的理论价值，也为相关学者厘清国际视野下城市关键基础设施运行风险相关研究的整体发展态势以及布局未来重点研究方向提供了直观的研判依据。

（2）复杂关联情境对城市关键基础设施运行风险分析与应对具有明显的影响作用。现实中，城市关键基础设施运行过程中所涉及的多个系统（燃气、电力、供热、交通等）、多个风险因素（自然灾害、人为破坏、内在隐患）以及系统关联和风险因素关联叠加形成了复杂关联情境。如果忽略复杂关联情境，则城市关键基础设施运行风险根源识别、风险可控性诊断、风险态势研判、风险应对响应可能出现偏差，势必影响城市关键基础设施运行风险分析与应对的过程科学性和结果准确性，进而不利于保障城市关键基础设施运行安全。本书从理论分析和应用比对两个视角验证了上述研究发现的客观存在性，这也充分肯定了以复杂关联情境为切入点开展城市关键基础设施运行风险分析与应对的必要性。而本书围绕城市关键基础设施运行复杂关联情境所开展的全方位解析，也为以复杂关联情境为切入点开展城市关键基础设施运行风险分析与应对的问题凝练、方法探索与应用检验提供了坚实的理论基础。

（3）以复杂关联情境为切入点开展城市关键基础设施运行风险分析与应对研究是一项具有探索价值的工作。城市关键基础设施运行的复杂关联情境表现出关联主体多元化、关联机理区别化、关联网络结构差异化、关联效应异质性、关联情境动态化和信息形式多样化等典型表征，这对以复杂关联情境为切入点开展城市关键基础设施运行风险分析与应对的问题凝练、方法探索与应用检验提出了更高的要求。相关研究文献的系统化梳理结果表明，已有的风险分析与应对方法难以对上述典型表征进行准确的量化，这也验证了上述的研究发现。本书以"理念与态势研究—运行机理研究—风险分析研究—风险应对研究—总结与展望"为整体框架，以文献计量工具、系统工程理论、决策分析理论、概率论、仿真工具等为依托，以复杂关联情境为切入点围绕城市关键基础设施运行风险分析与应对的问题凝练、方法探索与应用检验开展了相关研究工作，为形成城市关键基础设施运行风险分析与应对的系统性解决方案提供了必要的理论支撑和实践指导。

2. 主要贡献与局限

本书以复杂关联情境为切入点开展了城市关键基础设施运行风险分析与应对研究，主要贡献表现在以下三个方面。

（1）实现了城市关键基础设施运行复杂关联情境的全方位解析。将现实中城市关键基础设施的运行环境抽象为"复杂关联情境"，给出的城市关键基础设施概念内涵界定与典型特征分析以及复杂关联情境的关联表征动静态视角分析和复杂表征分析，不仅奠定了本书研究的理论基础，能够为后续以复杂关联情境为切入点开展城市关键基础设施运行风险分析与应对的问题凝练、方法探索与应用检验提供必要的理论支撑，也构建了"概念内涵界定—典型特征分析—关联表征分析—复杂表征分析"的复杂关联情境理论研究范式，能够为其他学者开展相关理论研究工作提供可参考的框架指导。

（2）实现了以复杂关联情境为切入点的城市关键基础设施运行风险分析与应对研究问题体系构建。以城市关键基础设施为研究对象，以复杂关联情境为切入点，从现实背景中凝练出城市关键基础设施系统关联测度问题、城市关键基础设施运行风险因素识别问题、城市关键基础设施运行风险概率评估问题、城市关键基础设施运行风险综合评估问题、城市关键基础设施运行风险应对策略库构建问题、城市关键基础设施运行风险应对方案选择问题、城市关键基础设施运行风险应对方案生成问题等值得关注的代表性研究问题，形成了具有科学价值的、明晰的、系统的研究问题体系，并凝练了各个代表性问题的典型特征。这些研究问题来源于现实，与社会生产和公众生活密切相关，具有较高的理论探索价值，所形成的研究问题体系能够为其他学者的研究提供一个科学探讨方向，而这些代表性问题的有效解决也将有助于提高城市关键基础设施运行的科学性、保障城市关键基础设施的安全运行、提升城市防灾减灾能力。

（3）实现了以复杂关联情境为切入点的城市关键基础设施运行风险分析与应对研究方法体系构建。结合所凝练代表性研究问题的典型特征，以系统工程理论、决策分析理论、概率论、仿真工具等为依托，分别提出了与研究问题典型特征相匹配的针对性研究方法，并通过典型应用研究验证了这些研究方法的可行性和有效性。上述研究方法以成熟的理论、方法和工具为依托，通过开展方法扩展创新和方法集成创新来构建以复杂关联情境为切入点的城市关键基础设施运行风险分析与应对研究方法体系，不仅为解决城市关键基础设施的系统关联测度问题、运行风险因素识别问题、运行风险概率评估问题、运行风险综合评估问题、运行风险应对策略库构建问题、运行风险应对方案选择问题、运行风险应对方案生成问题提供了重要的方法支撑，也丰富了考虑复杂关联情境的决策分析方法库，为解决其他相关问题提供了方法层面的借鉴和指导。

在强调贡献的同时，也总结了本书所开展研究工作的一些局限性，主要表现在以下三个方面。

（1）在机理解析层面，本书基于所构建的"概念内涵界定—典型特征分析—关联表征分析—复杂表征分析"理论研究范式来解析城市关键基础设施运行的复杂关联情境，在明晰城市关键基础设施概念内涵和典型特征的基础上，重点突出了关联表征和复杂表征并将城市关键基础设施的运行环境抽象为"复杂关联情境"，而未突出强调其他表征，对城市关键基础设施运行机理的研究深度仍有待加强。

（2）在问题凝练层面，本书重点研究了城市关键基础设施的系统关联测度问题、运行风险因素识别问题、运行风险概率评估问题、运行风险综合评估问题、运行风险应对策略库构建问题、运行风险应对方案选择问题、运行风险应对方案生成问题等代表性问题，而未提及其他问题，研究问题的广度仍有待拓宽。

（3）在方法探索层面，本书围绕所凝练的代表性研究问题，提出了与研究问题典型特征相匹配的针对性研究方法。由于现有涉及复杂关联情境的风险分析与应对方法研究相对比较薄弱，作者仅仅是做了探索性和尝试性的研究工作，并通过典型应用研究来验证所提出研究方法的可行性和有效性，尚不能从理论层面验证所提出研究方法的有效性。同时，本书提出的若干风险分析与应对方法中，有些比较复杂，对实际应用的相关人员有较高的要求，需要其具有一定的专业知识。本书在研究方法的理论有效性验证和实操便捷性提升方面仍有待完善。

3. 未来工作展望

开展城市关键基础设施运行风险分析与应对研究的迫切性、必要性和重要性，已经引起了政府相关管理部门和设施运营企业决策者以及相关领域专家学者的普遍关注。现实中存在的复杂关联情境加大了城市关键基础设施运行风险分析与应对研究的难度。本书尝试聚焦以复杂关联情境为切入点的城市关键基础设施运行风险分析与应对开展了一系列研究工作，为所凝练问题的有效解决提供了必要的理论依据、方法支撑和应用指导。需要说明的是，这是一项具有广阔探索空间的研究工作，未来仍需要在机理解析深度加强、研究问题体系拓宽、研究方法应用推广等方面做出进一步探讨。

（1）进一步加强城市关键基础设施运行复杂关联情境的机理解析深度。除了本书重点突出的关联表征和复杂表征，城市关键基础设施所涉及的开放性、进化与涌现性、层次性和巨量性以及脆弱性和不确定性等其他表征对城市关键基础设施运行的影响机理、影响方式和影响结果等也值得深入研究。

（2）进一步拓宽以复杂关联情境为切入点的城市关键基础设施运行风险分析与应对问题研究体系。除了本书重点研究的城市关键基础设施系统关联测度等代表性研究问题，现实中还存在其他相关研究问题需要进行更为广泛的提炼，如城市关键基础设施的运行风险损失评估问题、运行风险影响范围界定问题、运行风险应对资源配置问题、运行风险应对方案动态调整问题等。未来可以将这些问题纳入以复杂关联情境为切入点的城市关键基础设施运行风险分析与应对问题研究体系，并对这些研究问题的典型特征进行深入的分析。

（3）进一步强化以复杂关联情境为切入点的城市关键基础设施运行风险分析与应对方法应用推广。未来可以聚焦所提炼以复杂关联情境为切入点的城市关键基础设施运行风险分析与应对若干代表性问题开发基于 Web 的决策支持系统，并在系统中嵌入本书给出的针对性风险分析与应对方法，并且采用友好的用户界面，以方便用户访问和使用，进一步增强本书所提出方法的可操作性。

参考文献

董国豪, 潜伟. 2017. 普赖斯与科学史定量研究. 科学学研究, 35（5）: 667-675.
董磊, 任章, 李清东. 2012. 基于模型和案例推理的混合故障诊断方法. 系统工程与电子技术, 34（11）: 2339-2343.
杜晓明, 于永利. 1999. 基于案例推理的多准则综合评价. 系统工程理论与实践, 19（2）: 50-53.
杜云艳, 王丽敬, 季民, 等. 2009. 土地利用变化预测的案例推理方法. 地理学报, 64（12）: 1421-1429.
封超, 杨乃定, 桂维民, 等. 2016. 基于案例推理的突发事件应急方案生成方法. 控制与决策, 31（8）: 1526-1530.
付玉, 张存禄, 黄培清, 等. 2005. 基于案例推理的供应链风险估计方法. 预测, 24（1）: 56-58.
高军, 岳未祯, 索玮岚. 2018. 科技资源配置研究进展及阶段性政策影响. 管理评论, 30（12）: 49-62.
高武, 洪开荣, 潘彬. 2016. 重大交通基础设施项目风险复杂动态交互演化机理与仿真分析. 预测, 35（3）: 69-74.
龚健, 杨建新, 李亚芳. 2015. 基于案例推理元胞自动机的农村居民点变化模拟. 资源科学, 37（9）: 1797-1806.
韩传峰, 等. 2016. 关键基础设施系统保护建模与仿真. 北京: 科学出版社.
韩江洪, 刘小平, 杜兆芳, 等. 2009. 基于案例推理的纺纱质量预测模型研究. 系统仿真学报, 21（5）: 1347-1351.
韩敏, 沈力华. 2012. 基于 FCM 与神经网络的案例推理方法. 控制与决策, 27（9）: 1421-1424.
胡立伟, 杨锦青, 何越人, 等. 2019. 基于改进 BP 神经网络的城市交通拥塞环境下车辆运行风险识别研究. 公路交通科技, 36（10）: 105-113.
黄继鸿, 姚武, 雷战波. 2003. 基于案例推理的企业财务危机智能预警支持系统研究. 系统工程理论与实践, 23（12）: 46-52.
金成浩, 荣莉莉, 李若飞, 等. 2019. 基于物理关联的相互依赖关键基础设施网络模型构建. 系统管理学报, 28（4）: 667-678.
黎夏, 叶嘉安, 廖其芳. 2004. 利用案例推理（CBR）方法对雷达图像进行土地利用分类. 遥感学报, 19（3）: 246-253.
李大庆. 2017. 关键基础设施网络的故障规律. 北京: 电子工业出版社.
李杰, 陈超美. 2016. CiteSpace: 科技文本挖掘及可视化. 北京: 首都经济贸易大学出版社.
李军, 李向阳, 张佰尚. 2014. 自然异动下关键基础设施网络风险研究. 中国管理科学, 22（9）: 66-73.
李鹏, 朱建军, 刘思峰. 2015. 基于案例推理的直觉模糊决策方法. 中国管理科学, 23（7）: 113-118.
李永海, 樊治平. 2017. 复杂决策问题的解决方法与应用研究: 一种基于相似案例分析的方法. 北京：社会科学文献出版社.

李永海, 樊治平, 袁媛. 2014. 基于相似历史案例分析的突发事件应急方案生成方法. 系统工程, 32 (4)：76-81.

林杰, 霍佳震, 薛华成. 2000. 基于模糊推理的案例支持系统. 系统工程, 18 (3)：49-53.

刘俊娥, 贾增科, 郭章林, 等. 2008. 城市燃气管网的风险识别. 油气储运, 27 (7)：11-14.

刘亮, 韩传峰, 许维胜. 2013. 关键基础设施工程网络模体与超家族. 系统工程理论与实践, 33 (5)：1335-1344.

刘文洋, 游昌清. 2015. 考虑多风险因素的电力系统暂态风险评估. 电力系统及其自动化学报, 27 (S1)：148-151.

刘晓, 张隆飚, Zhang W J, 等. 2009. 关键基础设施及其安全管理. 管理科学学报, 12(6)：107-115.

刘雪飞, 田启东, 焦昊, 等. 2016. 考虑多风险因素的电网调度操作风险评估. 电力科学与技术学报, 31 (4)：109-115.

刘英, 云俊, 李明伟. 2016. 基于系统动力学的城市轨道交通经济效益分析——以上海轨道交通为例. 数学的实践与认识, 46 (19)：125-132.

刘昭阁, 李向阳, 李亘. 2018. 案例驱动下乳品安全事件应对的风险交流策略生成方法. 系统工程理论与实践, 38 (12)：3162-3173.

柳炳祥, 盛昭瀚. 2003. 基于案例推理的企业危机预警系统设计. 中国软科学, 18 (3)：67-70.

路云, 吴应宇, 达庆利. 2005. 基于案例推理技术的企业经营决策支持模型设计. 中国管理科学, 13 (2)：81-87.

马永驰. 2014. 关键基础设施网间脆弱性分析与保护. 北京：科学出版社.

马昱, 邱菀华, 王昕宇. 2019. 城市基础设施、技术创新与区域经济发展——基于中介效应与面板门槛模型分析. 工业技术经济, 39 (8)：116-123.

钱学森, 于景元, 戴汝为. 1990. 一个科学的新领域——开放的复杂巨系统及其方法论. 自然杂志, 13 (1)：3-10.

孙洁, 李辉. 2009. 遗传算法优化灰色案例推理的财务困境预测. 控制与决策, 30 (2)：119-125.

索玮岚, 陈发动, 张磊. 2021. 考虑多重关联性和动态随机性的城市关键基础设施运行风险概率评估研究. 管理工程学报, 35 (5)：225-235.

索玮岚, 陈锐. 2013. 城市典型生命线系统耦联多维测度方法研究. 中国人口·资源与环境, 23 (3)：140-145.

索玮岚, 陈锐. 2014a. 考虑复杂关联情境的城市典型生命线运行风险因素识别方法研究. 中国管理科学, 22 (8)：130-140.

索玮岚, 陈锐. 2014b. 复杂关联情境下城市典型生命线运行风险评估研究. 管理评论, 26 (8)：3-12.

索玮岚, 陈锐. 2015. 考虑关联性特征匹配的城市典型生命线风险应对方案选择方法. 运筹与管理, 24 (2)：140-145.

谭睿璞, 张文德, 陈圣群, 等. 2020. 异质信息环境下基于案例推理的应急决策方法. 控制与决策, 35 (8)：1966-1976.

王恩达, 石京. 2017. 基于互信息理论的多风险因素下交通事故风险量化与分析. 交通工程, 18(6)：1-5, 12.

王建伟, 蔡琳, 蒋晨. 2018. 考虑边权重和耦合强度的相互依赖网络级联故障模型研究. 管理工程学报, 32 (4): 149-157.

王诗莹, 李向阳, 于峰. 2017. 城市 CIS 物理关联脆弱性的动态分析方法. 运筹与管理, 26 (8): 115-122.

吴登生, 李建平, 孙晓蕾. 2015. 基于加权案例推理模型族的软件成本 SVR 组合估算. 管理工程学报, 29 (2): 210-216.

吴彦伟, 刘东苏, 李慧. 2015. 基于 Web2.0 与文本挖掘的案例推理系统研究. 情报科学, 33 (11): 79-84.

徐海铭, 刘晓, 刘健. 2014. 资金约束下的关键基础设施应急保护策略研究. 工业工程与管理, 19 (4): 50-56.

严军, 倪志伟, 王宏宇, 等. 2009. 案例推理在汽车故障诊断中的应用. 计算机应用研究, 26 (10): 3846-3848.

姚保华, 谢礼立, 袁一凡. 2001. 生命线系统相互作用及其分类. 世界地震工程, 17 (4): 48-52.

姚国文, 李啸林, 刘宇森, 等. 2020. 基于磁场强度检测的悬索桥缆索锈蚀风险概率计算方法. 科学技术与工程, 20 (23): 9609-9614.

尹超, 贾致荣, 刘菲菲, 等. 2017. 路堤震害风险概率评价与管理研究. 岩石力学与工程学报, 36 (8): 2070-2080.

尤建新, 陈桂香, 陈强. 2006. 城市生命线系统的非工程防灾减灾. 自然灾害学报, 15 (5): 194-198.

于跃海, 郑瑞强, 何建敏. 2002. 基于案例推理的 ICU 应急诊断系统. 系统工程理论与实践, 22 (3): 137-142.

张超, 孔静静. 2016. 关联基础设施系统相互作用模型与脆弱性分析. 系统管理学报, 25 (5): 922-929.

张春晓, 严爱军, 王普. 2014. 一种改进的案例推理分类方法研究. 自动化学报, 40 (9): 2015-2021.

张明媛, 袁永博, 李宏男. 2009. 基于脆性理论的灾害作用下生命线系统耦联分析. 防灾减灾工程学报, 29 (4): 462-466.

张涛, 翁康年, 张倩帆, 等. 2020. 基于情境案例推理的播前收视率预测方法. 管理工程学报, 34 (6): 156-164.

郑康宁, 李向阳, 杨凯. 2011. 高斯-案例推理方法的预测模型及应用. 运筹与管理, 20 (6): 99-105.

周方, 袁永博, 张明媛. 2018. 级联失效下城市多层关键基础设施系统脆弱性分析. 系统工程, 36 (7): 66-74.

周靖, 马石城, 赵卫锋. 2008. 城市生命线系统暴雪冰冻灾害链分析. 灾害学, 23 (4): 39-44.

朱悦妮, 郑征, 张逍怡, 等. 2014. 关键基础设施防护主从对策模型及其求解算法. 系统工程理论与实践, 34 (6): 1557-1565.

Aamodt A, Plaza E. 1994. Case-based reasoning: Foundational issues, methodological variations, and system approaches. AI Communications, 7 (1): 39-59.

Ajayi A, Oyedele L, Akinade O, et al. 2020. Optimised Big Data analytics for health and safety hazards prediction in power infrastructure operations. Safety Science, 125: 104656.

Andrásik R, Bil M, Slovak R. 2016. How (not) to work with small probabilities: Evaluating the individual risk of railway transport//Walls L, Revie M, Bedford T. Risk, Reliability and Safety: Innovating Theory and Practice: Proceedings of ESREL 2016. Glasgow: CRC Press: 672-676.

Applegate C J, Tien I. 2019. Framework for probabilistic vulnerability analysis of interdependent infrastructure systems. Journal of Computing in Civil Engineering, 33 (1): 04018058.

Australian Government. 2010. Critical Infrastructure Resilience Strategy. Canberra: Attorney General's Department.

Aven T. 2018. An emerging new risk analysis science: Foundations and implications. Risk Analysis, 38 (5): 876-888.

Ayrim Y, Atalay K D, Can G F. 2018. A new stochastic MCDM approach based on COPRAS. International Journal of Information Technology & Decision Making, 17 (3): 857-882.

Baiardi F, Telmon C, Sgandurra D. 2009. Hierarchical, model-based risk management of critical infrastructures. Reliability Engineering & System Safety, 94: 1403-1415.

Bao C B, Wu D S, Li J P. 2019. A knowledge-based risk measure from the fuzzy multi-criteria decision-making perspective. IEEE Transactions on Fuzzy Systems, 27 (5): 1126-1138.

Barker K, Haimes Y Y. 2009. Uncertainty analysis of interdependencies in dynamic infrastructure recovery: Applications in risk-based decision making. Journal of Infrastructure Systems, 15 (4): 394-405.

Barker K, Santos J R. 2010. A risk-based approach for identifying key economic and infrastructure systems. Risk Analysis, 30 (6): 962-974.

Beavers J E. 2003. Advancing Mitigation Technologies and Disaster Response for Lifeline Systems. Reston: ASCE Publications.

Begum S, Barua S, Filla R, et al. 2014. Classification of physiological signals for wheel loader operators using multi-scale entropy analysis and case-based reasoning. Expert Systems with Applications, 41 (2): 295-305.

Benoit R. 2004. A method for the study of cascading effects within lifeline networks. International Journal of Critical Infrastructures, 1 (1): 86-99.

Bentaiba-Lagrid M B, Bouzar-Benlabiod L, Rubin S H, et al. 2020. A case-based reasoning system for supervised classification problems in the medical field. Expert Systems with Applications, 150: 113335.

Bjarnadottir S, Li Y, Stewart M G. 2014. Risk-based economic assessment of mitigation strategies for power distribution poles subjected to hurricanes. Structure and Infrastructure Engineering, 10(6): 740-752.

Bloomfield R E, Popov P, Salako K, et al. 2018. Preliminary interdependency analysis: An approach to support to critical infrastructure risk assessment. Reliability Engineering & System Safety, 167: 198-217.

Bochkov A, Lesnykh V, Zhigirev N, et al. 2015. Some methodical aspects of critical infrastructure protection. Safety Science, 79: 229-242.

Bristow D N, Hay A H. 2016. Graph model for probabilistic resilience and recovery planning of multi-infrastructure systems. Journal of Infrastructure Systems, 23 (3): 04016039.

Brown T, Beyeler W, Barton D. 2004. Assessing infrastructure interdependencies: The challenge of risk analysis for complex adaptive systems. International Journal of Critical Infrastructures, 1(1): 108-117.

Cagno E, De Ambroggi M, Grande O, et al. 2011. Risk analysis of underground infrastructures in urban areas. Reliability Engineering & System Safety, 96（1）: 139-148.

Campbell J M, Smith S D. 2007. Safety, hazard and risk identification and management in infrastructure management: A project overview. Proceedings of 23rd Annual ARCOM Conference, 599-608.

Carreras B A, Newman D E, Gradney P, et al. 2007. Interdependent risk in interacting infrastructure systems. Proceedings of the 40th Hawaii International Conference on System Science, 512-516.

Cedergren A, Johansson J, Hassei H. 2018. Challenges to critical infrastructure resilience in an institutionally fragmented setting. Safety Science, 110: 51-58.

Chang P C, Lai C Y, Lai K R. 2006. A hybrid system by evolving case-based reasoning with genetic algorithm in wholesaler's returning book forecasting. Decision Support Systems, 42（3）: 1715-1729.

Chang S E, McDaniels T, Fox J, et al. 2014. Toward disaster-resilient cities: Characterizing resilience of infrastructure systems with expert judgments. Risk Analysis, 34（3）: 416-434.

Cicchino J B, McCarthy M L, Newgard C D, et al. 2020. Not all protected bike lanes are the same: Infrastructure and risk of cyclist collisions and falls leading to emergency department visits in three US cities. Accident Analysis and Prevention, 141: 105490.

Cooke R M, Goossens L H J. 2004. Expert judgement elicitation for risk assessments of critical infrastructures. Journal of Risk Research, 7（6）: 643-656.

Corbat L, Nauval M, Henriet J, et al. 2021. A fusion method based on deep learning and case-based reasoning which improves the resulting medical image segmentations. Expert Systems with Applications, 147: 113200.

Corrales D C, Ledezma A, Corrales J C. 2020. A case-based reasoning system for recommendation of data cleaning algorithms in classification and regression tasks. Applied Soft Computing, 90: 106180.

Curt C, Tacnet J M. 2018. Resilience of critical infrastructures: Review and analysis of current approaches. Risk Analysis, 38（11）: 2441-2458.

Dawson R, Hall J. 2006. Adaptive importance sampling for risk analysis of complex infrastructure systems. Proceedings of the Royal Society A: Mathematical, Physical and Engineering Sciences, 462（2075）: 3343-3362.

Delvosalle C, Robert B, Nourry J, et al. 2017. Considering critical infrastructures in the land use planning policy around Seveso plants. Safety Science, 97: 27-33.

Deng S G, Li W S. 2020. Spatial case revision in case-based reasoning for risk assessment of geological disasters. Geomatics Natural Hazards & Risk, 11（1）: 1052-1074.

Di Giorgio A, Liberati F. 2012. A Bayesian network-based approach to the critical infrastructure interdependencies analysis. IEEE Systems Journal, 6（3）: 510-519.

Díaz P, Alder C, Patt A. 2017. Do stakeholders' perspectives on renewable energy infrastructure pose a risk to energy policy implementation? A case of a hydropower plant in Switzerland. Energy Policy, 108: 21-28.

Dubaniowski M I, Heinimann H R. 2020. A framework for modeling interdependencies among households, businesses, and infrastructure systems; and their response to disruptions. Reliability Engineering & System Safety, 203: 107063.

Dueñas-Osorio L, Vemuru S M. 2009. Cascading failures in complex infrastructure systems. Structural Safety, 31: 157-167.

Ellingwood B R. 2005. Risk-informed condition assessment of civil infrastructure: State of practice and research issues. Structure and Infrastructure Engineering, 1 (1): 7-18.

Esposito S, Stojadinovic B, Babic A, et al. 2020. Risk-based multilevel methodology to stress test critical infrastructure systems. Journal of Infrastructure Systems, 26 (1): 04019035.

Eusgeld I, Nan C, Dietz S. 2011. System-of-systems approach for interdependent critical infrastructures. Reliability Engineering & System Safety, 96: 679-686.

Faez F, Ghodsypour S H, O'Brien C. 2009. Vendor selection and order allocation using an integrated fuzzy case-based reasoning and mathematical programming model. International Journal of Production Economics, 121 (2): 395-408.

Fan Z P, Li Y H, Wang X H, et al. 2014. Hybrid similarity measure for case retrieval in CBR and its application to emergency response towards gas explosion. Expert Systems with Applications, 41 (5): 2526-2534.

Feng J, Zhang Y Q, Zhang H. 2017. Improving the co-word analysis method based on semantic distance. Scientometrics, 111 (3): 1521-1531.

Finnie G, Sun Z H. 2003. R5 model for case-based reasoning. Knowledge-Based Systems, 16 (1): 59-65.

Fiorucci M, Iannucci R, Lenti L, et al. 2017. Nanoseismic monitoring of gravity-induced slope instabilities for the risk management of an aqueduct infrastructure in Central Apennines (Italy). Natural Hazards, 86: 345-362.

Fontela E, Gabus A. 1976. The DEMATEL Observer, DEMATEL 1976 Report. Geneva: Battelle Geneva Research Centre.

Gabus A, Fontela E. 1972. World Problems, an Invitation to Further Thought within the Framework of DEMATEL. Geneva: Battelle Geneva Research Centre.

Gabus A, Fontela E. 1973. Perceptions of the World Problematique: Communication Procedure, Communicating with Those Bearing Collective Responsibility (DEMATEL Report No.1). Geneva: Battelle Geneva Research Centre.

Ge Y, Xing X T, Cheng Q M. 2010. Simulation and analysis of infrastructure interdependencies using a Petri net simulator in a geographical information system. International Journal of Applied Earth Observation and Geoinformation, 12 (6): 419-430.

Gehl P, Cavalieri F, Franchin P. 2018. Approximate Bayesian network formulation for the rapid loss assessment of real-world infrastructure systems. Reliability Engineering & System Safety, 177: 80-93.

Gómez C, Sánchez-Silva M, Dueñas-Osorio L. 2014. An applied complex systems framework for risk-based decision-making in infrastructure engineering. Structural Safety, 50: 66-77.

Gomez-Vallejo H J, Uriel-Laborre B, Sande-Meijide M, et al. 2016. A case-based reasoning system for aiding detection and classification of nosocomial infections. Decision Support Systems, 84:

104-116.

Goodman R. 1988. Introduction to Stochastic Models. Monlo Park: Benjamin/Cummings Publishing Company.

Grabisch M. 1997. K-order additive discrete fuzzy measures and their representation. Fuzzy Sets and Systems, 92 (2): 167-189.

Guikema S D. 2009. Natural disaster risk analysis for critical infrastructure systems: An approach based on statistical learning theory. Reliability Engineering & System Safety, 94 (4): 855-860.

Hadj-Mabrouk H. 2020. Application of case-based reasoning to the safety assessment of critical software used in rail transport. Safety Science, 131: 104928.

Haimes Y Y. 1998. Risk Modeling, Assessment and Management. New Jersey: John Wiley & Sons Incorporation.

Haimes Y Y. 2018. Risk modeling of interdependent complex systems of systems: Theory and practice. Risk Analysis, 38 (1): 84-98.

Haimes Y Y, Horowitz B M, Lambert J H, et al. 2004. Inoperability input-output model for interdependent infrastructure sectors. I: Theory and methodology. Journal of Infrastructure Systems, 11 (2): 67-79.

Han L, Li W J, Su Z. 2019. An assertive reasoning method for emergency response management based on knowledge elements C4.5 decision tree. Expert Systems with Applications, 122: 65-74.

Han Z, Porras-Alvarado J D, Sun J R, et al. 2017. Monte Carlo simulation-based assessment of risks associated with public-private partnership investments in toll highway infrastructure. Transportation Research Record, 2670 (1): 59-67.

Hassanien A E, El-Bendary N, Sweidan A H, et al. 2016. Hybrid-biomarker case-based reasoning system for water pollution assessment in Abou Hammad Sharkia, Egypt. Applied Soft Computing, 46: 1043-1055.

Heal G, Kunreuther H. 2007. Modeling interdependent risks. Risk Analysis, 27 (3): 621-634.

Hellström T. 2007. Critical infrastructure and systemic vulnerability: Towards a planning framework. Safety Science, 45: 415-430.

Heracleous C, Kolios P, Panayiotou C G, et al. 2017. Hybrid systems modeling for critical infrastructure interdependency analysis. Reliability Engineering & System Safety, 165: 89-91.

Hernandez-Fajardo I, Dueñas-Osorio L. 2013. Probabilistic study for cascading failures in interdependent lifeline systems. Reliability Engineering & System Safety, 111 (1): 260-272.

Herrera F, Herrera-Viedma E, Verdegay J L. 1995. A sequential selection process in group decision making with linguistic assessment. Information Sciences, 85: 223-239.

Herrera F, Martínez L. 2000. A 2-tuple fuzzy linguistic representation model for computing with words. IEEE Transactions on Fuzzy Systems, 8 (6): 746-752.

Herrera F, Martínez L. 2001. A model based on linguistic 2-tuples for dealing with multigranular hierarchical linguistic contexts in multi-expert decision-making. IEEE Transaction on Systems, Man and Cybernetics-Part B: Cybernetics, 31 (2): 227-234.

Holland J. 1995. Can There Be a Unified Theory of Complex Adaptive Systems. New Jersey: Addison-Wesley.

Huck A, Monstadt J, Driessen P. 2020. Building urban and infrastructure resilience through connectivity: An institutional perspective on disaster risk management in Christchurch, New Zealand. Cities, 98: 102573.

Ianaloo B, Tansel B, Shames K, et al. 2016. A decision aid GIS-based risk assessment and vulnerability analysis approach for transportation and pipeline networks. Safety Science, 84: 57-66.

Jha M K. 2009. Dynamic Bayesian network for predicting the likelihood of a terrorist attack at critical transportation infrastructure facilities. Journal of Infrastructure Systems, 15 (1): 31-39.

Jiang P, Haimes Y Y. 2004. Risk management for Leontief-based interdependent system. Risk Analysis, 24 (5): 1215-1229.

Jin X H. 2010. Determinants of efficient risk allocation in privately financed public infrastructure projects in Australia. Journal of Construction Engineering and Management, 136 (2): 138-150.

Johansson J, Hassel H. 2010. An approach for modeling interdependent infrastructures in the context of vulnerability analysis. Reliability Engineering & System Safety, 95: 1335-1344.

Juan Y K. 2009. A hybrid approach using data envelopment analysis and case-based reasoning for housing refurbishment contractors selection and performance improvement. Expert Systems with Applications, 36 (3): 5702-5710.

Kabir G, Balek N B C, Tsfamariam S. 2018. Consequence-based framework for buried infrastructure systems: A Bayesian belief network model. Reliability Engineering & System Safety, 180: 290-301.

Khakzad N. 2015. Application of dynamic Bayesian network to risk analysis of domino effects in chemical infrastructure. Reliability Engineering & System Safety, 138: 263-272.

Khalil Y F. 2016. A novel probabilistically timed dynamic model for physical security attack scenarios on critical infrastructures. Process Safety and Environmental Protection, 102: 473-484.

Kim S D, Bickel J E. 2010. Roads or radar: The tradeoff between investments in infrastructure and forecasting when facing hurricane risk. IEEE Systems Journal, 4 (3): 363-375.

Kjølle G H, Utne I B, Gjerde O. 2012. Risk analysis of critical infrastructures emphasizing electricity supply and interdependencies. Reliability Engineering & System Safety, 105 (1): 80-89.

Kolodner J L. 1983. Reconstructive memory: A computer model. Congnitive Science, 7 (4): 281-328.

Kröger W. 2008. Critical infrastructures at risk: A need for a new conceptual approach and extended analytical tools. Reliability Engineering & System Safety, 93 (12): 1781-1787.

Kumar N, Poonia V, Gupta B B, et al. 2021. A novel framework for risk assessment and resilience of critical infrastructure towards climate change. Technological Forecasting and Social Change, 165: 120532.

Laugé A, Hernantes J, Sarriegi J M. 2015. Critical infrastructure dependencies: A holistic, dynamic and quantitative approach. International Journal of Critical Infrastructure Protection, 8: 16-23.

Lee C H, Chen C H, Li F, et al. 2020. Customized and knowledge-centric service design model integrating case-based reasoning and TRIZ. Expert Systems with Applications, 143: 113062.

Lee E E, Mitchell J E, Wallace W A. 2007. Restoration of services in interdependent infrastructure systems: A network flows approach. IEEE Transactions on Systems, Man, and Cybernetics,

Part C: Applications and Reviews, 37 (6): 1303-1317.

Lee N H, Bae J K, Koo C M. 2012. A case-based reasoning based multi-agent cognitive map inference mechanism: An application to sales opportunity assessment. Information Systems Frontiers, 14 (3): 653-668.

Lethanh N, Kaito K, Kobayashi K. 2015. Infrastructure deterioration prediction with a Poisson hidden Markov model on time series data. Journal of Infrastructure Systems, 21 (3): 04014051.

Li J P, Bao C B, Wu D S. 2018. How to design rating schemes of risk matrices: A sequential updating approach. Risk Analysis, 38 (1): 99-117.

Li J P, Zhang J, Suo W L. 2019. Risk assessment in cross-border transport infrastructure projects: A fuzzy hybrid method considering dual interdependent effects. Information Sciences, 488: 140-157.

Li M N, Chu Y Q. 2017. Explore the research front of a specific research theme based on a novel technique of enhanced co-word analysis. Journal of Information Science, 43 (6): 725-741.

Lian C Y, Haimes Y Y. 2006. Managing the risk of terrorism to interdependent infrastructure systems through the dynamic inoperability input-output model. Systems Engineering, 9 (3): 241-258.

Lin S S, Li C B, Xu F Q, et al. 2018. Risk identification and analysis for new energy power system in China based on D numbers and decision-making trial and evaluation laboratory (DEMATEL). Journal of Cleaner Production, 180: 81-96.

Litman T. 2018. Toward more comprehensive evaluation of traffic risks and safety strategies. Research in Transportation Business & Management, 29: 127-135.

Liu W, Song Z Y. 2020. Review of studies on the resilience of urban critical infrastructure networks. Reliability Engineering & System Safety, 193: 106617.

Liu X, Ferrario E, Zio E. 2019. Identifying resilient-important elements in interdependent critical infrastructures by sensitivity analysis. Reliability Engineering & System Safety, 189: 423-434.

Louati A, Elkosantini S, Darmoul S, et al. 2019. An immune memory inspired case-based reasoning system to control interrupted flow at a signalized intersection. Artificial Intelligence Review, 52 (3): 2099-2129.

Mallakpour I, Sadegh M, AghaKouchak A. 2020. Changes in the exposure of California's levee-protected critical infrastructure to flooding hazard in a warming climate. Environmental Research Letters, 15 (6): 064032.

McDonald M, Mahadevan S, Ambrosiano J, et al. 2018. Risk-based policy optimization for critical infrastructure resilience against a pandemic influenza outbreak. ASCE-ASME Journal of Risk and Uncertainty in Engineering Systems, Part A: Civil Engineering, 4 (2): 04018007.

Melvin A M, Larsen P, Boehlert B, et al. 2017. Climate change damages to Alaska public infrastructure and economics of proactive adaptation. Proceedings of the National Academy of Sciences of the United States of America, 114 (2): E122–E131.

Meyer-Nieberg S, Zsifkovits M, Hauschild D, et al. 2017. Simulation-based analyses for critical infrastructure protection: Identifying risks by using data farming//Doerner K F, Ljubic I, Pflug G, et al. Operations Research Proceedings 2015. Cham: Springer International Publishing: 349-354.

Mikellidou C V, Shakou L M, Boustras G, et al. 2018. Energy critical infrastructures at risk from climate change: A state of the art review. Safety Science, 110: 110-120.

Min H S J, Beyeler W, Brown T, et al. 2007. Toward modeling and simulation of critical national infrastructure interdependencies. IIE Transactions, 39 (1): 57-71.

Misuri A, Khakzad N, Reniers G, et al. 2018. Tackling uncertainty in security assessment of critical infrastructures: Dempster-Shafer Theory vs. Credal Sets Theory. Safety Science, 107: 62-76.

Mousavian S, Erol-Kantarci M, Wu L, et al. 2018. A risk-based optimization model for electric vehicle infrastructure response to cyber attacks. IEEE Transactions on Smart Grid, 9 (6): 6160-6169.

Mueller J, Stewart M G. 2021. Terrorism and bathtubs: Comparing and assessing the risks. Terrorism and Political Violence, 33 (1): 138-163.

Ntalampiras S, Soupionis Y, Giannopoulos G. 2015. A fault diagnosis system for interdependent critical infrastructures based on HMMs. Reliability Engineering & System Safety, 138: 73-81.

Oakes B D, Mattsson L, Näsman P, et al. 2018. A systems-based risk assessment framework for intentional electromagnetic interference (IEMI) on critical infrastructures. Risk Analysis, 38 (6): 1279-1305.

Ouyang M. 2014. Review on modeling and simulation of interdependent critical infrastructure systems. Reliability Engineering & System Safety, 121: 43-60.

Ouyang M. 2017. A mathematical framework to optimize resilience of interdependent critical infrastructure systems under spatially localized attacks. European Journal of Operational Research, 262 (3): 1072-1084.

Ouyang M, Hong L, Mao Z J, et al. 2009. A methodological approach to analyze vulnerability of interdependent infrastructures. Simulation Modelling Practice and Theory, 17 (5): 817-828.

Pant R, Barker K, Zobel C W. 2014. Static and dynamic metrics of economic resilience for interdependent infrastructure and industry sectors. Reliability Engineering & System Safety, 125: 92-102.

Papoulis A, Pillai S U. 2002. Probability, Random Variables, and Stochastic Processes. New York: McGraw-Hill.

Poljanšek K, Bono F, Gutierrez E. 2012. Seismic risk assessment of interdependent critical infrastructure systems: The case of European gas and electricity networks. Earthquake Engineering & Structural Dynamics, 41: 61-79.

President's Commission on Critical Infrastructure Protection. 1997. Critical Foundations: Protecting America's Infrastructures. Washington D.C.: The White House.

Prezelj I, Žiberna A. 2013. Consequence-, time-and interdependency-based risk assessment in the field of critical infrastructure. Risk Management, 15: 100-131.

Quitana G, Molinos-Senante M, Chamorro A. 2020. Resilience of critical infrastructure to natural hazards: A review focused on drinking water systems. International Journal of Disaster Risk Reduction, 48: 101575.

Rebeeh Y, Pokharel S, Abdella G M, et al. 2019. A framework based on location hazard index for optimizing operational performance of emergency response strategies: The case of petrochemical industrial cities. Safety Science, 117: 33-42.

Rehak D, Senovsky P, Hromada M, et al. 2018. Cascading impact assessment in a critical infrastructure system. International Journal of Critical Infrastructure Protection, 22: 125-138.

Rinaldi S M, Peerenboom J P, Kelley T K. 2001. Identifying, understanding, and analyzing critical infrastructure interdependencies. IEEE Control Systems Magazine, 21 (6): 11-25.

Roe E, Schulman P R. 2018. A reliability & risk framework for the assessment and management of system risks in critical infrastructures with central control rooms. Safety Science, 110: 80-88.

Rosmuller N, Beroggi G E G. 2004. Group decision making in infrastructure safety planning. Safety Science, 42: 325-349.

Saraiva R, Perkusich M, Silva L, et al. 2016. Early diagnosis of gastrointestinal cancer by using case-based and rule-based reasoning. Expert Systems with Applications, 61: 192-202.

Sartori F, Mazzucchelli A, Di Gregorio A. 2016. Bankruptcy forecasting using case-based reasoning: The CRePERIE approach. Expert Systems with Applications, 64: 400-411.

Schank R C. 1983. Dynamic Memory: A Theory of Reminding and Learning in Computers and People. Cambridge: Cambridge University Press.

Schank R C, Abelson R P. 1977. Scripts, Plans, Goals, and Understanding: An Inquiry into Human Knowledge Structures. Hillsdale: Lawrence Erlbaum Associates.

Selva J. 2013. Long-term multi-risk assessment: Statistical treatment of interaction among risks. Natural Hazards, 67 (2): 701-722.

Shao J F, Liang C Y, Liu Y J, et al. 2021. Relief demand forecasting based on intuitionistic fuzzy case-based reasoning. Socio-Economic Planning Sciences, 74: 100932.

Shortridge J, Camp J S. 2019. Addressing climate change as an emerging risk to infrastructure systems. Risk Analysis, 39 (5): 959-967.

Silva G C, Carvalho E E O, Caminhas W M. 2020. An artificial immune systems approach to case-based reasoning applied to fault detection and diagnosis. Expert Systems with Applications, 140: 112906.

Solhaug B, Seehusen F. 2014. Model-driven risk analysis of evolving critical infrastructure. Journal of Ambient Intelligence and Humanized Computing, 5: 187-204.

Stergiopoulos G, Kotzanikolaou P, Theocharidou M, et al. 2015. Risk mitigation strategies for critical infrastructures based on graph centrality analysis. International Journal of Critical Infrastructure Protection, 10: 34-44.

Stewart M G, Li J. 2021. Risk-based assessment of blast-resistant design of ultra-high performance concrete columns. Structural Safety, 88: 102030.

Stewart M G, Wang X M, Nguyen M N. 2011. Climate change impact and risks of concrete infrastructure deterioration. Engineering Structures, 33 (4): 1326-1337.

Suh N P. 2001. Axiomatic Design: Advances and Applications. New York: Oxford University Press.

Suo W L, Wang L, Li J P. 2021. Risk probability assessment for interdependent critical infrastructures: A scenario-driven dynamic stochastic model. Reliability Engineering & System Safety, 214: 107730.

Suo W L, Zhang J, Sun X L. 2019. Risk assessment of critical infrastructures in a complex interdependent scenario: A four-stage hybrid decision support approach. Safety Science, 120:

692-705.

Svegrup L, Johansson J, Hassel H. 2019. Integration of critical infrastructure and societal consequence models: Impact on Swedish power system mitigation decisions. Risk Analysis, 39 (9): 1970-1996.

Taleb-Agha G. 1977. Seismic risk analysis of lifeline networks. Bulletin of the Seismological Society of America, 67 (6): 1625-1645.

Thacker S, Kelly S, Pant R, et al. 2018. Evaluating the benefits of adaptation of critical infrastructures to hydrometeorological risks. Risk Analysis, 38 (1): 134-150.

Torres-Vera M A, Canas J A. 2003. A lifeline vulnerability study in Barcelona, Spain. Reliability Engineering & System Safety, 80: 205-210.

Tummala R V M, Mak C L. 2001. A risk management model for improving operation and maintenance activities in electricity transmission networks. Journal of the Operational Research Society, 52 (2): 125-134.

Utne I B, Hokstad P, Vatn J. 2011. A method for risk modeling of interdependencies in critical infrastructures. Reliability Engineering & System Safety, 96: 671-678.

van der Bruggen K. 2008. Critical infrastructures and responsibility: A conceptual exploration. Safety Science, 46: 1137-1148.

Vrijling J K, van Gelder P H A J M, Goossens L H J, et al. 2004. A framework for risk criteria for critical infrastructures: Fundamentals and case studies in the Netherlands. Journal of Risk Research, 7 (6): 569-579.

Wang S L, Hong L, Chen X G. 2012. Vulnerability analysis of interdependent infrastructure systems: A methodological framework. Physica A: Statistical Mechanics and its Applications, 391 (11): 3323-3335.

Werner C, Bedford T, Cooke R M, et al. 2017. Expert judgement for dependence in probabilistic modelling: A systematic literature review and future research directions. European Journal of Operational Research, 258: 801-819.

Yeow W L, Mahmud R, Raj R G. 2014. An application of case-based reasoning with machine learning for forensic autopsy. Expert Systems with Applications, 41 (7): 3497-3505.

Young D, Jr Lopez J, Rice M, et al. 2016. A framework for incorporating insurance in critical infrastructure cyber risk strategies. International Journal of Critical Infrastructure Protection, 14: 43-57.

Yu F, Li X Y, Han X S. 2018. Risk response for urban water supply network using case-based reasoning during a natural disaster. Safety Science, 106: 121-139.

Yu F, Li X Y. 2018. Improving emergency response to cascading disasters: Applying case-based reasoning towards urban critical infrastructure. International Journal of Disaster Risk Reduction, 30: 244-256.

Zachary D S. 2018. The Inverse Poisson functional for forecasting response time to environmental events and global climate change. Scientific Reports, 8: 11342.

Zemite L, Kutjuns A, Bode I, et al. 2018. Risk treatment and system recovery analysis of gas system of gas and electricity network of Latvia. Latvian Journal of Physics and Technical Sciences, 5: 3-14.

Zhang C, Kong J J, Simonovic S P. 2018. Restoration resource allocation model for enhancing resilience of interdependent infrastructure systems. Safety Science, 102: 169-177.

Zhang C, Ramirez-Marquez J E. 2013. Protecting critical infrastructures against intentional attacks: A two-stage game with incomplete information. IIE Transactions, 45 (3): 244-258.

Zhang C, Ramirez-Marquez J E, Wang J. 2015. Critical infrastructure protection using secrecy-A discrete simultaneous game. European Journal of Operational Research, 242 (1): 212-221.

Zhang P C, Peeta S. 2011. A generalized modeling framework to analyze interdependencies among infrastructure systems. Transportation Research, Part B: Methodological, 45 (3): 553-579.

Zhao P F, Gu C H, Huo D. 2020. Coordinated risk mitigation strategy for integrated energy systems under cyber-attacks. IEEE Transactions on Power Systems, 35 (5): 4014-4025.

Zio E. 2016. Challenges in the vulnerability and risk analysis of critical infrastructures. Reliability Engineering & System Safety, 152: 137-150.

Zoli C, Steinberg L J, Grabowski M, et al. 2018. Terrorist critical infrastructures, organizational capacity and security risk. Safety Science, 110: 121-130.